EL ÉXITO ES PARA TODOS

ALFREDO OLVERA

EL ÉXITO ES PARA TODOS

Obra editada y supervisada por
EDITORIAL MEXCLANDO LETRAS
Todos los derechos de autor reservados por las leyes
internacionales del copyright@

Primera edición 2020 —México
Director —Ricardo Talavera M.
Diseño y edición —Ana Salgado de Anda
Supervisión técnica —Gabriela C. Barr

Prohibida la reproducción total o parcial sin consentimiento
por escrito del autor o los editores.

Para mi esposa Marcela, mis hijos Alfredo, Montserrat y Ariana, mi familia, y todos aquellos que siguen creyendo en mí...

Para mis padres, maestros, amigos y el Creador.

Gracias infinitas.
Alfredo

ÍNDICE

Prólogo 9
Introducción 11

UNO
¿QUIÉN SOY? 15

DOS
LA SECUNDARIA UNA NUEVA AVENTURA 33

TRES
EL FIN DE UN CICLO 45

CUATRO
LA PREPARATORIA ¡UN PASO MÁS! 59

CINCO
DE LA PREPA A LA UNIVERSIDAD 107

SEIS
LA UNIVERSIDAD ES OTRO MUNDO 127

SIETE
CONSTRUYENDO PUENTES 153

OCHO
NO HAY QUINTO MALO 167

NUEVE
SERVICIO SOCIAL ¿OPORTUNIDAD O PÉRDIDA DE TIEMPO? 187

DIEZ
HISTORIAS PARA RECORDAR 213

ONCE
CABEZA DE RATÓN O COLA DE LEÓN 231

DOCE
SUFRIENDO Y AVANZANDO 263

TRECE
MI INICIO EN EL NETWORK MARKETING Y EN QUÉ ME CONVIRTIÓ ... 295

CATORCE
EL EVENTO MÁS TRISTE DE MI VIDA 319

Sobre el autor 329
Página web, redes sociales y contacto: 331

PRÓLOGO

Por mi trabajo tengo que leer mucho, es una costumbre que tuve que implantar en mis rutinas en la vida diaria y en todas mis actividades, porque entre los negocios, el *coaching*, viajes y presentaciones, no resultaba sencillo. Sin embargo, gracias a eso he podido descubrir historias maravillosas, increíbles y entrañables. Una de ellas es sin lugar a dudas la de Alfredo Olvera, *El éxito es para todos*.

Una obra que te lleva por su vida, anécdotas, sufrimientos y todos los aspectos que tuvo que ir superando desde su juventud; la forma en que narra los acontecimientos te envuelve y te llena de energía con su estilo sencillo, sin complicaciones, que te transportará a su pensamiento, las ideas y los logros que ha tenido.

En los negocios Alfredo ha triunfado, dio hace varios años el paso definitivo para alcanzar una estabilidad financiera envidiable para muchos; tomó riesgos, se preparó y sigue creciendo internamente para mantenerse en ese estado de gracia continua, como yo lo llamo. Hacer lo que amas es el cielo en la tierra.

El éxito es para todos no es una fantasía: quien se esfuerza, quien trabaja día a día y se prepara adecuadamente, puede trascender en el ámbito que sea. Todos podemos triunfar, estamos hechos para eso. El problema es que perdemos el camino, la confianza, nos llenamos de miedos y argumentos que no tienen validez, tratamos de adelantarnos al futuro y lo descalificamos como si lo que deseamos no pudiera suceder. Por eso aplaudo esta obra y la recomiendo, porque a pesar de todo lo que pudo derrotar a Alfredo, supo vencer y avanzar, aprender y esforzarse más, y como él, todos podemos hacerlo... ¡sí, *todos!*

MARCELO YAGUNA
Life coach

INTRODUCCIÓN

Todos en la vida nos enfrentamos a cientos de retos, ¿por qué algunos logran superarlos, y otros no? ¿Cómo se forma un líder? ¿Cómo podemos ser mejores cada día? ¿Cómo alcanzamos nuestras metas a corto, mediano y largo plazo? ¿Terquedad, o necedad? ¿Pericia, o malicia? Estas son algunas de las preguntas que constantemente hago a quien trabaja conmigo, y las respuestas pueden ser muy variadas.

En esta obra narro mi vida, los puntos más importantes de mi niñez, juventud y formación empresarial. Tuve unos padres maravillosos, gente honrada que me dio siempre buenos ejemplos a seguir, y cuando fue necesario me metieron en cintura; hubo en el trayecto muchas anécdotas increíbles y logros importantes, como en la música. Quisiera decir que académicamente también logré cosas notables, pero no, nunca fui un «cerebrito» ni un *nerd*: fui un luchador, terco, obstinado, astuto y comprometido con lo que hacía, cualquier cosa en la que me metía debía hacerla bien y cumplir con las reglas; el desempeño era lo mío.

A pesar de saberme poco apto para el estudio, nunca tiré la toalla. Sé que otros lo hicieron, que aceptaron el papel de víctimas y dejaron la preparatoria, la universidad y se pusieron a trabajar para ayudar a sus familias, e incluso formaron las suyas. Aprendí que todo lleva un proceso, un tiempo… Somos como los buenos vinos, que se añejan, pero en nosotros está cuidarnos. A nadie le rendiremos cuentas en esta tierra más que a nosotros mismos. Al morir, para algunos será la hora de hacerlo; yo estoy satisfecho y preparado porque me siento feliz con lo que he hecho, con lo que he aportado a mi familia y al mundo. Soy un hombre agradecido, enamorado de una gran mujer y de mis hijos. En su momento me aventuré a hacer cosas arriesgadas, financieramente riesgosas, pero salí adelante. Hubo gente que me apoyó y creyó en mi persona porque siempre me he manejado con integridad, con congruencia; no tengo dos palabras, soy derecho, y gracias a eso construí cientos de puentes, nunca muros.

Gracias por acompañarme en este viaje.

ALFREDO OLVERA

La única diferencia entre el éxito y el fracaso
es la capacidad de actuar.
ALEXANDER GRAHAM BELL

Descargar intro en audio:

UNO
¿QUIÉN SOY?

Viví hasta los cinco años en la colonia Santa Cecilia de Reynosa, Tamaulipas; aunque era muy chico, de ese tiempo tengo recuerdos imborrables. Habitábamos una casa de madera bastante pequeña con dos recámaras, sala, comedor y una cocina sencilla, eso sí, con un patio enorme lleno de aventuras, olores y matices infinitos. En él había un sauce de buen tamaño, de esos que no se olvidan; aún añoro con nostalgia los grandiosos episodios que me otorgó. Recuerdo que sus ramas colgaban, entonces don Alfredo, el Rayo, Don Baldomero, mi padre, aprovechaba eso para colgarme como si yo fuera Tarzán, algo sumamente divertido porque me sentía invencible. María del Socorro, doña Choco, mi madre, sosteniendo un vaso con agua de limón nos observaba desde la puerta con esa mirada acerada que atravesaba la piel; le sobraba amor y cariño a manos llenas. Expresiva, directa y muy sincera, así era mi madre. Algunas veces esbozaba una mueca triste, pues cuando yo tenía apenas tres años, mi hermana Karina (así iba a llamarse) murió al nacer, llegó con el cordón enredado en el cuello y no hubo manera de salvarla. Desde entonces doña Choco, al llevarme a la cama y rezar conmigo, me decía con serenidad que Karina era mi ángel de la guarda y que nos observaba desde el cielo. Cerraba los ojos lentamente y ella se quedaba a mi lado, como una virtuosa guerrera velando los sueños de su pequeño hijo.

A ambos lados teníamos buenos vecinos: los de la izquierda eran compadres de mis papás, lo sé porque les bautizaron a una hija. Gente buena y honrada. De hecho, también me acostumbré a llamarlos así; como oía que los trataban de esa manera todo el tiempo —que «compadre» por aquí, que «compadre, nos vemos allá»—, se me hizo fácil hacerlo. Creo que les hacía gracia que un niño los llamara de esa manera, e igual me sonreían y saludaban con afecto; hasta la fecha siguen siendo «los compadres». Lamentablemente, al paso de los años uno de ellos falleció. Esa familia tenía tres hijos, un hombre y dos mujeres, la más chica llamada Thelma; ella y yo siempre decíamos que éramos hermanos de pila, pues creo que nos bautizaron el mismo día en la misma iglesia.

—Eso es algo especial, Alfredo, no cualquiera es mi hermano de pila, jaja —bromeaba mi vecina.

—Claro, lo entiendo y valoro.

Con los de al lado crecí, aprendí y disfruté muchas cosas, situaciones que me hicieron madurar poco a poco. Formamos buena mancuerna para jugar, hacer e inventar, son amistades que se mantienen vigentes durante mucho, mucho tiempo. Al otro lado vivía un hombre mayor, Cástulo, al cual yo llamaba don Castulito, quien era muy pobre; sin embargo, tenía mucho corazón, era de esos señores que suelen guardar miles de secretos entre los pliegues de su piel. De pelo entrecano, frente amplia y manos grandes, tanto que parecían palas, tenía gallinas, algunos árboles frutales y sembraba verduras. A veces, por las mañanas, si las gallinas ponían, le daba huevos frescos a mi madre. Era una persona atenta y servicial.

—¡Para Alfredito, para que crezca fuerte y sano! —exclamaba.

—Muchas gracias, más tarde por acá le paso un pedazo de pastel y un poco de guiso que le preparé a mi marido —contestaba mi madre.

Afortunadamente, a solo dos cuadras vivían unos primos, personas que fueron trascendentales para mi sano crecimiento, pues con uno de ellos en especial jugaba y convivía mucho: José, aunque siempre le decíamos Toto. Puedo decir que tuve una infancia inolvidable por todo lo que viví con la gente que tuve a mi lado.

Por cierto, recuerdo que una vez veníamos de McAllen y al cruzar el puente fronterizo vimos una camioneta igual a una que tenía mi papá, a la que llamaba la Pichirila, y cuando llegamos a la casa cuál fue nuestra sorpresa al ver que no estaba; lo bueno fue que en realidad no se la robaron, a mi tío Albertano, papá de Toto, se le hizo fácil llevársela, ya que prendía con cualquier llave.

Una vez fui a comer a casa de «los compadres»; en aquel entonces no me gustaba el aguacate, por alguna razón no me apetecía y siempre lo evitaba. La comadre empezó a servir los platos, todo se veía muy rico, cuando de pronto observé que el platillo llevaba justamente aguacate.

—¿Con todo, Alfredito?

—Sin aguacate, comadre, gracias —le contesté con absoluta honestidad.

Entonces la comadre Ofilia cambió de postura, se llevó una mano a la cintura y con la otra movió amenazante la cuchara, la cual empezó a zigzaguear sobre la mesa.

—¡Ah, no, aquí chifladuras no, mijito! En esta casa hay una regla: uno se debe comer todo lo que le sirvan.

—Pero, es que… pues no me gusta.

—Usted póngale poquita sal y le va a saber muy rico, ya verá cómo aprende hoy a comer aguacate.

¡Y ándale, que no me quedó otra que comérmelo! A raíz de aquel encuentro con la comadre, el aguacate se hizo parte de mi dieta, ya no le sacaba la vuelta. Es un alimento sano que he recomendado a muchas personas, obviamente no saben que al principio de mi vida no me gustaba. ¡Gracias, comadre Ofilia!

Pocos años después, mamá se embarazó de nuevo y llegó mi hermana Susana, una niña hermosa con la sonrisa a flor de piel; eso sí, era bastante inquieta y, por supuesto, poco cuidadosa con mis juguetes. Conforme fue creciendo se hizo fuerte y curiosa, de hecho, cuando podíamos, los dos jugábamos mucho con papá; creo que él no hacía ningún distingo entre los sexos, nos aventaba por igual, nos hacía las mismas bromas. De mi padre aún sigo añorando aquella risa fresca como una lluvia en el verano, escucharlo tocar su guitarra con la que siempre nos cantaba. La verdad, creo que gozaba de nuestras bobadas con las ganas parejas, era un deleite verlo botarse en su sitio y perder la compostura; le ganaba la carcajada, gesticulaba de manera desproporcionada y transpiraba alegría. Aunque, cuando tenía que ser estricto, lo era: los regaños y castigos eran fuertes y bien marcados, cuando me pasaba de la raya sacaba el cinturón y me daba de fajazos, algo bastante normal en aquella época, y aunque me decía «esto me va a doler más que a ti», creo que no era igual, en el momento me causaba mucho más dolor a mí.

Con el paso de los años comprendí que gracias a su disciplina soy quien soy: sé que la vida nos marca límites para bien y para mal.

Hay un dato importante que no quiero omitir, por respeto y cariño. Antes de que yo naciera estuvo viviendo con nosotros una prima, eran muchos en su familia y mis padres se ofrecieron a cuidarla y a apoyarla en todo como si fuera una más de nosotros; entonces la Ratona, como le decíamos, aunque su nombre es Juanis, se convirtió en mi hermana mayor. Por alguna razón, no alcanzo a comprender cuál, le costaba mucho trabajo decir el nombre de mi papá, y de cariño le decía Pelo. Él tenía varios sobrenombres: en su trabajo era Don Baldomero, porque su himno era precisamente esa canción del Piporro; a sus amigos y compañeros de trabajo les gustaba oírlo cantar con la guitarra. Mi padre tenía chispa y empatía con cualquiera, gesticulaba y sonreía amablemente a todos.

El baile se celebraba
con gran pompa y con esmero,
cuando llegaron las hijas
del hombre rico del pueblo;
«Don Baldomero, cómo le va,
usted primero puede pasar;
le gusta aquí o más allá,
donde prefiera se puede sentar»;
gente lambiscona que no falta...

En ese momento entraba
también un joven vaquero,
llevaba pistola al cinto
y arriscado su sombrero;
y ese quién es, pos quién será,
pos qué va a ser, pos va a bailar,
a la más chica la va a sacar,
don Baldomero se va a encabronar...

En la familia le decían el Rayo por su inagotable energía, era un hombre dinámico que siempre andaba para arriba y para abajo. «¿A dónde vas?», le preguntaban. «No sé, adonde sea, pero ya me voy porque se me hace tarde», les contestaba.

Cuando nací, Juanis empezó a llamarme Pelín, un apodo que me sigue acompañando. Rememoro perfectamente cuando mi papá le enseñó a manejar: en esos años en nuestra colonia, aunque no tenía pavimento, circulaban varios coches, pero había poco tráfico. Entrando a la calle donde vivíamos le prestaba el volante; por supuesto que yo levantaba la mano y pedía mi oportunidad, la cual muchas veces me negó por no tener edad para ello. Reconozco que en ocasiones me enojaba, no quería que hubiera diferencia entre mi hermana y yo, supongo que cada uno peleaba por atraer la atención de papá. Entonces nos miraba con discreción a los dos, sin hacer distingos, e improvisadamente me palmeaba con cariño la espalda y dejaba transcurrir unos segundos para después asentir discretamente, creo que trataba de consentirme un poco. Un par de años después, por fin me colocó en su regazo y de pronto soltaba el volante para que yo tomara el control. Con manejar unas cuadras me sentía como un gran piloto de Fórmula 1.

Con Juanis tengo buenos recuerdos. En alguna Navidad me regalaron ¡un aparatito para hacer *hot dogs!*, una maravilla porque en realidad funcionaba. A ella le encantó, en cuanto lo vio prácticamente se apoderó de él. Yo tenía otros juguetes, y a veces la dejaba tomar el rol principal. Por su edad me llevaba ventaja y, hasta eso, el papel de cocinera le sentaba muy bien, porque preparaba los bocadillos con mucho empeño; sonreía con cierta ironía cuando tenía el control de las cosas. Era una batalla constante por tener y usar ese singular aparato. Sin embargo, todo plazo se cumple, y esa semana la familia de mi hermana demandó atentamente su presencia permanente en su casa: llegó el tiempo de despedirnos, de decirnos hasta pronto. ¡Cuál fue mi sorpresa al ver que Juanis empacaba el aparato de hacer *hot dogs!* Puse el grito en el cielo y finalmente la cordura ganó, hasta la fecha lo conservo.

—Te quiero mucho, Juanis.

—Y yo a ti, Pelín —contestó con sinceridad.

A mi tío Trine, esposo de mi tía Carmela, lo recuerdo siempre con mucho cariño, y aunque fueron pocos años los que conviví con él, lo tengo muy presente: un hombre de trabajo, de esos de rancho, fuerte y decidido; creo que apreciaba mucho a mi papá, porque los frecuentábamos. Algo que jamás olvidaré es que no sé de dónde sacó que el tomate era bueno para que el pelo creciera fuerte y sano, e incluso que ayudaba a cambiarlo de lacio a quebrado, o algo así. El chiste es que yo de niño tenía el pelo muy lacio y rebelde, y a mi tío y mi papá, que eran muy ocurrentes, les dio por raparme. Mi tío empezó entonces a ponerme tomate por toda la cabeza, yo lloraba y lloraba y ellos nomás me decían: «Aguántese, no pasa nada; es por tu bien, para que te crezca y se te componga el cabello rebelde que tienes». Obvio que nunca funcionó la receta, pero esa experiencia no se me va a olvidar.

Más tarde nos mudamos por poco tiempo al centro de Reynosa, muy cerca de donde trabajaba mi papá y de mi abuela materna, ya que mis padres construyeron una casa detrás del patio de ella y pronto nos cambiamos. Aunque para mí era bueno estar con mi abuela, ya que me consentía y cumplía mis antojos (también era muy estricta y me pegaba cuando me portaba mal; no fuerte, pero lo hacía), creo que para mi padre no fue la mejor decisión haber construido allí, ya que la abuela se metía en varias cosas y muchas veces no lo dejaba ser; cuando fui creciendo me di cuenta de que había sido un gran error. Él era una gran persona, era difícil hacerlo enojar a pesar de que en ocasiones mi abuela lo trataba de forma muy grosera, y mi madre, pobre, quedaba en medio de incómodas situaciones.

En aquellos años papá trabajaba como empleado en una agencia aduanal, era un hombre responsable y trabajador, de buena cepa; de hecho, en esa misma agencia conoció a mi madre, una mujer muy guapa, de mirada transparente y sencilla, una trabajadora muy eficiente en todo lo que hacía. Poco tiempo después de conocerse, de consentirse mutuamente, decidieron casarse. Mi madre era una cajita de monerías, una excelsa cocinera en un estuche pequeño, que siempre guardaba grandes sabores y sorpresas para todos los paladares.

—Ponte a estudiar, hijo, no te distraigas con la televisión —arremetía cuando miraba de reojo lo que sucedía en la caja negra.

—Es que no me entran estos números, ¿me ayudas?

—Primero inténtalo tú solo, y al rato veo cómo le hacemos —sentenciaba moviendo la mano en el aire.

Estudié la primaria en la Escuela Federal «Josefa Ortiz de Domínguez», me gustaba ser obediente y así evitar problemas; sufrí de *bullying*, creo que como todos alguna vez. En mi caso, el tema era mi cabello, pues lo tenía muy lacio, y mi piel morena: no me la acababa, de eso siempre se burlaban y hasta la fecha hay algunos que me lo señalan. Tenía un carácter llano, relajado, así que se me resbalaba. Por supuesto que también me burlaba de mis compañeros: «el que se lleva se aguanta», era la regla, y todos la respetábamos.

Siendo muy honesto —no podría ser de otra manera—, confieso que no fui el mejor de los estudiantes; la verdad, se me complicaban todas las materias, pero principalmente las matemáticas porque andaba más ocupado en los deportes, desarrollando mi musculatura, según yo, cosa que nunca pasó. Algo que todo muchacho persigue es verse en el espejo y observar cómo los músculos y las piernas toman forma, porque de niño uno persigue sus ideales. Muchos saben que el cuerpo masculino es por algunos años una cosa indefinida, casi abstracta: no sabes si serás gordo o flaco, de repente tenemos muy grande la cabeza, los brazos cortos, es un tanto grotesco, seguramente por eso mi clase predilecta era la de educación física; a esa sí, para que vean, nunca faltaba y siempre sacaba dieces.

Cuando conocí a Benjamín, su pelo rojo me llamó mucho la atención; era vecino de la colonia, así que los dos ya teníamos referencias de quién era cada cual. Creo que su carácter liviano era su mejor cualidad, aunque tenía unos ojos de investigador privado, muy acerada la mirada. En su casa lo llamaban Bebé, aunque para mí era Benja. Jugábamos todo el tiempo y era una buena compañía, siempre estaba ahí para echarme la mano o aconsejarme; yo también hacía lo mismo. Era genial no tener ninguna rivalidad profunda, aunque es cierto que a veces no nos poníamos de acuerdo. Era bastante lógico, a él le gustaban ciertas cosas que a mí no, y las que a mí me gustaban a él no, como todo: dos cabezas, dos mundos diferentes. Sin embargo, creo que él y varios de mis primos me enseñaron el verdadero significado de la palabra *amistad*.

A mi edad puedo presumir de una memoria privilegiada, incluso me es posible visualizar con claridad los primeros años de mi vida. Imposible olvidar a la maestra Dominga, que nos dio clases en segundo grado de primaria; era una mujer muy estricta con una sonrisa extraña —entre muecas y tics nerviosos—, la cual era poco conocida, y cuando finalmente sacaba los dientes me encogía de hombros, pues temía que fuera a morderme. La miraba de refilón cerca de la puerta: se paraba derechita, derechita, como si fuera una viga de acero, y a veces, cuando iba a hacernos un examen, emitía unos sonidos extraños, agónicos. Sujetaba el borrador con aplomo y seguridad, una espada que blandía con fuerza cuando algo no le parecía correcto; yo temía que fuera a lanzarla sobre mi cabeza si me veía copiar. Entonces, a falta de mejores ideas, me hundía en mis pensamientos, en los repasos y los consejos de mamá. Debo reconocerle que era muy buena, ¡toda mi admiración! Dejó en mí una huella imborrable y conocimientos bien firmes en mi mente, era mujer de pocas palabras mas nunca corta de sabiduría y cultura general. Seguramente en su casa era también la que mandaba.

—¡Alfredo, con los ojos en el examen, por favor!

—Sí, maestra, ya voy… —y rezaba por dentro para que mis respuestas fueran acertadas.

Cuando salía de la escuela, era tiempo de jugar, correr y trepar. Al lado de la casa había un terreno muy grande con una casa de madera; por cualquier lado que la miraras se le notaba el abandono, y si uno se quedaba ahí parado mucho tiempo, podías observar cómo alguna parte se caía, pedazos chicos y los grandes como queriendo hacer lo mismo. Allí vivía Fabián: digamos que era quien cuidaba de la propiedad. En ese lugar se encontraban unas higueras preciosas, a mi entender bastante agradecidas porque daban unos frutos de muy buena calidad, los cuales tenía oportunidad de cortar yo mismo. Por la forma de sus ramas, me daba gusto alcanzar los higos más grandes; creo que aún sigo saboreando aquellos manjares de color morado, riquísimos.

—¡Mira, papá, encontré otro!

—Perfecto, debe haber más.

—Sí —contestaba emocionado.

Los veranos eran por lo general para viajar. Cuando llegaban las vacaciones todo se movía a mi alrededor, las ideas y las voluntades, y nos convertíamos en una especie de huracán, acelerados e inestables, buscando tomar algún rumbo. No salir de viaje era algo casi imperdonable para la familia; si no podíamos por alguna razón, recibíamos toda clase de invitaciones de amigos y parientes. Recuerdo que una vez mi tío Arturo nos convocó a mis primos y a mí a pasar parte del verano en la ciudad de Morelia, Michoacán; mis padres aceptaron, llevaba buenas notas en la escuela y me dejaron ir. Además, iban mi tía y mis tres primos.

A mi tío Arturo le gustaba explorar, creo que tenía pata de perro y corazón de gitano: conocía muchas costumbres, hablaba siempre con propiedad de todas las poblaciones. Cuando llegamos a Morelia todo era novedad, la comida, la gente y sus costumbres. Cambiaban ciertos detalles: no es el norte, donde se habla golpeado, acá era suave, hasta meloso, más cantadito. La gente se arremolinaba en las esquinas, en los mercados, con andar despreocupado, como no queriendo la cosa. El primer fin de semana nos llevó a conocer el centro histórico, y me encantaron las texturas de los arcos, de los pisos antiguos. Las iglesias eran como un visión en el tiempo, directamente a la época de la Colonia, tal como venía en los libros de texto y en los almanaques; podía cerrar los ojos e imaginar el sonido de las carretas, los cascos de los caballos golpeando contra la tierra y el lodo, el murmullo de las mujeres con sus vestidos largos y sus sombreros, en algunos restaurantes podías ver fotografías que mostraban esa faceta de la ciudad.

Todo lo que me imaginaba sucedió, realmente sucedió.

—Está increíble todo, tío, gracias por la invitación.

—Nada que agradecer, Pilingas —así me llama hasta la fecha—, para eso estamos, para apoyarnos y divertirnos. Bien vale la pena conocer estas bellezas —sentenciaba arqueando las cejas.

Trabajaba de lunes a viernes, por eso no salíamos, se le complicaba mover a toda la tropa; jugábamos en casa o con la pelota en el jardín. Solamente los sábados y domingos nos paseaba a todos en una camioneta que tenía.

Entre semana, la tía Tomy era la que nos llevaba al mercado, donde por cierto todo era fresco y de muy buena calidad, y barato; como un detalle curioso, siempre nos compraba chicharrón, y por cierto, jamás he vuelto a comer algo igual, estaba recién hecho y se deshacía en el paladar, ¡riquísimo!

Recuerdo a mi tío sentado a sus anchas, transpirando temple por los poros de la piel; se aferraba al volante como si fuera un auto de Fórmula 1, agarraba aire para platicarnos un poco de la historia del lugar, levantaba el brazo y con el índice nos señalaba algún monumento o avenida. Nos advirtió:

—Niños, tengan mucho cuidado: si ven alacranes aléjense de volada, ya que, a diferencia de Reynosa, aquí en Michoacán son muy venenosos, y si les llega a picar uno y no les ponen rápido el antídoto, pueden perder la vida —resopló como si fuera un guardia malhumorado, lo que nos dejó muy asustados a todos.

—Sí, tío, pierde cuidado, eso haremos.

—No se preocupen, aquí en el centro no hay muchos: más bien cuídense en la casa porque allá sí hay, como es una colonia nueva y alejada de la ciudad, siguen saliendo. ¡Quedan advertidos, no es juego! —reclamó.

Y bueno, como éramos muchos primos además de los de Morelia, que por cierto eran más chicos que nosotros, entre semana salíamos a pasear por la colonia y hacíamos amigos con los vecinos; la verdad, la gente no era nada complicada para trabar amistad, por eso nos acoplamos. Ellos a su vez nos iban integrando a su círculo, y nos adaptamos muy rápido. Tenían un lugar con unas vacas muy cerca, y a veces nos llevaban a los corrales para enseñarnos a ordeñarlas; recuerdo perfectamente estar de pie, observando cómo lo hacían, y parecía un proceso bastante sencillo. Vendían la leche fresca, eso era algo totalmente novedoso ya que uno no ve nada similar en cualquier gran ciudad.

Llegaban los fines de semana y nos emocionábamos porque mi tío nos llevaba a diferentes sitios, cerca de Morelia hay muchos pueblitos pintorescos y tradicionales. Semejaba un general del ejército, tocando literalmente la trompeta súper temprano para que todos nos levantáramos; alistarnos era un espectáculo. La idea era irnos a primera hora para que rindiera la jornada. Entre gritos, empujones y sorpresas, pasábamos los minutos observando la carretera, los montes, las caprichosas nubes y las tradicionales rancherías, donde el tiempo parecía atrapado entre el campo y los arcos de madera y ladrillo rojo; íbamos y veníamos en el mismo día, porque eran trayectos de cuarenta minutos, máximo una hora y media. Fue así como conocimos varios lugares: Santa Clara del Cobre, Paracho, Quiroga, Pátzcuaro, Janitzio, el parque natural de Uruapan y algunos otros que no alcanzo a recordar. En todos lados apreciábamos las artesanías, en tela, cobre, barro y cristal. De esa manera me metí a mi México en el corazón, por su cultura y gastronomía. Fue una gran experiencia para todos.

En verdad nos gustaban las aventuras, todos estábamos muy contentos; bueno, hasta cierto punto, porque todo estaba muy bien, la comida, los paseos, la diversión, pero el miedo era mayúsculo por el asunto de los alacranes. Al llegar la hora de acostarse, dos dormíamos en la cama y uno en el piso, en un puf que tenían mis tíos, y cada día nos turnábamos para dormir allí. Faltaba un par de días para regresar, el saldo era blanco aún, y cuando menos lo esperábamos apareció un alacrán en la sala: mi tía Andrea —no la de la casa sino la que iba con nosotros, de Reynosa—, afanosa y pulcra para muchas cosas, estaba sacudiendo las cortinas cuando le saltó el animalito. Desgraciadamente la picó, y asustados todos porque no estaban mis tíos, solo nosotros, corrimos a buscar ayuda; en aquel entonces no existían los celulares, solo el teléfono fijo. Llamamos a una vecina y llegó casi de inmediato; mi tía se puso a fumar por los nervios, sin embargo, mi primo Adrián le quitó el cigarro, no dejó que siguiera pues le dijo que eso agravaría la situación. La vecina estaba tranquila cuando dijo:

—¡No hay tiempo que perder!

Y se fue con mi tía al hospital más cercano porque tenían que ponerle el antídoto. Mi tía era bastante incrédula y decía:

—No pasa nada, no me picó bien.

—De ninguna manera, son muy venenosos, así que ahuecando el ala, hay que irnos.

Total, que llegaron al hospital muy a tiempo; al parecer mi tía ya empezaba a sentir los efectos del veneno, pero gracias a Dios, y a la vecina que nos ayudó, todo salió bien. Obvio, nosotros, de curiosos y con miedo, buscamos al alacrán y sí, ahí estaba ya muerto; dicen que cuando sueltan todo su veneno suelen morir, y allí quedó. Luego llegaron mis tíos, los dueños de la casa, a quienes les platicamos lo que ocurrió y nos arrancamos todos a ver a la tía Andrea. En el hospital, ya con calma, cuando llegamos, vimos que estaba bien. Toda la preocupación y la angustia se convirtieron en risas y bromas; la verdad, fue una experiencia importante, un gran aprendizaje. Eso de tener respeto por los animales ponzoñosos es algo serio, a mí me sirvió para ser más consciente de los pasos y acciones a seguir en casos de emergencia.

—Ya ven qué les decíamos; debemos tener cuidado, no son de fiar. Se esconden donde menos nos imaginamos.

—Pero quién iba a pensar que en las cortinas, tío.

—Solo el animalito, Pilingas —dijo apoyando su mano en mi hombro.

—Eso sí.

DOS
LA SECUNDARIA, UNA NUEVA AVENTURA

Fui a la Secundaria Federal número 3, «Francisco. J Múgica», en el horario matutino. La entrada era a las siete de la mañana, o sea que debían levantarme más o menos a las seis, o un poquito antes. ¡Mi martirio, y un calvario para mi madre!, porque desde siempre la levantada temprano era desesperante, me gustaba mucho dormir y por eso se me pegaban las sábanas. En medio de un revoltijo y con los gritos creciendo afuera de mi habitación, me sentía como un hombre que sale de un refugio subterráneo una vez que ha pasado un tornado, entre sueños locos y la flojera más pegajosa.

Me gustaba más levantarme tarde, sobre todo los fines de semana, que era cuando podía hacerlo. El primer día de clases mi padre me llevó; recuerdo que llegué ahí con esa mezcla de nervios y emoción. Yo lo miraba de reojo, noté que se le hinchaba el pecho por el orgullo y la satisfacción. Su loción inundaba mis fosas nasales, un poco a madera y lavanda; supongo que Don Baldomero recordaba su infancia, aquellos años mozos cuando acudió a estudiar. Sé que a duras penas pudo terminar la primaria, eran muchos de familia y no tenían recursos para meterlos a otros grados. Al parecer, unos amigos de mis abuelos los apoyaron para que ingresara. Eran de una hacienda por Santa María del Río, en San Luis Potosí, aunque siendo él muy chico se mudaron a Reynosa. Quizá le daba sentimiento verme en un grado que no pudo alcanzar, no lo sé; lo que sí, es que su gesto de alegría era contagioso.

—Alfredo Olvera.

—Presente, maestra —contesté con fuerza, irguiendo el pecho cuando me puse de pie junto al pupitre. Todos lo estaban haciendo, así que no podía quedarme atrás.

Había cambiado de escuela y eso me tenía digamos que alerta, ignoraba qué tan bien podía encajar en ese lugar; afortunadamente, al entrar y ver todo, el salón que me correspondía, los patios y las canchas, empecé a relajarme y al hacerlo sonreí, aflojando los músculos del cuello y los brazos. Me dio gusto que algunos cuates me saludaran con mucha familiaridad: varios eran conocidos del barrio y otros venían de la misma primaria, y bueno, me tocó estar en el grupo «C».

De manera magistral entró al salón la profesora, una mujer alta, morena y muy guapa; se llamaba Lupita. Creo que estaba más nerviosa que todos nosotros, porque era su primer trabajo como maestra y además le tocó ser la tutora del grupo. Sé que muchos de mis compañeros quedaron prendados de su belleza, creo que algunos hasta suspiraban cuando les explicaba la tarea. Querían aparentar madurez y hombría para tratar de impresionarla y ella los ignoraba, era discreta y elegante en sus ademanes. Supongo que le hacía gracia verlos actuar de esa manera.

Era muy buena gente y trataba de apoyarnos en todo, incluso me tocó verla fuera de clase aconsejar y guiar a varios compañeros. Entre el grupo de maestros que nos daban otras materias, una se llamaba Alma Silvia, y ella sí tenía fama de ser muy severa, estricta hasta la acera de enfrente; a la hora del receso nos enteramos de varias cosas, los alumnos más viejos nos explicaron algunas de sus mañas y contradicciones. Apenas era el primer día de clases y ya sabíamos bastante sobre ella, lo que otros alumnos decían, incluso algunos juraban que era muy pasada, exigente e inflexible. Imaginé que mucho de eso eran chismes de pasillo que decían para asustarnos, pero me empecé a preocupar cuando ella misma nos advirtió:

—Y pregunten por mí a los que están en grupos más avanzados, para que sepan cómo soy.

El tiempo se me pasaba muy rápido entre tareas y juegos, compromisos en casa, con amigos y familia; siempre tenía cosas por hacer, por lograr. Cuando menos lo pensé ya estaba a mitad de año: los exámenes, las calificaciones, las competencias y tantos recuerdos que se apilan en mi cabeza, ¡si los pudieran ver! Cientos de carpetas de colores llenas de sensaciones, olores y sentimientos.

Éramos un grupo muy unido, jalábamos parejo todos, eso sí, muy escandalosos; bueno, había de todo un poco, algunos eran *nerds*, otros callados y algunos peleoneros. Creo que cada grupo estaba catalogado. Fue un cambio importante de la primaria a la secundaria, porque de alguna forma te empiezan a hacer más responsable e independiente. Creo que ese primer año de secundaria fue parte de un acoplamiento, junto con un buen aprendizaje de las diferentes materias y talleres que nos impartían. Llegó el final del curso, y con eso el verano y las vacaciones largas que todos esperábamos.

Una vez saliendo de clases podía levantarme más tarde, y por supuesto que disfrutaba estar acostado sin compromisos ni tareas; me la pasaba viendo TV o arreglando el mundo con mis ideas, también jugaba hasta altas horas para disfrutar el aire fresco que a veces corría por la colonia, en la calle. Mis amigos y yo inventábamos nuestros campos de futbol, nos perseguíamos y atrapábamos como parte de una aventura, y en la casa estaba bajo la mirada atenta de mamá y mi hermana Susana.

Imposible olvidar la emoción que sentía cuando papá me llevaba a su trabajo; gracias a eso podía palpar un mundo diferente, el de los adultos, la vida ajetreada de aquellos que ofrecían sus conocimientos para generar conceptos y cosas tangibles. La gente andaba bien vestida, con el gesto endurecido por las preocupaciones, las metas, los objetivos; papá sonreía la mayor parte del tiempo, era una persona optimista y responsable, me palmeaba la espalda para darme ánimos. Llegaba a despertarme sigilosamente para que lo acompañara, yo estiraba los brazos a lo alto y corría al baño a alistarme, me peinaba y me cepillaba los dientes, trataba de dar una buena imagen. A Don Baldomero le hacía gracia, y yo trataba de quedar bien con él.

—¡Ya voy!

—Corre, que no quiero que se nos haga tarde —recalcaba apurado.

—Es muy temprano.

—Mejor, así hacemos más cosas —contestaba con firmeza.

Mi padre vestía pulcramente de pies a cabeza, con la camisa y el pantalón bien planchados. Mamá procuraba tenernos algo listo en la mesa, no quería que nos fuéramos con la panza vacía; sin embargo, papá prefería desayunar en el Café Sánchez, que estaba en el centro de la ciudad y nos quedaba de camino a la oficina. Yo casi siempre pedía lo mismo, chocolate y *hot cakes*, y él su café negro y sus huevos al gusto; tenía sus manías y yo las seguía. Aprendíamos uno del otro, era muy interesante verlo interactuar con las personas que lo rodeaban. La gente lo quería y respetaba, nunca lo vi utilizar malas palabras o referirse a alguien de mala manera. Era educado y caballeroso con todas las mujeres, de todas las edades. Se expresaba correctamente y creo que nunca lo escuché contradecirse o retractarse de algo; era ocurrente, nada tímido y muy bromista.

Así que no me escapaba mucho tiempo de las levantadas temprano, aunque confieso que nunca ha sido lo mío. Me gustaba esa rutina con mi padre, llegar a la oficina temprano, ser los primeros en entrar; su horario empezaba a las nueve, pero a las ocho nuestras siluetas se dibujaban frente a la puerta, a lo mucho ocho y media; era rarísimo que llegara a su hora de entrada.

Una vez lo cuestioné abiertamente:

—Papá, ¿por qué no venimos más tarde? ¡No desayunemos fuera, y así yo duermo un poco más! —le dije.

Se me quedó mirando, y de sopetón me dio mi primera lección:

—Hijo, hay que ser responsable y dar más de lo que te piden. Muchos vienen aquí a cumplir un horario o hacen solo el trabajo para el que los contrataron; yo estoy muy agradecido con mi patrón porque me dio la oportunidad de tener empleo y lo menos que puedo hacer es tratar de dar más, sin esperar alguna remuneración extra por ello.

—¡Eso no está bien, papá! —contesté sacado de onda, porque en aquel momento no entendía su filosofía.

—Algún día lo comprenderás, hijo.

En fin, solía llegar muy campante, seguro de sí mismo, con ese andar que cimbraba, su aplomo y carisma sobresalían. Una vez que se sentaba en su escritorio, nadie podía detenerlo: revisaba los pendientes, papeles y llamadas. Recuerdo que pasaba un buen rato llenando vales, creo que era algo famoso porque de todos los empleados era quien más los presentaba. Esos vales se usaban junto con las notas de consumo para reponer o justificar gastos con los clientes, derivados de las operaciones de importación o exportación.

A la hora oficial de entrada empezaban a desfilar todos los demás empleados, gente que en su mayoría eran muy amables, seguramente por eso había buena química entre ellos. Papá erguía el pecho y acusaba, quitado de la pena:

—Si tienen algo en lo que mi hijo pueda ayudarles o quieren que les haga algún mandado, con confianza pueden decirle; para eso viene aquí, a aprender a trabajar.

—Aprovechando, ¿me puedes ayudar con estas carpetas?

—Con gusto, permítame —contestaba yo con la mirada encendida.

No faltaba quien le tomara la palabra a Don Baldomero, fue así como empezaron a salir para mí muchas tareas:

—Oye, Alfredito, ¿me sacas estas copias?

—Y ¿puedes llevar estos documentos a la aduana con tal persona? —decía otro.

—¿Me traerías algo de comer?

—Claro que sí, con gusto —reponía poniendo pies en polvorosa, o sea, rápido.

Así me entretenía, la verdad era poco el tiempo que estaba pegado con papá. A él no le gustaba verme sin hacer nada, eso lo entendí, así que pronto agarré confianza y empecé a andar solo por todos lados. Además, no era la primera vez que lo acompañaba: en vacaciones pasadas, cuando estaba en quinto de primaria, había ido a la oficina y practicaba para ser un buen mandadero. El Rayo siempre andaba de prisa, haciendo trámites con gente, la secretaria, en caja y en la recepción; siempre lo miraba corriendo, y cuando no, caminaba vertiginosamente. De hecho, la verdad es que no le aguantaba el paso, yo prefería andar solo.

En esas vacaciones, cuando ya estaba más grande, me sentía libre y confiado porque la gente me conocía, hablaban bien de mí y me apoyaban en todo; de mi parte, ofrecía lo mismo con sus pendientes y tareas, aunque en realidad no estaba tan grande, apenas tenía unos trece años. La mañana se me pasaba tan rápido como un tobogán, y cuando llegaba la hora de comer recogía mis cosas y empezaba a despedirme; agarraba parejo, a quien me topaba en el camino le ofrecía caballerosamente mi mano y una sonrisa. Mi padre y yo nos íbamos satisfechos a casa. Mi día laboral terminaba a las tres de la tarde, que era su hora de salir a comer, y me quedaba con mi madre y hermana. Cuando no salíamos fuera de la ciudad o con los primos, esas eran mis vacaciones, ahí con papá, aprendiendo un poco de todo y ganando algo de dinero; no podría omitir que me daban mis propinas, eso me mantenía súper emocionado. Para mi suerte, ese verano fuimos a la playa de Manzanillo, en Colima: nos fuimos en bola con unos familiares. Aún recuerdo cuando vi el mar en el horizonte, ese enorme espejo verde que brillaba bajo los rayos del sol. Fue muy alegre ese viaje porque a pesar de que resultó muy largo y pesado, como éramos varios hubo mucha diversión; me gustaba nadar y observar a mis padres. El olor que se desprendía de la brisa y la arena, de las olas y las montañas, era un perfume exquisito para relajar todos mis sentidos.

—¡Todos a la banana! —gritaba uno de la bola.

—¡Vamos!

A papá le gustaba nadar, tanto en la alberca como en el mar, y siempre andaba atento a nuestros movimientos, todos sabíamos que cualquier descuido podría ser fatal. Nos hospedamos en el complejo Maeva, un hermoso conjunto arquitectónico vestido de blanco con departamentos y habitaciones de lujo. Algunos eventos me resultaban entretenidos sobre todo por ver a mis padres interactuar con los demás, fueron unas vacaciones muy especiales porque el mar es definitivamente uno de mis destinos predilectos.

Llegó el primer día de mi segundo año de secundaria, y bueno, ahora no tenía tantos nervios porque éramos básicamente los mismos del curso pasado, salvo uno que otro de nuevo ingreso. Llegó uno que era toda una fichita, supimos que lo corrieron de otras secundarias y escuelas y a él parecía no importarle, estaba muy quitado de la pena; no tardó mucho en integrarse con el grupito de los más relajientos del salón. A la hora del receso, los amigos y uno que otro colado aprovechábamos para ponernos al día y contar lo que hicimos en las vacaciones. Recuerdo que a unos empezaba a cambiarles la voz y salirles algo de bigote, estábamos en la etapa de la adolescencia, y las mujeres ni se diga, comenzaban a verse diferentes, con más forma, se desarrollan más que uno. Fue una etapa muy padre porque vas descubriendo la belleza del sexo opuesto, su pelo, las miradas coquetas, los intercambios de teléfonos, los primeros noviazgos, la manita sudada, algo inolvidable.

—Jóvenes, a su lugar, por favor, voy a pasar lista de asistencia —sentenciaba el maestro.

Todos nos quedábamos callados, como estatuas de cera inmóviles y brillosas por el calor que se sentía a esa hora en el salón de clases. Afortunadamente nos tocaron buenos maestros, no tengo ninguna queja; con el que me llevé bastante bien fue con el de música, porque me gustaba la guitarra.

Hace algún tiempo tomé clases particulares de guitarra clásica, dicho sea de paso, mis manos y dedos se coordinaban con cierta facilidad: sin embargo, no seguí porque estaba terco en que quería tocar música más popular, como veía a mi padre «Don Baldomero», tocando canciones del genero ranchero, yo descarté mentalmente ese estilo tan estricto, serio. Hoy, con el paso de los años, sé que cometí un gran error al no seguir estudiando clásico, porque aprendiendo eso, todo lo que quieras tocar después se te hace mucho más fácil. En fin, en esa oportunidad aprendí lo básico, las pisadas, los ritmos y las notas; por supuesto que me sirvió, entré a una rondalla que se formó en la escuela y fue así como me nació el amor por la música, toda en general, pero el género romántico me mueve más. Siempre seguiré añorando cuando llegaban las fechas de los festivales y tenía que vestirme de una manera muy especial; eso para mí representaba una gran emoción, más el enorme compromiso de estar frente a tantas personas. Al abrirse el telón uno tenía que estar listo, saber el orden, tener una idea clara de lo que debía hacer; todo eso te da un poco de nervios, porque no quieres equivocarte ni perderte entre las notas, mas no por eso dejaba de gustarme subir al foro de la escuela y cantar con toda el alma en el Día de las Madres.

Conforme ganas práctica, te vas poniendo menos nervioso, consigues mucha seguridad, muchas tablas para mejorar y no fallar.

Teníamos diferentes actividades extracurriculares, como bailables, la estudiantina, concursos de declamación, poesía y por supuesto la rondalla; era un enorme placer poder cantarles a las madres, sobre todo a la mía, y ella siempre estaba allí, sonriente y sonrojada en primera fila.

Algo que recuerdo mucho es que, cuando se acercaban las vacaciones de Navidad, las esperábamos con muchas ganas, ansiosos de que llegaran. Había mucha gente en casa de la abuela Amparo, venía su hermana con sus hijos —mis tías y las primas— y luego amigos de la familia, papá invitaba también a algunos de sus parientes. Se hacía un gran ambiente y era una gran fiesta, así que mi primo Adrián y yo, cuando llegaba la hora del brindis de fin de año, aprovechábamos para recolectar todas las copas de sidra que no se bebían los invitados y nos dábamos vuelo, buscábamos dónde ir a tomarlas a escondidas porque, obvio, no nos dejaban beber, aunque al rato nos delataba nuestro comportamiento, se nos subía el alcohol y nos daba un sueño apresurado, empezábamos a decir incoherencias y a dar tumbos de lo mareados que nos sentíamos, y bueno, pues a dormir se ha dicho, en ese punto se acababa la velada para nosotros.

TRES
EL FIN DE UN CICLO

Llegó el tercero y último año de la secundaria, y aunque ya no sentía tantos nervios como antes, he de aceptar que una parte de mi mente guardaba cierta reserva ante lo que vendría más adelante; a la otra mitad creo que le daba exactamente igual, «¡un año más, qué puede salir mal!», porque era mi parte aventurera. El asunto estaba en que al terminar arrancaba la preparatoria y ese sí que era un cambio tajante, directo, algo similar a pasar de golpe de una tormenta veraniega a un huracán categoría cinco.

Al regresar de vacaciones me di cuenta de que había crecido, ya no era aquel niño ingenuo; bueno, tampoco un súper hombre. Estaba, creo, como en un punto medio, la bendita adolescencia. Lo que sí sé es que sentía una mayor intensidad que otras veces, supongo que al ser mayor disfrutaba las cosas de una manera diferente, inconmensurable, más consciente de todo. En aquel tiempo disfrutaba más ir a la oficina a trabajar con papá, porque al trabajar y recibir mi paga le iba agarrando saborcito al dinero, me daba poder y libertad; con lo que generaba ya podía comprarme cosas, detalles a mi gusto, aunque no siempre podía hacerlo porque tenía que darle algo a mi madre y a la abuela, porque me nacía, sin que fuera mi obligación.

—Gracias, hijo, eres una bendición —recitaba la abuela emocionada cuando recibía algunos billetes de mi parte.

Puedo asegurar que en el tercer año nos tocaron muy buenos maestros salvo uno que no nos correspondía, y él, justamente, fue quien nos dejó a varios en el salón un mal sabor de boca: resulta —suspiro profundo y siento una sed repentina, como si tuviera la garganta seca— que por alguna razón nos quedamos un día sin nuestro maestro de base, simplemente llegó la hora de la clase y no se presentó. Pasaron algunos minutos y mis compañeros se dieron rienda suelta, «a falta del gato todos los ratones festejan», y por supuesto que hacían mucho relajo. He de reconocer que yo no era lo que pudiera decirse un santo, pero justo en aquella ocasión y para variar, estaba muy metido escribiendo, trataba de responder algo de una tarea, tenía la cabeza agachada y los oídos sordos, concentrado en resolver unos problemas. El chiste es que estaba ocupado mientras todo el salón hacía fiesta y desorden, cuando de pronto entró sorpresivamente este maestro, de nombre Cipriano, y empezó a regañarnos muy feo, reclamaba a manotazos y desaires que no lo dejábamos dar su clase, y mientras gritaba caminó lentamente entre los pupitres, dirigiéndose a mi lugar de manera sigilosa como una pantera que quiere atrapar a su presa. De pronto levanté la cabeza para ver qué pasaba y sin esperarlo, sin ninguna clase de advertencia, me soltó tremenda bofetada (la verdad, yo tenía toda la intención de regresársela).

—Oiga, ¿qué le pasa?

—Te vi, fuiste tú el que estaba haciendo más relajo de todos.

Los demás se quedaron perplejos, callados; de sopetón, el salón enmudeció. Creo que nadie esperaba eso. Así como llegó, el silencio ante la gran barbarie de Cipriano de improviso se fue: varios expresaron cierto miedo y bastante ansiedad. Yo me quedé congelado. Todos se tranquilizaron, el nivel del ruido bajó considerablemente; parecía que nadie hacía nada, lo único que retumbaba era mi corazón, la sangre que corría por mis venas del coraje, la frustración y las ganas de llorar. Me aguanté como los hombres, estoicamente frené los sollozos y entonces todos empezaron a decirme:

—Repórtalo, Alfredo, eso no es justo, no se vale; qué poca, eso es abuso.

—Ahora que estabas tan tranquilo, jajaja, qué mala pata, amigo —dijo uno de la bola.

Yo estaba ahí como clavado en la silla, sin saber qué había pasado ni por qué me pegó; en eso, un compañero de nombre Leoncio, quien se sentaba atrás de mi escritorio y del cual decían que se parecía a mí, me comentó:

—Oye, qué mala onda, amigo, creo que esa me tocaba porque fue a mí al que vio, yo era uno de los que estaban haciendo desorden, de plano se tuvo que haber confundido.

—Leoncio, pues gracias, amigo, por tu sinceridad, pero el golpe ya nadie me lo quita —señalé sobándome un poco la mejilla lastimada, aunque lo que más me dolía no era precisamente eso sino el orgullo por la forma en que me había dejado ante los demás, y claro, la prepotencia de ejercer una represalia así, sin pensar ni consultar.

—Lo siento mucho.

Cuando faltaba un minuto para las doce y media miré por la ventana, el día bochornoso seguía dominando las calles y aceras, los porches de las casas semejaban un horno: el sol brillaba en lo alto y las temperaturas superaban los 33°C. El calor mostraba una insistencia abrumadora, exigía que todo ser viviente se mantuviera hidratado.

Cuando salimos de clase me quedé muy pensativo, sobre todo con el coraje recorriéndome las entrañas por la impotencia ante la alevosía de ese maestro, un acto así, tan cobarde, y más porque yo en realidad no estaba haciendo nada, no lo merecía, en fin. Me fui caminando lentamente a casa de mi madrina, iba arrastrando la enorme frustración como un lastre, un grillete pesado e incómodo. No me quedaba de otra, mi pariente vivía a unas cuadras de la escuela; acostumbraba irme allá a esperar a mamá, creo que era más fácil para todos. Menos tráfico, menos estrés.

Recuerdo que estuve bastante tentado a narrarle a mi madrina lo sucedido esa mañana, aunque sabía que era muy explosiva e intuía que, dadas las circunstancias, por supuesto que se atrevería a ir a hacer un relajo a la escuela, por lo que mejor decidí callar; ni siquiera a mi madre le dije, porque sería la misma cosa.

Además, en aquel momento mi madre convalecía de una cirugía menor, así que no quería preocuparla y no me quedó de otra que aprender de esa mala experiencia y saber que a veces tienes que ser muy prudente, evitar a toda costa actuar por instinto para no perjudicar a más personas.

Claro que en la escuela fui el tema prácticamente por toda una semana a la hora de los descansos entre las clases, de los grupos de amigos no dejaban de lloverme ofertas de «¡vamos a hacer algo contra el maestro!». Yo seguí terqueando en mi postura de olvidar lo sucedido.

—No vale la pena, es mejor así —comentaba con mucha seguridad.

En ese tercer grado empezaron los festejos de algunas quinceañeras, se hacían bonitas tardeadas a las que acudíamos para ver y conocer a chicas, con mucha pena intentábamos bailar; era el comienzo de una nueva etapa en la vida de todos nosotros, dejábamos de ser adolescentes y nos convertíamos en hombres de verdad. Aún siento la emoción en la piel al recordar que se aproximaba una fiesta que esperaba con muchas ansias. ¿La razón? Tenía una compañera que me movía el tapete; desgraciadamente no pude asistir porque me enfermé de paperas. Me disculpé con ella, tratando de no quedar tan mal parado, y entendió lo sucedido: era una muchacha bien educada, no iba a hacerme una escena ni a reclamarme nada. Era sencilla y no éramos nada, solo amigos.

En esos días recibí un gesto muy amable de un compañero con el cual me juntaba mucho en la escuela, y si mal no recuerdo, lo consideraba el más inteligente del salón: se llamaba Samuel y siempre estaba cerca, tratando de aconsejarme. También me ayudaba explicándome las lecciones, las tareas, y yo siempre quería sonsacarlo: «¡Vamos a tal fiesta! ¡Vamos al centro! ¡Al cine!». Nunca aceptaba, no sé si no lo dejaban sus papás o realmente no quería ir. Eso no le quitaba lo gran amigo que era; al notar mi ausencia en la escuela fue a mi casa, vivíamos a unas cinco o seis cuadras, relativamente cerca, y cuál fue mi sorpresa cuando llegó y se presentó con mamá:

—Señora, buenas tardes, soy Samuel, compañero de su hijo. Fíjese que estoy preocupado por Alfredo; si me lo permite, le quiero preguntar, para saber qué tiene.

Mamá se lo quedó viendo sorprendida y gritó con fuerza:

—¡Alf, te buscan! Mira, pásate si quieres, debe estar ahí en su cuarto. Subiendo las escaleras, de frente.

—¿De qué está enfermo?

—Tiene paperas.

Creo que Samuel se asustó.

—No, mejor desde aquí abajo lo veo —señaló con la cara enrojecida como un tomate.

Entonces, al escuchar voces, me asomé desde el filo de las escaleras para ver qué pasaba. Al verlo, le grité:

—¡Ey, qué gusto verte, Samuel! Pásate, con confianza.

—Solo quería saber qué tenías, porque noté que no has asistido a clases, y pues mejor ya me voy, que te mejores pronto —señaló agitando la mano, y desapareció rápido detrás de la puerta, seguramente algo asustado, como si fuera a contagiarse.

—Gracias por venir, adiós.

Solo el viento me contestó desde el espacio donde Samuel estaba.

Así fue como me perdí una fiesta muy importante, bueno, claro que hubo más y ni fue para tanto, porque en realidad yo ni bailaba, casi siempre eran las mujeres quienes nos sacaban; uno solo estaba observando todo con cara de interesante. Por lo regular nos lo pasábamos sentados, platicando o haciendo relajo. Eran pocos los compañeros que sí bailaban, los aventados, al menos yo siempre fui muy reservado y hasta la fecha lo sigo siendo; en cambio, disfrutábamos al ver a las niñas hacerlo. Recuerdo que algunos de mis amigos aseguraban que ya andaban de novios: eso, claro generaba diferencias, incluso celos, y por supuesto también peleas. Algunas muchachas se regodeaban al saberse tan discutidas. Yo, en la medida de mis posibilidades, trataba de mantenerme alejado de eso, ¡y vaya que me juntaba con varios a los que les encantaban los golpes!

Por ser de un barrio medio bravo, también teníamos cierta fama de rijosos. A Dios gracias, era muy amigo de todos, llevaba la fiesta en paz para evitar cualquier problema. Nunca fui alguien acelerado ni de mecha corta, era más bien tranquilo, analítico y hasta negociador.

Ese último año de la secundaria en realidad se me pasó muy rápido, cuando menos lo pensamos ya nos estábamos organizando para la graduación, la fiesta y todos los detalles del cierre del ciclo escolar. Los papás y maestros parecían más nerviosos que el grupo mismo; estoy seguro de que los preparativos los traían locos, se movían muchos intereses e ideas entre ellos. Por nuestra parte existían muchas dudas, en los recesos mis amigos y yo hablábamos de las oportunidades, los diferentes lugares para seguir estudiando, los que más nos convenían: todo tendría que ir acorde a nuestro presupuesto, cada familia sabía sus límites y decidir qué preparatoria era la mejor. Los últimos exámenes no fueron nada fáciles, tenía que pasar con un buen promedio para que me sirviera.

—¿Qué haces despierto tan tarde?

—Estudiando —contestaba evidenciando mi preocupación.

—No te desveles mucho, ya ves cómo batallas para levantarte; trata de descansar y mañana temprano le das una repasada —sentenciaba mi madre.

—Ya sé, creo que ya voy a acabar, gracias.

—No se te olvide rezar —agregaba a media voz, cerrando la puerta del cuarto.

Opté por una preparatoria técnica, el CBTIS 7, que era de las más peleadas para entrar, aunque ahí el curso duraba tres años mientras que en las demás, o casi todas, era solamente de dos; todos la preferían porque gozaba de buena reputación, sobre todo en el nivel académico, y más para aquellos que querían seguir estudiando. En la universidad las cosas se vuelven apremiantes si no vas bien preparado, así que era mucho mejor el CBTIS 7 que cualquiera de dos años.

En fin, me esforcé bastante y culminé la secundaria con buenas calificaciones. En casa se armó la de san Quintín al alistarnos todos para ir a la ceremonia de cierre: los hombres bien bañados y planchados, las mujeres impecables con sus vestidos y peinados. La fiesta estuvo increíble, muy divertida, la gente disfrutaba la música y los recuerdos de cada uno de los homenajeados. Al finalizar, la despedida, los abrazos y pensar que a muchos de mis compañeros ya no los iba a ver, uno nunca sabe los caminos que hay que seguir: unos no seguirían estudiando porque tenían que empezar a trabajar, otros aún no estaban muy seguros, había unos pocos indecisos, de todo. Yo tenía muy claro mi futuro, sabía que mis padres deseaban que continuara y no sería fácil, así que ese verano tuve que «talonearle», estudiar al máximo para el examen de ingreso.

Las vacaciones serían muy cortas. ¿La razón? Tenía que inscribirme al curso propedéutico, que era uno de los requisitos para poder ingresar a la prepa que yo quería, tuve solo unos cuantos días para descansar. Sé que parecerá mentira, pero me seguía emocionando la idea de ir a trabajar con papá, aunque entendí que sería por poco tiempo; con todo, eso representaba para mí dinero, tranquilidad y libertad.

—¡Ya estoy listo, vámonos!

—Déjame terminar el café, hijo —apuntaba mi padre, haciendo una mueca amistosa.

Llegó el día de ir al curso y lo que sucedió al poco rato fue realmente inolvidable. Unos días antes de salir de clases, el Rayo me compró un carro, un Chevy Citation modelo 1981;

aunque era mío, todavía no me lo soltaba, solo cuando andaba con él y para mandados cerca de la casa. Me enseñé a manejar desde muy chico, aprendí en el primer par de años en la secundaria. Resulta que cuando llegaba mi madre por mí a casa de mi madrina, se sentaban a «echar el chal» y yo, dispuesto y presuroso, me ofrecía para ir por las tortillas o hacerles algún mandado y allí practicaba, poco a poco; realmente lo complicado era medir bien las distancias al frenar, al dar vuelta, y tener bien controlados los pedales. Claro que mi madre sabía de mis intentos, solo se hacía de la vista gorda y cuando creía conveniente me daba algún consejo:

—Acuérdate de frenar con tiempo. Usa los espejos; no cambies de carril sin fijarte bien quién viene.

Decía que aquel fue un gran día porque pensé que papá haría lo de costumbre, agarrar las llaves y llevarme, además de reforzar las advertencias sobre el uso de un vehículo y la responsabilidad que implicaba, aunque él fuera al volante; la prepa a la que tenía que ir estaba un tanto lejos de casa. Vi diferente a Don Baldomero, un poco más reflexivo, hasta acongojado, como si se hubiera dado cuenta de que su hijo dejó de ser un muchachillo. Tomó un poco de aire antes de hablar:

—Mira, hijo, ya manejas bien y eres muy prudente, hasta maduro para tu edad, por eso te has ganado la confianza de tu madre y la mía, y aunque me da un poco de miedo, debo admitirlo, a pesar de eso queremos que a partir de hoy tomes las llaves y seas tú el responsable del coche. Cuídalo mucho, no subas a gente que no conozcas, maneja precavido y no llenes el carro.

—Sí, papá —contesté emocionado.

—Porque, como ya te lo he dicho, es una gran responsabilidad traer coche y sobre todo a tu edad, ¿me entiendes?

—Sí, papá —movía la cabeza como un acto reflejo, estaba anonadado.

En aquel momento yo tenía quince, casi, casi dieciséis años, y creo que para ellos, y para mucha gente, estaba muy chico para tan gran encargo. El que supiera manejar también representaba algo de tranquilidad para ambos, porque no tenían tiempo suficiente para llevarme de un lado a otro a la prepa o recogerme al salir, así que ese fue mi primer día y llevaba ese enorme regalo que, obvio, acarreaba un compromiso gigantesco. Papá me tomó del hombro con cariño y suspiró profundamente:

—Mucho cuidado, Alf, porque si te veo manejando mal o hay alguna queja de tu madre, entonces me obligarás a quitarte el automóvil, ¿estamos?

—Sí, papá, no te preocupes —dije, sacando el aire de los pulmones—; ¡muchas gracias, no te defraudaré! Y ya me voy porque se me hace tarde.

Así que me fui manejando solo por primera vez al otro extremo de la ciudad; iba con el pecho hinchado y la piel chinita, feliz porque no me la creía. ¡Yo solo, en mi carro! Al llegar a la escuela lo estacioné con sumo cuidado. Fue de esa manera como empezó una nueva aventura, con nuevos maestros y compañeros, aunque cuando vi quiénes serían, encontré varias caras conocidas: muchos de ellos venían de la secundaria, unos seis o siete que nunca estuvieron en mi grupo.

Eran rostros familiares, de la bola, así que la adaptación fue casi inmediata. Uno que otro resultaba misterioso: la primera vez que estuvimos juntos, el más flaco de todos entornó los ojos, echó la cabeza atrás y soltó una larga carcajada. Me pareció un sonido discordante, completamente fuera de lugar, como una risotada en una iglesia o en un funeral en pleno camposanto. Cuando se desvaneció, le dirigió una mirada penetrante al profesor, como si lo conociera.

El tiempo pasó muy rápido. Cuando me llegó el examen a las manos lo contesté con esmero, sin prisas; a veces cerraba los ojos para visualizar las respuestas, sabía lo que estaba haciendo. Me sentía bastante cómodo, mi memoria era privilegiada y las trasnochadas estudiando resultaron bastante útiles, además, me sentía motivado por el auto, por las palabras de papá, por el apoyo de mi madre, y gracias a Dios me aceptaron. Los resultados fueron favorables, aunque no en la especialidad ni en el horario que quería: cosa rara en mí, ¡quería el turno matutino! El vespertino era de dos de la tarde a nueve de la noche, lo que posteriormente modificaron para salir a las ocho, era muy pesado. Hasta eso, me acostumbré rápido. Lamentablemente, desperdiciaba mucho tiempo por la mañana, así que decidí inscribirme a clases de computación para aprovechar las horas muertas.

Me tocó la especialidad en Administración Turística; la verdad, nada que ver con lo que me gustaba, yo deseaba otra cosa, más apegada a la electrónica y las cuestiones tecnológicas, pero como era muy difícil entrar a esa preparatoria, mis padres me aconsejaron quedarme un rato y en unas semanas pedir un cambio. Lamentablemente no se pudo, y tuve que seguir allí. «Bueno, nada se pierde, la especialidad en turismo es más relajada y, además, solo somos cinco hombres en el salón; no está nada mal, ¡bendito entre las mujeres!», dijo la voz en mi cabeza.

—Listo, vámonos; quien se queda, se queda —advertía al subirme al coche.

—Espérate, falta Hugo.

—Ahí viene también el Bugs.

Mientras llegaban, prendía el coche y buscaba algo de música: tenía un montón de casetes, una mezcla de rock, pop y en español. Se respiraba un olor agradable, me gustaba tener limpio el interior y acomodadas mis cosas. Era evidente que los demás respetarían eso, porque teniendo un desorden, nadie creería que era una persona pulcra. ¡Ya me imagino el chiquero rodante en que hubieran convertido el Citation!

CUATRO
LA PREPARATORIA…
¡UN PASO MÁS!

PRIMER SEMESTRE

La emoción me corría de prisa por la piel sin hacer paradas en los *pits*, como un auto de carreras; estaba por entrar a la preparatoria. La vida hasta ese punto me enseñó que los años y las experiencias no pasan en balde y debía aprovechar eso, porque ahora iniciaba una nueva etapa donde todos esperaban de mí madurez, compromiso, menos relajo y fiestas sin sentido. Afortunadamente no me resultó tan brusco el arranque porque hicimos un previo al inicio del semestre, el curso propedéutico, entonces ya tenía un cierto acoplamiento con las instalaciones y las caras nuevas; poco a poco llegaron los amigos, la confianza, y claro, no podía faltar uno que otro conocido de la secundaria o incluso del barrio.

—Listo, amigo, te veo más tarde para platicarte algo.

—Hecho —contestaba sacudiéndoles la mano.

Así empecé el semestre, con aquellos aires innovadores; las metas esta vez eran distintas, mucho más complejas que las anteriores. Tendría que estar más atento y ser más estricto conmigo mismo, no esperar a que las cosas se me complicaran para reaccionar.

Lo que noté de inmediato fue la diferencia radical en los maestros y en los planes de estudio, cada profesor nos salía con la misma cantaleta: «Van a empezar una etapa diferente, una etapa de cambio porque es hora de que sean más conscientes de su rol, de su importancia en la sociedad». Muchos teníamos sueños y metas que seguir, que cumplir en la universidad: sin embargo, algunos de mis compañeros no tenían la seguridad de poder asistir, de tener la capacidad para pagar los gastos que implicaba cada uno o todos los semestres. Yo sí lo tenía claro, sabía que mis padres iban a apoyarme en todo.

Reconozco que sucedían cosas inesperadas, situaciones que cambiaban de color, de verde a amarillo y de amarillo a rojo, sobre todo en las materias de matemáticas y física. ¡Uf, todo subía de tono drásticamente! La complejidad de los cuestionamientos, los temas, era abrumadora, de plano tuve que meterle mucho coco porque nada que ver con el dos más dos son cuatro y el cinco por dos son diez; ahora eran problemas mucho más serios, más redondos, y los profesores se asemejaban a lo que impartían. No daban chance de nada, cero improvisación o «Ave María, dame buena puntería».

No me puedo quejar, porque entre el estudio y el relajo que armábamos se formaba un ambiente muy padre, todo lo que vivimos en esa preparatoria, CBTIS 7, quedó grabado en mi memoria de forma permanente. Recuerdo perfectamente a mi maestra de química y biología, que en plena clase nos empezó a hablar de la reproducción, los órganos sexuales, y de situaciones que quizá en aquellos años eran un tema prohibido que apenas se intentaba destrabar, y ahí estábamos todos con cara de tomates, apenadillos por lo explícito de sus palabras, y más aún cuando dijo:

—A ver, los varones de la clase: la próxima semana iremos al laboratorio y analizaremos en el microscopio el comportamiento de los espermatozoides —y todos con cara de «¿quéeee?».

Y no solo eso, no. Faltaba lo más contundente del asunto.

—Necesito voluntarios para donar y que podamos tener la clase —señaló sin tapujos ni complicaciones.

Por supuesto que la mayoría nos quedamos sacados de onda. Obvio, no faltó quien para bromear o quizá romper el hielo comentara:

—¿Y qué tanto necesita, maestra?

—Es solo una muestra pequeña.

—¡Ahhh, es que pensé que quería que llenara un bote como los de Gerber, jeje! —remató con una risa nerviosa.

—Dime qué es lo que presumes y te diré de qué careces, jejeje. Bueno, muchachos, no entraré en más detalles, les pido seriedad y compromiso.

La siguiente semana tuvimos la clase y pudimos ver el objetivo en el microscopio; me gustó cómo la maestra mantuvo la calma y la congruencia en todo momento, apretó cuando debía y soltó en el momento más adecuado, creo que a todos nos dejó un gran aprendizaje.

En la prepa, los horarios de las clases eran muy diferentes a los de la secundaria, contábamos solamente con diez minutos de tolerancia mientras los maestros cambiaban de salón. Era responsabilidad de uno estar a tiempo, aunque algunos profesores decían:

—Yo no tomo asistencia; el que quiera estar, bien, y si no, pues en los exámenes los veré.

Por un momento, muchos pensábamos: «¡Qué padre, una materia menos!». Incluso, algunos les tomaban la palabra y no entraban a clase, se iban a la cafetería a pasar el rato, a leer, a platicar. A decir verdad, creo que no entendíamos que los que más perdíamos éramos nosotros mismos. Yo no les compraba la propuesta, me comprometía a entrar, aunque si por x o y no tenía ganas de repente o me llamaba más la atención una actividad extracurricular, faltaba aunque procuraba no hacerlo, por los exámenes y los repasos que facilitaba el maestro. Lo que sí, es que cuando un maestro avisaba que no iría, nos poníamos varios de acuerdo y nos íbamos a comer a un bufé de pizzas —Pizza Palace— que en aquel entonces se ubicaba cerca de la escuela, y así convivíamos sanamente.

—Pásame un pedazo de la que tiene salami.

—Yo quiero uno de jamón con piña —gritaba el más latoso del grupo.

Éramos un grupito de cuatro, con los que más me juntaba, aunque cosa curiosa, otros eran también muy cuates míos.

Digamos que era algo raro, porque pertenecía a varios círculos: primero los del salón con los que me llevaba súper bien, luego los que se iban conmigo en el carro y un subgrupo más, el tercero, con los que convivía en algunos talleres o en otras actividades extracurriculares, como la rondalla en la cual participaba. El chiste es que rara vez andaba solo; si dejaba a alguno, en segundos ya tenía a alguien más con quien platicar o tomar alguna clase juntos. Fue una época muy padre, la verdad.

La prepa fue una gran experiencia, principalmente por el gran ambiente que reinaba en todos lados; casi se podía respirar, tocar. Es cierto que estaban muy marcadas las clases sociales, los del turno matutino eran los «fresitas» y los del vespertino, o sea, donde yo estaba, los de clase baja, o por lo menos eso decían; creo que era en cierta forma una especie de reclamo social, una manifestación sana de la raza de la tarde, sin embargo, realmente tenían razón, se sentía una enorme diferencia, con contrastes importantes. En mi caso particular, me llevaba muy bien con gente de los dos turnos; lo que sí resultaba muy evidente era el trato que te daban los maestros, las secretarias, el vigilante. Hasta en las pláticas lo escuchabas, mas eso no me frenaba o me hacía sentir menos: si hay algo que he aprendido desde muy chico es a adaptarme. A decir verdad, prefería a los compañeros del turno vespertino, eran auténticos guerreros, con sentimientos más a flor de piel, sin cortapisas ni dos caras; en el otro turno muchos querían aparentar lo que no tenían y cosas por el estilo.

En las fiestas y eventos de la escuela era otra cosa, ahí todos socializábamos. En mi caso, tenía un par de horas empalmadas con el turno matutino porque llevaba un taller al que entraba más temprano; eso me implicaba llegar y toparme con la gente de la mañana. Muchos comenzaron a seguirme, me hice de cierta fama, favorable por supuesto; seguramente en la prepa fue cuando empecé a ser líder, me daba a respetar y cumplía mi palabra. Traer coche ayudaba, te ven y te tratan diferente; algunos compañeros vivían cerca de la casa y les daba un aventón, y con la convivencia diaria la amistad se hizo más fuerte.

Recuerdo el día en que estuvo a punto de ocurrir una tragedia. Ya andaba muy confiado, manejando para todos lados, y empezaba a andar más rápido por los diferentes compromisos que adquiría, los cuates y las distancias, del tingo al tango. Una mañana iba rumbo a una oficina de mis papás y de repente, de la nada, una camioneta tipo vagoneta me embistió fuertemente. El impacto me zarandeó todo, de hecho, el coche giró de forma intempestiva y pegué contra un poste que detuvo la inercia del impacto, quedando este casi a la mitad del carro en la parte trasera. Yo terminé del lado del copiloto prácticamente, y aún siento aquel miedo: estaba muy asustado, atontado por el guamazo. Levanté la cabeza para entender qué había pasado; como que perdí la compostura por el impacto, y desgraciadamente observé que la señal de alto era para mí.

—¡Ups, creo que yo tuve la culpa! —dije a media voz, así que no me quedó más que desvanecerme y quedarme quietecito en el asiento.

Justo en esa esquina estaba el hospital San José, lo que facilitó recibir ayuda; salieron varios médicos en mi auxilio. Yo no podía percatarme de qué tan aparatoso había sido el choque: por supuesto que la sacudida fue fuerte y la gente rápido empezó a acumularse en las esquinas. Fue en la zona centro y eso atrajo a más curiosos; al ver que era un chamaco empezaron a murmurar. Los que lo vieron aseguraban que el otro señor fue el causante porque no hizo alto, y otros mirones más, tres señoras y un par de ancianos, permanecían con el Jesús en los labios y cara de susto, se persignaban varias veces como si fueran a sacarme el chamuco. No podían extraerme del coche porque las puertas quedaron selladas con el trancazo, y el que me pegó seguía sorprendido, creo que pensó lo peor, porque le echó el coche a la gente que lo rodeaba y huyó del lugar.

—¡Asesino! —le gritaron.

Yo estaba aturdido y callado, sin saber quién era el responsable; se escuchaba a los fierros retorcerse y de pronto sentí que una persona logró tomarme con firmeza y consiguió sacarme. Cuando me enteré de que no tuve la culpa, como que me relajé un poco, le marqué al Rayo y gracias a Dios llegó al hospital muy rápido a encargarse de toda la situación.

—¿Estás bien? ¿Dónde te duele? —preguntó una de las enfermeras que me vieron.

Me revisaron muy superficialmente, y me pesó mucho cuando vi que la grúa llegó por el carro. Mi papá llenó todo el papeleo. Afortunadamente yo ya tenía la licencia y el seguro; todo estaba en orden, así que no hubo problema de nada, solamente el gran susto que me llevé.

Cuando todo pasó, papá se acercó a mí sigilosamente:

—¿Estás bien?

—Sí —dije, agarrándome la cabeza como si tratara de colocármela de vuelta en su lugar.

—¿Seguro?

—¡Sí, papá! Gracias.

—Okey, bueno, entonces vámonos a la casa para que descanses.

—Sí, es una buena idea —contesté agarrándome el cuello por la parte de atrás, donde sentía como un pequeño piquete.

Sin esperarlo, me dio las llaves de su carro:

—¡Maneja tú!

—¡Debes estar jugando! Cómo crees, ahorita no quiero saber nada de carros —argumenté con una tremenda mueca de desaprobación.

—Por eso mismo; maneja tú, porque si no lo haces te va a dar miedo y no quiero que te pase eso.

¡Y qué razón tenía! Porque, efectivamente, sentí pánico en cuanto tomé el volante de nuevo, pero como él iba a mi lado sentí confianza, me relajé, y así fue como pude manejar de regreso hasta la casa, creo que estábamos cerca; en el camino, papá me sacó plática de la escuela y de mis amigos, lo que bajó aún más las revoluciones en mi corazón. Sé que gracias a esa enorme lección logré superar rápido ese mal evento y todo volvió a la normalidad, bueno, casi todo, porque me quedé sin carro.

SEGUNDO SEMESTRE

En comparación con los años escolares de la primaria y secundaria, ir ahora por semestres era un poco más rápido y hasta más cómodo, creo. En fin, con los nuevos maestros y las clases subiendo de tono, nos fuimos uniendo poco a poco; éramos un grupo mediano, ni tan grande ni tan pequeño, unos cuarenta alumnos, lo cual nos permitía forjar más alianzas, y es que empezábamos a ponernos a prueba, el carácter y los valores debían sobresalir, porque en esa edad ya se convivía con compañeros más grandes de los otros semestres. Empezaron a aflorar vicios como el alcohol, el cigarro y las drogas, y uno tenía que saber lidiar con eso. Yo era atento y agradecido, pero debía mantenerme firme en mis convicciones: cuando alguien me ofrecía marihuana —«no, gracias»— no daba muchas explicaciones. Cuando se trataba de una fiesta, un baile o una tocada con la guitarra, ahí sí era un poco más flexible, ¡la sangre me bailaba de ganas!

Por la noche, cuando regresaba a la casa me quitaba la ropa con desdén, a veces me entretenía al doblar con cuidado los pantalones y en colgar el cinto o acomodar los zapatos. La camisa iba a parar a la cesta de la ropa sucia, dejaba la mochila en la superficie de la cómoda. Luego me dejaba caer en el borde de la cama en ropa interior, pensando que me gustaría tener más energía.

Para mí, eso de las drogas creo que fue relativamente fácil, porque me crie en un barrio donde se veían a diario, además de que mi padre siempre me pedía que tuviera cuidado, y como dicen, «la palabra impacta, el ejemplo arrastra». En mi casa o en mi familia nunca vi a alguien drogarse, solo el consumo de alcohol mas no en forma excesiva, únicamente social. En el barrio fui muchas veces tentado a aficionarme a esos vicios, y gratis; siempre me negué. Recuerdo mucho a Rafa, a quien le decía que era mi guardaespaldas porque siempre andaba cuidándome y hasta me protegía de los demás; cuando alguien se quería pasar de lanza o me insistía demasiado, siempre salía al quite:

—¡Déjenlo, a él no le gusta nada de eso!

Y listo, fin del asunto. Así que, bueno, en la prepa fue más fácil: por un lado, porque ya sabía lidiar con eso, y por otro, era mayor y estaba consciente de las cosas buenas y malas. Algo que también aprendí fue a no contradecir ni tratar de convencer a mis amigos que tenían algún vicio. Lo hacía para evitar conflictos; si detectaba un momento adecuado para comentarles, hacer que vieran su error o las consecuencias, intentaba persuadirlos. Era muy difícil hacerlos entender, la gente en un estado inconveniente se vuelve muy terca y a veces hasta peligrosa, así que era mejor llevársela tranquilo.

—Tú sabes, cuate, no es mi bronca pero cuídate, no manejes así —señalaba dándoles un par de palmadas en la espalda.

—Ando bien, bien pedo; bueno, sí llego, jajaja.

Lo único que agarré como vicio, más por experimentar que por gusto, fue el cigarro, porque en mi salón de clase había dos compañeros que fumaban mucho y nos turnábamos para ver a quién le tocaba pagar la cajetilla. La verdad, fue algo de lo que me desprendí muy rápido, lo abandoné porque no era de mi completo agrado. Ya traía cierto resentimiento contra el tabaco, quizá porque mi abuela materna fumaba mucho y, de hecho, cuando comíamos con ella, al terminar sacaba su cigarro y no le importaba si uno seguía comiendo o no, así que desde muy chico aborrecí esa costumbre. De modo que, cuando experimenté en carne propia el sabor, el hedor, quedé más que convencido que era un pésimo hábito. A lo que no podía negarme era al trago social, la cerveza con los cuates y otros alcoholes; lo hacía mostrando respeto a mis pilares, mis valores siempre estuvieron bien firmes, y aunque no teníamos la edad adecuada, actué responsablemente. Probábamos, a veces con el ron, otras con brandy o tequila; ya más adelante, cuando tuve edad, supe mantenerme en las cantidades correctas. Me tocó cuidar varias veces a mis amigos y manejar. Creo que a todos en alguna época nos es válido experimentar para saber qué hacer, cómo actuar, incluso cómo ayudar a otros; siempre me supe controlar, y hasta la fecha sigo siendo un bebedor social.

—¡Salud!

—¡Hasta el fondo! —gritaba alguno de la bola.

Algo que me gustó mucho en la prepa fue estar en la rondalla, lamentablemente en el primer semestre no pude entrar. Aún añoro aquellas tardes, cuando estaba en clase y se rompía el silencio con el canto de las guitarras y las armoniosas voces; ensayaban en un pequeño auditorio que quedaba justo debajo de mi salón, así que escuchaba las canciones, los acordes y el respirar de las cuerdas. Por dentro mi corazón anhelaba estar ahí con ellos, en el grupo, acompañarlos tocando y cantando; las ganas me recorrían las venas y la piel se me estremecía por completo.

La música de rondalla siempre me ha gustado, así que en el segundo semestre, cuando supe que se abriría la convocatoria para ingresar, me lucí en la audición, puse el cuerpo, mi alma entera, y fui aceptado; claro, ya traía algo de experiencia de la rondalla de la secundaria, las pautas y los acordes precisos. Acá todo era diferente, mucho más elaborado: tenía compañeros con bastante experiencia y también mayor edad, así que la exigencia era grande en todos sentidos porque cuando uno ama algo, el compromiso se vuelve vital y constante. Para mí, aprender rápido y ponerme al día con los repertorios y ensayos era clave.

Siento que todo lo que viví, los sabores dulces, los tragos amargos, los aprendizajes repentinos, me ayudaron a madurar mucho, a pasos agigantados, porque empecé a simpatizar con compañeros de distintos semestres y eso también ayuda; de ahí siguieron saliendo buenos consejos y la red de amigos cercanos fue creciendo, como el río que crece tras el paso de las tormentas.

Muy rápido llegó mi primera tocada, y como integrante oficial me emocioné mucho. Rememoro bien cómo fue: en un evento de la escuela con motivo del 14 de febrero, así que ya se imaginarán a todas las chicas emocionadas en primera fila, y más contento yo porque en el salón la mayoría eran mujeres, con lo que tenía porra asegurada. Esa también fue mi primera experiencia en dar serenatas: varios nos pusimos de acuerdo para llevar algunas. Cuando estaba en la secundaria, papá no me dejaba; eran pocas las que dábamos, más que nada para las novias de los compañeros, sobre todo los más grandes, de sexto semestre, y uno que otro de los semestres inferiores, de modo que terminábamos temprano. A pesar de eso fue una gran experiencia, yo no llevé ninguna porque no tenía novia en ese entonces. Repito, como aprendizaje fue genial, sentirte un poco adulto era increíble, andar por ahí con las guitarras a altas horas de la noche, a risa y risa con los compañeros. Fue inolvidable, sobre todo verlos muertos de nervios con el corazón en la mano al pararse cerca de la ventana o en el jardín, y esperar a que la muchacha saliera; era magnífico, lo mínimo que esperábamos era que nos prendieran la luz y nos dábamos por bien servidos. A pesar de todas las vicisitudes, el calor, el frío o la lluvia, era estupendo sentir aquella emoción a flor de piel, se nos salía por el pecho.

—Para el próximo martes les encargo los problemas resueltos con su base sustentada, y algunos de ustedes pasarán al pizarrón a explicarnos cómo los resolvieron —asentó el maestro de manera tajante al cerrar la lista de asistencia.

—Sí, profesor —contestamos casi todos al unísono.

En las clases empezaba a ponerse dura la cosa con las matemáticas subiendo de tono, y yo nunca fui el mejor estudiante, no me consideraba el más inteligente; era terco y luchón, eso sí, nunca flojo ni hijo del «me vale madre». En exámenes finales realmente sufría, estaba muy preocupado porque había algo que no entendía, no me cuadraba: eran las ecuaciones de segundo grado, esas fórmulas simples y tan complejas a la vez. Por supuesto que sabía que tenía que estudiar y esforzarme, y aunque no quería, tuve que pedir ayuda a mi tío Arturo: vivió unos años en Reynosa, donde yo radicaba, y era excelente para esa materia, así que con muchas reservas y miedo, porque sabía que era muy desesperado, le dije:

—Tío, necesito que me ayude a entender bien estos problemas de matemáticas.

—Sí, los revisamos uno por uno y hacemos algunos ejemplos, cuenta conmigo —señaló, sacudiéndome un poco el estrés de los hombros.

—Gracias.

Para lograr mi objetivo iba a su casa: tenía un pizarrón porque le gustaba ayudar a mis primos, y allí, como si estuviera nuevamente en clases, me explicaba. Era como tener un maestro particular; realmente se me hacía muy complejo entender el manejo de los números, y él con justa razón se desesperaba. A veces tragaba saliva; otras, me daba mis buenos coscorrones.

—¿Cómo es posible que no entiendas?

—Tío, pues por eso estoy aquí.

En realidad, el problema era que tenía muy malas bases en matemáticas, eso lo entendí de volada y él también:

—Mira, no nos hagamos bolas, regresemos a lo básico.

—Eso sería genial, tío, gracias.

Retomamos varios temas desde el principio, detalles que necesitaba repasar; afortunadamente, con tanto regaño y coscorrones pude aprender. Gracias a su ayuda y poca paciencia logré pasar esa materia, créanme que hasta la fecha sigo aferrado a esa fórmula. Fue y sigue siendo la base fundamental para entender las matemáticas.

Algo novedoso para mí y que también influyó mucho en mi vida estudiantil fueron las planillas escolares, era como acariciar la vida de los partidos: nos dábamos una idea generalizada de lo que eran y siguen siendo la política y la democracia. Se formaban dos equipos y cada uno aportaba sus planes de trabajo e ideas, el objetivo era obtener durante un año el cargo de la mesa directiva estudiantil, aunque la verdad aquello no me llamaba demasiado la atención. Eran tantas las actividades para los involucrados que parecía fiesta de pueblo, era imposible no participar, y por andar uno en la bola, echando relajo, acababa entre las patas de los toros. Estoy seguro de que todo eso me dejó un gran aprendizaje, la importancia de tener planes y dar algo de valor a la sociedad; digo, vale la pena para empezar a hacer una diferencia. Ciertamente, aunque anduve en eso, no era lo mío, pero como experiencia estuvo bastante bien, la valoré. Más tarde, cuando realizaban actividades de algún tipo, mejor llegaba tarde a clase o veía la forma de no estar presente, aprendí que esas cosas no me interesaban.

Las pachangas sí eran para mí, se organizaban seguido tertulias; reconozco que las sabían hacer. Creo que todas a las que fui valieron la pena, eran muy padres. A raíz de eso, un grupo de amigos empezamos a salir todos los viernes y sábados por la noche, siempre buscábamos algo que hacer: en una ciudad pequeña no hay mucha diversión que digamos, por lo cual teníamos que ser más ingeniosos. Por el centro estaba la zona rosa, donde discotecas y bares ofrecen variedades; algunos no teníamos la edad para entrar, ¡ah, pero eso sí!, andábamos de rol en los coches o caminando, solo dando vueltas y vueltas a ver qué agarrábamos. La verdad, a veces el ambiente sí se ponía medio peligroso, sobre todo a altas horas, cuando la gente salía de los antros pasada de copas. En ocasiones se armaban los pleitos muy fácilmente, y pues te puede tocar la de malas que alguien ande armado, por eso siempre solíamos irnos temprano a casa.

Lo que hacíamos seguido era autoinvitarnos o colarnos en las fiestas de las quinceañeras: íbamos a los casinos, a los salones de baile, nos metíamos para ver si conocíamos a alguien y si sucedía, pues nos pegábamos automáticamente a esa persona; si no, cuando se podía nos quedábamos un rato echando relajo o conociendo a las amigas de la festejada. Yo sonreía y me acomodaba deprisa como si fuera parte de la familia; cenábamos incluso y luego, ya que estábamos satisfechos, nos salíamos, muy campantes. La última vez que lo hice, decidí que ya no quería volver a jugármela. Esa vez llegamos como de costumbre, saludando muy atentos a la gente; eso sí, siempre íbamos vestidos para la ocasión.

—Buenas noches, ¡bienvenidos!

Cuando entramos, allí estaba el papá de la quinceañera y nos autorizó el paso, nos dio la mano y una sonrisa canina, y de repente nos encaminó para que saludáramos a la quinceañera; nosotros pusimos cara de «*what?*». Sin saber qué hacer, todos nerviosos, nos mirábamos unos a otros y pues no nos quedó de otra que acompañar al señor. Lo peor fue la cara de la quinceañera cuando nos vio, como diciendo: «¿Y estos de dónde salieron?». Tuvimos que reaccionar rápido y la felicitamos de bulto, con abrazos y sonrisas, creo que no la dejamos ni hablar; luego empezamos a hacer relajo y nos alejamos.

—Muchachos, sé que llegaron un poco tarde a la cena; síganme a la cocina, pediré que les sirvan algo.

Nosotros pensábamos que iban a sacarnos de ese lugar:

—No se moleste, muchas gracias, solo queríamos pasar un rato y felicitar a su hija —apuntamos con varias muecas salpicadas de indiferencia.

Él siguió insistiendo en llevarnos a la cocina, así que no tuvimos salida, lo acompañamos y nos atendieron. Nos dieron de comer muy bien, creo que el señor se dio cuenta de que éramos unos gorrones, jeje; sin embargo, nos vio bien vestidos y, la verdad, no tan mal parecidos como para hacer bola y que las muchachas ubicaran a más chavos en la fiesta. Por supuesto que no nos peleó los boletos ni la recomendación de nadie. Total, al terminar de cenar, nos llevó a una mesa y nos dijo:

—Ahora sí, diviértanse, ¡a bailar!

—Muchas gracias —contestamos satisfechos por la cena y los tragos.

Bailar era algo que no a todos nos agradaba, pero ante la solicitud y lo comprometido de nuestra situación, no teníamos más opción; asumimos no muy gustosos que teníamos que hacerlo, porque el mismo papá de la muchacha nos llevó a sacar a las chavas de la fiesta. En fin, una vez que nos ambientamos nos quedamos un buen rato y luego, antes de que sucediera otra cosa, nos fuimos. Desde esa vez mis amigos y yo dijimos: ¡no más fiestas de quinceañeras a las que no fuéramos invitados!

Fue toda una aventura la que vivimos, aunque reconozco que no estuvo bien, uno nunca sabe con qué clase de personas se puede encontrar. Otra cosa que tengo muy presente es que se acostumbraba arrojarse huevos cada fin de curso: cuando completé ese semestre era mi primer año de prepa y los chavos que salían de la secundaria ingresarían al nivel que estábamos dejando, así que se nos hizo fácil ir a la salida de la secundaria donde habíamos estudiado. Para esto, yo ya traía otro carro, me remplazaron el Citation chocado y ahora tenía un Malibú con el motor recién reparado; de hecho, no era un auto que me gustara mucho, pero era eso o andar a pie. Lógico, preferí el vehículo, y bueno, nos pusimos de acuerdo varios de los que estuvimos en la secundaria «Múgica» y compramos unos cartones de huevos; sin pensarlo mucho, fuimos a nuestra antigua secundaria a ver cómo y dónde podíamos agarrar a más raza. En cuanto vimos la oportunidad, comenzamos a hacer desorden malamente, era solo por seguir una muy mala tradición. Empezó el relajo, y rápido se nos unieron varios al juego: del otro lado contraatacaron y de pronto, como éramos muchos en el coche, unos tuvieron que bajarse para poder tirarle mejor a otros que andaban en auto, igual que nosotros.

—¡Dale a ese güey!

—¡Acelérale! —me gritaba alguno.

Yo, por tratar de alcanzarlos, no me fijé en que la calle estaba en malas condiciones, y por no medir las consecuencias, un amigo que iba tirando huevos por la ventana al carro que perseguíamos, salió volando al topar con un bache enorme; por fortuna no le pasó nada, ya me imagino cómo pudo acabar.

Hoy que pienso bien las cosas, reconozco el mal que hacíamos, cuánto se arriesgaba uno por tratar de «divertirse» sin pensar en los demás; obviamente que las quejas de los vecinos no se hicieron esperar. Llegó la policía, y lo increíble, lo que era no medir nuestros actos, no tener miedo, ¡también a ellos les aventamos huevos! Por supuesto, lo veíamos como un juego y empezaron a perseguirnos: era solo una patrulla contra varios carros y no pudieron hacer gran cosa. Era increíble nuestra risa al momento, aunque al rato se nos pasó la adrenalina y nos fuimos retirando poco a poco. Tuve que regresar porque faltaban algunos compañeros de batalla, los que iban originalmente en mi coche; al entrar a la colonia vi que se acercaba la patrulla de la persecución, pero no me marcó el alto. Realmente podía seguir, ya que sabía que no nos darían alcance con esa patrulla que apenas andaba; sin embargo, como no era muy consciente de la gravedad de las cosas en ese momento, decidí parar, pensando decirles «ya no jugamos, se acabó», como si fueran unos cuates más de la bola. Que se bajan corriendo los policías con cara de pocos amigos, sulfuraban como pastilla de menta en un refresco de cola, ¡bien enojados!, y que nos bajan a todos.

Creo, por lo que vi, que el que más salió perdiendo fui yo, supongo que por ser el chofer: uno de los polis me sacó de las greñas y a empujones nos subieron a la patrulla.

—Dame las llaves del auto.

—¿Por qué, jefe?

—¡Que me las des, muchacho!

No quería dárselas, desconfiaba de ellos; un dato curioso de todo eso es que los amigos que íbamos a buscar ya venían en la patrulla, así que prácticamente estábamos juntos todos los de mi banda.

—Oiga, no creo que todos entremos ahí, ¡súmele cuántos somos, no la friegue! —dijo uno de mis amigos.

—¡Cállese, no están aquí para dar sugerencias!

—Mande traer otra patrulla. ¿Qué no ve? No cabemos, no la joda.

—¡Cuál no cabemos! —jadeó un poco, acomodándose la gorra en la mollera—. ¡Súbanse!

Y así, todos amontonados, nos fuimos rumbo a la estación de policía: ocho almas penando en la parte trasera, quejándonos lastimosamente, además de los dos oficiales al frente, ¡ya se imaginarán! Pasado un rato empezamos a no sentir algunas partes del cuerpo. El que me exigió las llaves pidió una grúa porque no quise dárselas; mientras llegaba —una eternidad—, pasó por ahí un amigo, nos saludó, y solo por eso lo metieron a la patrulla también. Era totalmente inocente, creo que mi vecino no leyó la situación; tal vez por educado, por no pasar de largo.

—Te saludé para ver si le avisaba a tu papá, Alfredo.

—No, pues sí, gracias, ya ves cómo estamos.

Otro amigo observaba todo y desde lejos me gritó:

—Yo le aviso a tu papá.

—No, gracias —contesté haciéndole señas para que se alejara, y entendió bien que lo que menos yo quería era que mis papás supieran de todo el alboroto que hicimos. Nos llevaron a la estación, y cuando llegamos algunos no podíamos ni caminar; varios teníamos adormecidas partes del cuerpo y de pronto nos salieron algunos reporteros, de esos amarillistas, que nos empezaron a preguntar:

—¿Los golpearon?

Como íbamos en bola, no sentíamos miedo, al contrario, parecía un juego de posturas y actitudes. Los policías nos pidieron nuestros datos:

—¿Cómo se llama?

—Benito Juárez —replicó mi amigo, el más flaco de todos.

—Y usted, ¿cuál es su apellido?

—Carranza.

—¿Y su nombre?

—Venustiano.

Fue muy gracioso, porque todos dimos datos falsos y eso los enojó más. Entonces un par de oficiales, uno gordo y otro no tanto, reaccionaron como animales heridos, empezaron a gritar y nos metieron a empujones a una celda con los delincuentes de verdad, supongo que para darnos miedo. En eso, sin pedirlo o esperarlo, llegó el papá de uno de mis amigos, era capitán retirado de la Policía Federal de Caminos y, bueno, algunos pensamos que iba a sacarnos de ahí; no lo hizo, solamente se llevó a su hijo. Despuesito observé que el Rayo apareció; «¿Quién le avisaría?», pensé. Él sí solicitó que nos soltaran a todos y en eso llegaron otros familiares, hermanos, la mamá y el papá de un amigo; se empezaron a escuchar gritos, exigían que nos liberaran, hubo mucho escándalo. A regañadientes, los agentes del orden optaron por dejarnos ir, eso sí, no nos fuimos del lugar sin llevarnos una buena regañada.

Con todo lo que pasó tuve mi castigo y con justa razón, pero mi padre, muy sereno, habló conmigo:

—¿Crees que estuvo bien toda esta situación? Razona lo que acabas de hacer: primero, tirando huevos, tanta gente sin tener qué comer y ustedes jugando con ellos. Y otra: causando desmanes en la colonia, pudiendo causar accidentes. Acepta que no midieron las consecuencias.

—Lo acepto, tienes toda la razón.

Obvio, no tenía nada que decir, así que recibí mi castigo.

—Te voy a dejar sin carro quince días. Dame las llaves.

TERCER SEMESTRE

Llegué a la mitad del camino, comenzaba una etapa más en la prepa, ya completamente enganchado con mis compañeros y maestros; la escuela y los amigos se convirtieron en mi segunda casa. Esperaba que la complejidad de las materias siguiera en aumento y también las distracciones junto con la mala influencia de algunos compañeros, de hecho, varios ya estaban a punto de quedar fuera por no aprobar materias. Dos de ellos de forma particular, desfilaban todo el tiempo queriendo sonsacarnos, nos invitaban a irnos de pinta, nos tentaban con muecas y sonrisas maléficas a lanzarnos a comer para saltarnos la clase o el examen, sobre todo a los que estábamos más o menos bien. Bueno, eso de «bien» no era tan claro, conmigo la situación sí era complicada porque pasaba las materias pidiendo a los maestros buena voluntad, comprensión, los envolvía con mirada acuosa y la garganta reseca, y aun así pasaba muy apenitas.

—Vamos, Alfredo, no inventes, ¿para qué te quedas? Si de todas maneras vas de la fregada, jajaja.

—Está bien, al rato me puedo recuperar —contestaba a media voz.

Sabía que tenía que esforzarme cada vez más; lógico que andar de pinta y de reventón me llamaba mucho más la atención que estar sentado, aburrido, mirándole la cara al maestro y escuchando clases que no entendía. Afortunadamente, así como había sonsacadores también existían otros chavos que me empujaban para hacer las cosas bien, parecían mis angelitos de la guarda; estaban ahí para incitarme a estudiar o meterme a actividades que generaran valor a mi persona.

—En la bronca que te vas a meter; mejor quédate, amigo, yo te ayudo con lo que no entiendas.

—¡Mil gracias! —apuntaba emocionado.

Sin temor a equivocarme puedo afirmar que siempre fui un chico prudente y sensato. Seguí con mis estudios, a tumbos, a contrapié, sacaba las materias adelante como podía, y tal como pronostiqué, algunos de mis compañeros en ese semestre quedaron definitivamente fuera de la prepa sin que les quedara de otra más que ponerse a trabajar, lo cual yo ya hacía en mis ratos libres o cuando llegaban las vacaciones, así que tenía ambos mundos bien alineados y los aprovechaba. De hecho, en ese semestre les traspasaron a mis padres un restaurante, Café El Cantante, tenía por nombre, y como a papá le movía mucho la cantada, se empezó a dar gusto: se inspiraba en sus grandes ídolos. Era genial escucharlo entonado, con el corazón en la mano; una grata experiencia familiar. También un aprendizaje importante porque era algo completamente nuevo, nunca habíamos tenido un negocio con ese giro. Se gestaba por las noches un gran ambiente, ya que éramos pura familia los que trabajábamos en el café: unas tías, que dicho sea de paso cocinaban muy rico y cuya sazón era totalmente casera, mi madre, unos primos y yo. Cuando podía ayudar, atendía las mesas y llevaba las órdenes a domicilio, principalmente a los negocios de los alrededores; en aquella época, en el sector donde se ubicaba el restaurante te podías topar con muchas otras oficinas de agencias aduanales, y como mis padres pertenecían a ese gremio, la gente los apoyaba consumiendo. Además, no es por nada, pero la comida era muy sabrosa.

—Voy a llevar dos pedidos, ahorita regreso —le gritaba a mi madre, que estaba en la caja.

—Con cuidado, nada más.

—Regresando llevo los otros que hayan salido.

Pasaron algunos meses y empezó a irles bien; seguramente por eso les salió otra oportunidad, otro restaurante que le pasaron a papá, pero ese tenía bar y se llamaba El Bara Bara. También estaba en el área, pero al otro extremo de donde se ubicaba el café El Cantante. El nuevo era mucho más absorbente, con otro ambiente, más demandante por el hecho de tener bar, implicaba más responsabilidad y más movimiento.

Entre las muchas tareas que teníamos estaba hacer los domingos inventario de toda la cerveza: debes contar todas las botellas, las no abiertas, las vacías, y cotejarlas; era bastante trabajo. No me agradaba, principalmente porque mermaba mucho mis salidas con los amigos y también limitaba las cosas que prefería hacer, pero tenía que ayudar a mis papás. No se trataba de si quería o no, era mi obligación; tal vez en ese momento no lo entendía, no lo valoraba correctamente, pero era practicar todas las acciones necesarias en un negocio, situación que me ayudaría en otras ocasiones. Hubo días en que flaqueaba bajo la mirada reprobatoria de papá: creo que se iba convenciendo de que el negocio nos atrapaba a ambos. Cuando él no cantaba, se la pasaba entre papeles y cuentas por pagar, mientras la carne menguaba en su enorme armazón.

Mis papás no duraron mucho en el ramo, porque para ellos también era mucha responsabilidad; las horas, los empleados. Afortunadamente, con sus contactos y buenas relaciones les salió otra oportunidad en el camino, y la tomaron de inmediato: abrieron una oficina de trámites para transmigrantes, lo cual les llamó poderosamente la atención porque era mucho más rentable y también con menos estrés, así que decidieron cerrar los restaurantes y el bar. Para mí aquello fue un gran alivio porque por fin tendría más tiempo para mis cosas, y en verdad me pesaba ver lo mucho que trabajaban, era evidente el esfuerzo de ambos.

En la escuela todo iba bien, seguía en la rondalla y eso me mantenía entretenido. Teníamos algunas tocadas y serenatas, y cada una era especial por las circunstancias que la motivaban: a quién iba dirigida, si era de amor, reconciliación, o solamente por el gusto de la música. Durante todo el día estudiaba para los exámenes finales de tercero, solo me asomaba por la ventana para ver la ciudad bajo el cielo gris y húmedo de octubre; dos semanas más tarde me vi en las listas y mis calificaciones fueron suficientes para pasar a cuarto.

CUARTO SEMESTRE

Lo que recuerdo de ese periodo particular es que empecé a notar que a todo mundo le entraba la duda existencial sobre el tiempo, y para apaciguarla, mis compañeros y amigos me preguntaban detalles sobre lo que sucedería en el futuro... ¡Ja!, como si uno a esa edad tuviera una bola de cristal y supiera exactamente qué va a suceder con la vida.

—Oye, Alfredo, ¿qué vas a hacer cuando termines?

—¿Vas a seguir estudiando? ¿Dónde?

—Sí, seguiré estudiando, pero hasta ahí, no sé nada más —contestaba, haciendo una mueca para ver si así entendían que dejaran de cuestionarme.

—Pero, ¿qué te gustaría?

Ciertamente tenía claro que continuaría con mis estudios, lo que ignoraba por completo era dónde lo haría y qué carrera escogería.

Cuando empezaba el semestre las actividades extracurriculares aumentaban, también los talleres, porque esa prepa, como dije, era de las que sales con una carrera técnica; en mi caso era Administración Turística. Precisamente, uno de los talleres que me tocaron fue el de hotelería, en el cual veíamos lo básico de las actividades de un hotel. Algo curioso es que una de las cosas que sin duda me servirían mucho fue aprender a tender camas con técnicas que se usaban en los establecimientos, lo cual me representaría hacerlo en el menor tiempo posible.

También abordamos el tema de la atención al cliente y todas sus variantes, algo que resultó de gran valor en mi futuro, pero sin duda el taller al que más jugo le he sacado en mi vida fue el de cocina, que llevamos en varios niveles, uno, dos y tres, durante tres semestres en total. Me fue de mucha ayuda toda la práctica que realicé, porque cocinaba en cada sesión: inventaba platillos, experimentaba, era muy divertido. Abordábamos cómo debe ponerse una mesa, qué vajilla y cubiertos usar para cada alimento, también qué vino servir con cada plato, el acomodo de todo; íbamos progresando poco a poco. Sin duda nos divertía, y sin saber o planearlo, estábamos aprendiendo a cocinar excelente, sobre todo para no ser siempre dependientes de lo que cocinaran mamá o la abuela, quienes eran las que normalmente preparaban todo en casa. Una de las cosas que recuerdo con especial notoriedad, porque lo consideré un reto y me gustó, es que para ese semestre solo éramos cinco hombres en el salón y estábamos divididos, uno en cada equipo con el resto de las compañeras. Ellas nos cargaban la mano por ser mayoría, y un día le comentamos al maestro que por qué no nos dejaba formar un equipo solo de hombres; estaba renuente, no quería, según él no íbamos a cumplir, se cruzaba de brazos y se relajaba detrás del escritorio. Al final, con nuestros argumentos aceptó, pero nos condicionó a que si no cumplíamos con las tareas y los retos establecidos, nos reprobaría a todos, y a esas alturas del semestre era clave no reprobar nada.

Para sorpresa del maestro y de nosotros mismos, supimos organizarnos mejor que las mujeres, e incluso experimentábamos para lograr platillos más sofisticados: unos nos quedaban bien, otros sí de plano ni para el perro, eran incomibles. Rápido mejoramos, y lo que hicimos realmente fue un ejemplo para todos y una gran enseñanza para nosotros mismos: aprender a trabajar en equipo y arriesgarnos al experimentar con nuevas sazones.

Así que, gracias a ese maestro y a nuestro esfuerzo, lo logramos; fueron grandes bases que me servirían en el futuro.

QUINTO SEMESTRE

Iniciaba un semestre más, nos acercábamos rápidamente al final; a algunos de mis compañeros ya se les notaba el cansancio, el hastío de las rutinas, y en sus calificaciones se reflejaba. En ese semestre la novedad para mí fue que crecí: sí, tal cual, di una buena estirada porque estaba muy chaparrito en comparación con mis compañeros, y en las vacaciones ocurrió de repente. ¡Yo, feliz! Pensaba que iba a quedar como mi papá, corto de estatura. En esas «vacaciones», entre comillas porque siempre trabajaba ayudando a mis padres en la oficina, formamos un grupo de rock pop al cual llamamos «4 contra el viento» por ser cuatro integrantes. Lo hicimos solo para tratar de divertirnos; aprovechamos que el papá de un amigo tocaba en un grupo musical y ensayaban en su casa, dejando luego instalado todo el equipo y los instrumentos, así que cuando terminaban, nosotros empezábamos; era bastante emocionante sentir la música en esos niveles. Nada que ver con la rondalla, ahora era música más novedosa, aunque la verdad no teníamos ni idea de todo lo que necesitábamos realmente.

Fue algo muy chistoso porque los cuatro nos conocíamos muy bien y solamente tocábamos la guitarra. Las cosas se dieron, sucedieron de tal forma que pensamos «Armemos el grupo con las facilidades que tenemos a la mano». El día que nos pusimos de acuerdo, sin saber qué haríamos o qué instrumentos había, llegamos y había un bajo, dos guitarras, el teclado y la batería.

—Pues escojan un instrumento cada uno, el que gusten.

Dos amigos tomaron rápido las guitarras eléctricas, obvio era lo que sabían tocar, y entonces el amigo de la casa señaló:

—Yo agarro el bajo y canto.

A mí no me quedo más que la batería, jajaja; recuerdo que no tenía ninguna idea de cómo tocarla, sin embargo, fue así como nos acomodamos en los instrumentos.

—Ahora sí, vamos a darle.

Por dentro me preguntaba: «¿Y cómo toco esto?». «Tú sigue el ritmo y toca como sientas la música», respondió la voz en mi cabeza. Fue así como empezamos, de manera tan improvisada.

Lógico que no se escuchaba bien, por lo menos no como las canciones que intentábamos tocar, pero para ser novatos e inexpertos se oía bastante decente. Como dice el dicho, «la práctica hace al maestro»: seguimos ensaye y ensaye hasta que por fin nos salieron las canciones como queríamos. Lo divertido de todo eso era que los fines de semana, al terminar de ensayar, íbamos los cuatro al lado americano; yo vivía en la frontera y nos quedaba cerca ir a dar la vuelta al *mall*, tal como si fuéramos un verdadero grupo de rock pop. Nos sentíamos todos unos artistas, incluso mandamos a hacer unas camisetas y con ellas nos paseábamos. La mayoría de las veces llegábamos a comer pizzas, y veíamos la cara de sorpresa de la gente, que se nos quedaban mirando extrañados, azorados, porque siempre pedíamos dos grandes para los cuatro. ¡Estábamos en desarrollo, y necesitábamos alimentarnos bien, jeje!

El primer día llegué a la preparatoria con calma, estacioné el auto donde pude y caminé sin muchas ganas hasta el salón; creo que mis neuronas aún seguían dormidas, en proceso de conexión. Me senté y llené los pulmones de paciencia, eran los primeros minutos del nuevo semestre. En eso entró quien supuse era la maestra. La primera clase del semestre, el primer encuentro con sus alumnos, y sin decir agua va:

—Mi nombre es Margarita, soy su maestra de contabilidad uno, y hoy no nos vamos a ir hasta que todos me digan las cinco cuentas básicas contables.

Todos pusimos caras de «¿qué le pasa?, ¡qué agresividad!». Sin embargo, poco a poco salieron a flote las respuestas, y esas son *activo, pasivo, capital, ingresos y gastos*. Desde entonces me las aprendí y han sido clave para mi desarrollo empresarial. La verdad, esa maestra nos dejó a todos una tremenda huella, porque nos enseñó contabilidad de verdad de manera sencilla, de forma clara, para que realmente pudiéramos aplicarla en nuestro día a día.

Ese mismo día tuvo lugar la pasarela de los maestros que tendríamos en el semestre: la mayoría llegaban, se presentaban, nos hablaban un poco de lo que veríamos y se retiraban de manera cordial, solo la primera nos puso a trabajar desde el primer minuto.

En clases, prácticamente el quinto semestre y el sexto eran los más críticos de todos, porque esa prepa era técnica y como alumnos teníamos que cumplir los requisitos de materias para la universidad, más las materias técnicas para poder graduarte. La física y las matemáticas eran mi coco; las materias de la carrera técnica eran muy laboriosas, pero más fáciles de llevar, de cumplir, de progresar. Con la práctica en los talleres se nos aligeraba la carga, porque nos divertíamos. El problema eran las materias obligatorias, esas sí resultaban mucho más complejas, no tuve de otra más que echarle los kilos.

Algo que siempre caracterizó a la prepa eran las fiestas que se organizaban; gracias a las actividades de bienvenida al inicio del semestre, la mayoría de las veces había buena música y algunos juegos. El ambiente era muy alivianado: la gente se comportaba con respeto, nos relajábamos de una manera sana. Además, nos gustaba vestirnos bien, a todo lo que podíamos; la intención era tener más acercamiento con las compañeras, las bonitas, las simpáticas, conocerlas más para ver si existía algún interés, reciprocidad, sobre todo en la fiesta de bienvenida en el Casino Club de Leones, a la cual nunca faltábamos. Siempre andábamos en bola, aunque unos ya tenían novia y se encontrarían con ella, y si nos acompañaban era solo por el aventón, pues ya en la fiesta se separaban de nosotros.

Para los que no teníamos novia era más relajado, con menos presiones, veíamos qué podíamos pescar, jeje, pero hasta cierto punto creo que nos divertíamos más porque andábamos libres por todo el casino, saludando y platicando; de repente nos poníamos a bailar, pero sin el compromiso de seguir con la misma amiga. Así se nos pasaba de volada la fiesta, al final procurábamos estar juntos porque no faltaba quien quisiera armar pleito por algo.

Mis amigos y yo no éramos de peleas, nos cuidábamos mucho entre nosotros, y no solo los que venían conmigo en el carro sino todos los que nos conocíamos. Si surgía algo era más fácil defendernos, y gracias a Dios nunca nos pasó nada.

Empezamos el semestre con sorpresas y la energía bien puesta. Ya por nuestras venas corrían los nervios, estábamos más crispados, agitados porque se acercaba el final de esa etapa;

lamentablemente, unos compañeros ya no pudieron seguir en clase por no aprobar materias, y otros se vieron en la necesidad de empezar a trabajar. A veces los que seguíamos allí no valorábamos lo que teníamos, lo privilegiados que éramos por tener capacidad económica e inteligencia; no éramos flojos, más bien comodinos.

En ese tiempo pasó algo que sin duda a todos nos sacudió: una compañera, la cual era aplicada y responsable, fue a dar a prisión, y estoy seguro de que eso la marcó para siempre. Su hermano recibía paquetes o correspondencia postal muy a menudo, y un día le pidió como favor que pasara a recoger un paquete, ya que le quedaba de paso hacia la escuela; ella dijo que sí e incluso se fue unos minutos antes, ya uniformada, para seguirse a la prepa. Tremenda fue la sorpresa que se llevó al llegar a Correos de México a recoger el envío, el cual supuestamente eran unos pósteres, cuando salió del local y la detuvo la policía.

—¿Qué es lo lleva ahí? —preguntó un uniformado.

—La verdad, vine por un paquete de mi hermano y creo que son pósteres.

Ella nos explicó que se portaron muy prepotentes y le decían:

—¡No te hagas, sabemos lo que llevas!

La compañera estaba muy asustada porque no sabía qué estaba pasando y los tipos, mal encarados, le dijeron:

—Estás detenida, ¡vámonos!

Y que se la llevan a la procuraduría sin que supiera por qué. Estando en la delegación, uno de los agentes le explicó que lo que contenía el paquete eran sustancias no permitidas: venía de Colombia, y ella realmente ignoraba la situación. ¡Pobre, qué impotencia! Fue rápidamente juzgada e ingresada al reclusorio por tráfico de drogas.

Le cambió la vida en un instante. Cuando se corrió la noticia en la escuela se forjó un mundo de silencio, nadie dábamos crédito a lo que le sucedía a nuestra compañera, y bueno, como la conocíamos bien, fuimos a manifestarnos al juzgado apelando a que la dejaran en libertad porque era inocente. El hermano negó todo, según, y no podíamos juzgarlo pero a ella sí, e hicimos todo a nuestro alcance para ayudarla; lamentablemente no fue suficiente, pues el juicio siguió su curso y bueno, creo que todos sabemos cómo son las leyes, y más si no tienes los recursos para solventar esas situaciones. Total, que nuestra amiga tuvo que pasar un tiempo en la cárcel siendo totalmente inocente; le quitaron el derecho a concluir sus estudios y seguir adelante. Por supuesto, ella estaba devastada. Obviamente, todo eso nos dejó un enorme aprendizaje: valorar lo que tenemos y ser muy cuidadosos de nuestros actos, porque estos pueden tener consecuencias graves como lo que le pasó a la compañera. Algo que nunca voy a olvidar de esa persona fue que en mi cumpleaños siempre era de las primeras en felicitarme, y aun desde el penal tuvo ganas de marcarme por teléfono para hacerlo. Quedé gratamente sorprendido y agradecido por su detalle.

—Muchas gracias, ¿a poco ya libre?

—No, amigo, pero no quise perder la tradición de felicitarte en tu día; te deseo lo mejor y espero pronto poder ver a todos.

Nunca fui a verla porque ella no quería, nos lo hizo saber por medio de su novio y familiares, así que no nos quedó de otra más que respetar su decisión; a mí, la verdad, su llamada me dejó impactado, porque a pesar del calvario que pasaba se acordó de mí.

En ese mismo año les sucedieron varias tragedias a algunas compañeras más; una vez que pasó eso, el papá de otra amiga también se vio involucrado en asuntos legales, y lo peor es que era parte del sistema de impartición de justicia; por fortuna, no pasó a mayores. El papá de una tercera compañera se vio involucrado en un juicio laboral y desgraciadamente fue privado de su libertad, y pues todo eso de una forma u otra se sentía, permeaba entre mis amigos y amigas, traíamos las caras largas, esperando que ya no sucediera nada malo.

La vida siguió adelante y las actividades y compromisos que teníamos que cumplir también; a estudiar, no tenía otra opción. Concluidos todos esos sustos, el semestre culminó.

Algo que disfruté mucho cuando era chavo fue tener de repente en casa a un niño, Jorge; era mi primo, pero pasó a ser como mi hermano menor, aquel que nunca tuve. Jugaba mucho con él, me gustaba hacerlo porque podía jugar rudo, aventarnos como si estuviéramos en las luchas; saltábamos en la cama, nos llenábamos de emociones y muchas risas. Inyectó una gran alegría a toda la familia porque nos cambió la rutina; no recuerdo cómo pasó exactamente, creo que mi tía Amparo pasaba por una pequeña crisis. Ella ha sido siempre muy astuta y buena para los negocios, de hecho es la empresaria de la familia, como quien dice, y al final le aprendí varias cosas, pero como suele pasar, tuvo muchas altas y bajas. Tenía dos hijos, mis primos Jorge y José, y mi tía Andrea se hizo cargo de José, que aún no iba a la escuela, mientras que mi madre se hizo cargo de Jorge. Como unos y otros vivíamos a cada lado de la calle, pues los hermanos seguían conviviendo y viéndose casi todos los días, pero para mí era muy padre tener a Jorge en casa. Creo que tenía más o menos unos tres o cuatro años, y levantarlo y llevarlo a la escuela era todo un viacrucis porque no le gustaba levantarse temprano, como a casi ningún niño: «Déjame dormir otro ratito, tía Socorro», le decía a mi mamá, y cuando salía de la cama ella lo alistaba para llevarlo al kínder, cosa que no hizo ni con mi hermana ni conmigo. De repente le decíamos: «Oye, lo consientes y atiendes más que a nosotros». Claro que era más en son de broma; la verdad, todos lo veíamos muy bien y estábamos más que felices de tener a Jorge con nosotros. El Jodearturo, le decíamos de cariño.

Como yo estaba en el turno de la tarde en la prepa, llegaba a veces ya de noche mientras que Jorge tenía que dormirse temprano para ir a la escuela, pero no lo hacía si no me veía allí; como se quedaba en mi cuarto, me esperaba con su carita de «ya tengo sueño».

Me decía: «¿Por qué tardaste, no ves que no puedo dormir?»; jeje, me regañaba y luego se dormía. Fueron grandes días, y por fin supe cómo era tener un hermano menor y lo disfruté. Por supuesto, tengo a Susy, mi hermana, pero con ella es completamente diferente, convivir con alguien de tu mismo sexo es mejor y más divertido. Había días que disfrutábamos a los dos hermanos, a José y a Jorge, lo pasábamos muy bien, y a pesar de que ya no los vemos tanto, como son familia los queremos mucho.

SEXTO Y ÚLTIMO SEMESTRE

En las vacaciones previas a mi último semestre, tuve la suerte de irme varias semanas con mi tío Arturo. En esa ocasión andaba por Puebla como director regional de una empresa de telecomunicaciones que empezaba en México, específicamente de telefonía celular; la verdad, aquello me sirvió mucho para tomar la decisión de qué quería estudiar, porque tenía claro que seguiría, pero no tenía bien definido hacia dónde. Por un lado, mis padres se inclinaban por que estudiara algo de aduanas, ya que era el ambiente que ellos conocían y de una forma u otra yo también. En mi interior, quería ser policía federal de caminos, era algo que realmente me llamaba la atención; sin embargo, cuando mi mamá se enteró de inmediato puso el grito en el cielo y me dejó muy en claro que no le gustaba la idea.

—Estudia cualquier cosa, menos eso; ahora, si en realidad eso deseas, tráeme un título universitario y luego haces lo que quieras.

Aunque no estaba del todo convencido de saber qué hacer, cuando llegué a Puebla con mi tío de inmediato me preguntó lo que todo mundo:

—¿Qué quieres estudiar? ¿A qué te quieres dedicar en la vida?

—Tío, la verdad no lo tengo claro, pero espero pronto tomar una decisión.

Se me quedaba viendo y fruncía el ceño, quizá esperaba que a esas alturas ya tuviera algo pensado o estudiado acerca de mi futuro, y me sonreía.

Me llevaba con él al trabajo y me gustaba mucho seguirle los pasos, porque siempre fue para mí como un guía por sus logros. Poco podía acompañarlo, por su cargo tenía el tiempo muy limitado, le exigían muchas juntas, reuniones y demás, y lo que hacía era encargarme con los ingenieros de campo, los acompañaba para ver cómo hacían su trabajo. Rápido tomé confianza con ellos, eran gente muy trabajadora y responsable; a veces me dejaban ayudarlos en tareas muy sencillas, una de ellas era probar los celulares haciendo llamadas para ir viendo la claridad de la señal y detectar posibles fallas en la red. Eran los inicios de los celulares, porque todo aquello comenzó a partir de cero. Me dieron un teléfono y me pedían que hiciera algunas llamadas; si algo fallaba en el enlace, de inmediato apuntaban las coordenadas con otro aparato que traían, una especie de GPS muy sofisticado. En ocasiones le daba vuelo a la hilacha llamando a mis cuates de Reynosa. Traer un celular en aquel tiempo era imposible, solo los altos ejecutivos porque era carísimo, fue así como empecé andar con las cuadrillas de servicio.

Otros días teníamos que ir a las torres en los cerros para que hicieran ajustes técnicos y mejorar la señal en ciertas áreas donde detectábamos fallas; la verdad, me divertía mucho todo eso, me la pasaba muy bien y de paso aprendía, porque cada cosa que hacíamos, los ingenieros trataban de explicármela súper bien, con santo y seña. Los fines de semana mi tío seguía saliendo a conocer los pueblos y ciudades cerca de donde vivía, en este caso Puebla. En algunas ocasiones me tocaba andar con los ayudantes de los ingenieros, técnicos y otros ayudantes, y una lección que aprendí y que se me quedó muy grabada fue que realmente hacían trabajos muy pesados y difíciles. Ya de regreso en casa, mi tío me preguntaba:

—¿Qué aprendiste hoy? ¿Cómo te fue?

—Muy bien, pero tengo una pregunta: esta gente realmente hace mucho trabajo, han de ganar bastante, ¿verdad?

Se me quedó mirando fijamente con aquella expresión de asombro que solía utilizar; de pronto, estalla en una risa franca y me dice:

—¡Claro que no!

—Pero es que he visto de primera mano el trabajo que hacen los ingenieros y el de esta otra gente, y es enorme la diferencia.

—Es correcto —contestó mi tío Arturo—, ¡justamente por eso debes estudiar, Pilingas! Porque, efectivamente, ellos hacen el trabajo más pesado y son los que menos ganan ya que no quisieron estudiar, así que ahora ya sabes la diferencia entre estudiar una profesión o solamente ponerte a trabajar.

Me quedé sin palabras, estaba completamente sorprendido, porque supo darme un ejemplo clarísimo de por qué debía ser ingeniero. Recuerdo que siempre estaba cuestionándome en la escuela para qué servían las matemáticas, ¿qué uso podría darles yo? Un día fui con los ingenieros a medir un terreno, eran dos y yo un simple espectador. Estuvieron varios minutos en el lugar, no pudieron sacar las medidas y regresamos a la oficina de mi tío. Cuando llegamos les preguntó:

—¿Qué pasó, pudieron medir el terreno?, ¿me tienen el reporte que les pedí?

No contestaron, se tejió un largo silencio, y los miré muy nerviosos:

—Ingeniero, lo que pasa es que el terreno es irregular y no pudimos medirlo, no logramos sacar el área de la superficie que nos solicitó.

Entonces mi tío se puso como un ogro:

—¿Que qué? ¿Cómo que no pudieron hacer una simple medición? —les gritó.

—Es que no se podía, ingeniero.

—Vengan para acá —les dijo acercándolos a un pizarrón, donde dibujó más o menos el terreno—. ¿Para qué fueron cinco años a la universidad, más otros tantos de formación básica? ¡Esto es de primaria! Vean, así es el terreno, lo único que tenían que hacer era ver el lado más largo, tomar la medida de la base, luego medir la altura y usar la fórmula simple *área igual a base por altura entre dos*, y nada más no pudieron.

—Es cierto, mil disculpas, ingeniero, pero ahorita nos regresamos inmediatamente para hacerlo como usted nos dice.

Yo ya no quise ir, tenía mucha hambre y además era la hora en que salíamos a comer. Me sacudí un poco los zapatos y el pantalón y me senté.

—Luego nos vemos, cuates, me tengo que ir con mi tío a disfrutar de nuestros sagrados alimentos.

Fue otra enorme lección para mí, ya que por primera vez pude palpar un ejemplo práctico de cómo aplicar las matemáticas. Nada que pensar, la decisión estaba tomada: ¡iba a estudiar ingeniería en telecomunicaciones!

Cuando regresé a casa me topé con una sorpresa: papá me comentó con el pecho hinchado de emoción que había aceptado el traspaso de un restaurante pequeño. Como tenía experiencia, lo tomó de inmediato y le puso con mucho orgullo Don Baldomero. Era un local muy parecido a los que tuvo antes, así que el concepto sería básicamente el mismo, solo que en esta ocasión no habría cantantes ni servicio de bar, servirían comidas corridas y entregarían a las oficinas sus pedidos. Entendí de inmediato que era mi responsabilidad ayudarlos. Formaba parte del equipo de trabajo; éramos un grupo compacto, pero con ayuda de las prácticas en la prepa conseguí más experiencia, aparte de que ya conocía bien ese tipo de negocio por las ocasiones en que había participado. Así que, bueno, no me quedó otra más que darle, puse la mejor actitud y me metí de lleno mientras se acababan los pocos días de vacaciones que quedaban para entrar a la escuela al último semestre.

El viaje a Puebla me ayudó a disipar todas mis dudas, en ese momento estaba listo para terminar la prepa y estudiar Telecomunicaciones. El semestre pintaba muy corto, porque entre los trámites que tienes que hacer, la graduación y demás peculiaridades del fin de cursos, en realidad es muy poco lo que estás en clase, pero al mismo tiempo tienes mucha presión porque los maestros, a los que veías por seis meses, en este periodo tenían prácticamente dos meses efectivos, así que muchos optaban por encargar proyectos finales, sobre todo en las materias que llevaban algún taller. En cuanto a las materias básicas como matemáticas y física, seguían siendo de estudiar mucho para pasar los exámenes, los cuales eran bastante complicados. Sin poder dar marcha atrás, pronto empezó el estrés; como siempre lo he dicho, nunca fui un estudiante modelo, tenía que meterme de lleno para lograr las cosas que quería. En mi cabeza aún sigue presente un trabajo final que nos asignó una maestra, era de investigación y de escribir mucho a máquina, con el inconveniente de un tiempo límite de entrega, el cual se cumplió y que a mí se me pasó por completo. Me confié, lo que ustedes gusten y manden; el asunto es que no lo tenía listo, y lo peor era que con una materia reprobada ya no podías inscribirte a la universidad.

Fui a hablar con la maestra, y con cara de hambreado le comenté:

—Mire, ya solo me falta esta materia y, la verdad, no voy a estudiar ni trabajar en nada relacionado con administración turística. Necesito que me ayude, por favor.

Se me quedó viendo extrañada, con el semblante rígido como una pieza de cemento. En realidad no le estaba exigiendo nada, acudí en buen plan porque su materia era de mi carrera técnica, pero realmente no iba a verla nunca más ni tampoco estudiaría eso en la universidad. Afinó la mirada antes de hablar como si fuera a dispararme con un rifle de alto poder:

—Te respondo con gusto, Alfredo: en mi materia las reglas son claras, si no la pasas, no sales de la prepa.

—Escúcheme, de verdad no quiero tener problemas por esto…

—Hazle como quieras.

—Pero, maestra, considéreme un poquito, pues; no mucho, pero algo.

Y total, que con tanto ruego me dijo:

—Está bien, Alfredo, te voy a dar un día más para que me lo traigas.

—¡Un día! Deme una semana.

—¡No! Tienes un día más —replicó.

—Es mucho trabajo para un día.

—Ese es tu problema, por andar dejando las cosas al último —apuntó acerando la mirada contra mi humanidad.

Me fui muy preocupado del salón, arrastrando los pies y el corazón, y empezó a desfilar por mi cabeza de todo: «¿Qué van a decir mis padres? Ellos ya me ven graduado de la prepa, ¡no voy a poder ir a la universidad este año!» En fin, mi mente a veces exageraba las cosas, lo malo es que no se alejaba mucho de la realidad; si no resolvía ese asunto, la situación podría complicarse. «A ver, en lugar de perder el tiempo debes buscar la forma de cumplir, no le des muchas vueltas al asunto y resuelve», reclamó la voz en mi cabeza.

Así que se me hizo más sencillo irme directo y sin rodeos: acudí con una amiga que estaba en el turno de la mañana con la misma maestra y había entregado el material a tiempo, fui en el auto a visitarla y a explicarle lo que me pasaba, la situación tan apremiante que vivía. Toqué el timbre desesperado, me urgía solucionar eso.

—No te preocupes, Alfredo, me quedé con una copia del trabajo final —de golpe subió las escaleras corriendo, y bajó de la misma manera—. Toma, a mí ya me calificó.

—Uff, mil gracias, amiga —señalé antes de darle un abrazo efusivo y sincero.

Sentí una tranquilidad muy grande, tenía entre mis manos el alivio, la salida a todo aquel embrollo. Obvio, tenía que transcribirlo, dejarlo a mi gusto, mi estilo; fui con una secretaria que trabajaba en la oficina con mis papás, y le pedí el favor:

—Oye, mira, necesito que me ayudes.

—Sí, pero es mucho para tenértelo mañana.

Nuevamente los nubarrones negros cruzaron por mi cabeza entre sienes y oídos; la verdad, sí era mucho trabajo.

—Bueno, apóyame lo más que puedas, por favor.

Total, que al día siguiente me entregó un gran avance, pero estaba incompleto y yo debía entregarlo. Tuve que ir a la escuela y en el camino iba pensando, divagando sobre cómo solucionar el problema; se me hizo fácil, y al material original de mi amiga le quité unas hojas y puse otras, cambié la portada y la carpeta, y fui con la maestra al final de la hora. Caminé erguido con mucha seguridad, tendí el trabajo sobre su escritorio, y entonces finalmente sonreí.

—Muy bien, Alfredo, ya ves que sí podías; voy a revisarlo y mañana pongo las calificaciones afuera del salón.

—Muy bien, gracias.

La realidad es que no esperaba que lo revisara tan a detalle. Jalé un poco de aire, di media vuelta y me fui rumbo al patio. Iba muy contento a darle las gracias a mi amiga, aunque más tarde me enteré de algo aterrador:

—Oye, te anda buscando la maestra Barraza y está bien enojada, ¿qué le hiciste?

—¡Ups!

Recuerdo aquella sensación de impotencia, el corazón me empezó a palpitar; me sentía muy temeroso y no quería hacerlo evidente. Estaba con varias compañeras en otra clase y en cuanto me vio, me empezó a gritar:

—Alfredo, ven para acá. ¿Te crees que soy tarada, o qué?

Y yo sin saber qué pasaba, mi cara de susto se lo decía:

—¿Qué hice, maestra?

—¡No te hagas! Mira tu trabajo, ni siquiera te diste a la tarea de hojearlo. ¡Anda, míralo!

Sí le cambié algunas cosas, pero fallé en otras; mi amiga puso otra portada en medio del trabajo, ¡y esa no la vi! Era tanto su coraje que también llamó a mi amiga, y por suerte no la reprobó, solamente la regañó; sin embargo, bajó su calificación. Me sentí mal, pésimo, porque ella sacaba puros dieces y le pusieron siete.

—Maestra, pero ella no tuvo nada que ver.

—Sí, cómo que no —apuntó enojada.

En fin, yo ya no quería saber qué me esperaba, y de pronto el cielo sobre mi cabeza se volvió a nublar. Los fantasmas aparecieron, pensé que de esta no me salvaba nadie: reprobado. Como ya no tenía nada que hacer ahí, salí del salón y dejé que la maestra se desahogara. También yo necesitaba aire, repensar opciones, posibles salidas. Cuando salió la maestra la seguí a su carro, necesitaba hablarle, ver la manera de solucionarlo.

—Maestra, ¿puedo hablar con usted?

Por su semblante aparentaba estar menos enojada, como unos tres grados menos de temperatura corporal.

—¿Qué quieres? —replicó sin resentimientos.

—Solamente quiero pedirle perdón, me siento muy mal por todo lo que pasó con mi amiga; la verdad, se me hizo fácil. Deme chance —y nuevamente le aventé un discurso, pero era mucho más difícil convencerla. Al final me dijo, ya cuando me vio casi a punto de llorar:

—Está bien, una última oportunidad, pero tienes hasta mañana antes de las dos de la tarde, porque a esa hora es cuando voy a pasar las calificaciones oficiales a la dirección.

—Está bien, ¡muchas gracias!

En el fondo era buena onda, conmigo siempre se portaba bien, pero esa vez sí me pasé y la hice enojar con justa razón. Total, que a esa hora del día estaba igual que ayer, tenía el mismo problema sin el material ni la copia. Se me ocurrió ir de nuevo con la secretaria de mi mamá, a ver qué tanto había avanzado, y resulta que no llevaba gran cosa ¡porque no le siguió! Casi me infarto.

—Necesito que hagas un esfuerzo más grande, esto es crucial para mí.

Temprano al día siguiente me entregó más material, pero aún faltaba. Ahora sí lo revisé bien y lo puse en orden, sin embargo, no estaba terminado; decidí irme mucho antes a la escuela para hablar con la maestra, tenía que arriesgarme y estaba resuelto: o todo, o nada.

—Maestra, faltan un par de horas para el plazo que me dio y la verdad no lo voy a terminar; no he dormido ni he comido, ya no aguanto más los dedos para seguir escribiendo en la máquina. Tengo solo esto al momento, ¿cómo ve?

Se me quedó viendo incrédula y me dice, no muy convencida:

—Dámelo.

Lo empezó a revisar minuciosamente, mientras yo sudaba la gota gorda de miedo, de pánico, porque era la última carta que me jugaba; ella lo veía de un lado, del otro, para adelante y para atrás.

—Maestra, qué guapa viene hoy, ¿a dónde tan elegante?

—¡Cállate, no seas barbero! —señaló apuntándome con la pluma que sostenía en la mano derecha.

En eso llegaron más alumnos a entregarle material, cosas de último momento, papeles y resúmenes, y ahí me di cuenta de que no era el único, pero lo que me importaba era mi calificación, no la de los demás.

—Alfredo, acércate.

Eso me puso más nervioso de lo que ya estaba.

—¿Qué pasó, maestra?

—Okey, veo que al final entendiste y lo hiciste tú; creo que diste el máximo esfuerzo, por eso te voy a aprobar con la mínima: setenta.

Eso para mí era un cien, aunque para mí pensaba: «Si supiera que no lo hice yo, sino la secre, entonces sí me cachetea aquí mismo por sinvergüenza, jeje».

—¡Muchas gracias! —contesté y me salí antes de que otra cosa pasara. La verdad, no cantaba victoria, esperé un rato afuera y de lejos la observaba, viendo que realmente fuera a la dirección a dejar las calificaciones finales. Finalmente, cuando salió, fui a asomarme.

—Hola, ¿cómo estás? —le pregunté a una secretaria que conocía.

—Ya me imagino lo que quieres saber; a ver, déjame ver. Estás aprobado.

—*Yesssss!* —afirmé saltando de la emoción porque era mi última materia en peligro para poder salir de la preparatoria victorioso, así que por fin me sentí con la seguridad de hacer planes para la graduación y ver a qué universidad ir.

Llegó el día esperado: la graduación, la entrega de papeles, la fiesta, todo en un mismo lugar excepto la misa; la alegría de mis padres al ver una meta terminada valió la pena y ahora sí venía lo bueno para mí, la universidad.

CINCO
DE LA PREPA A LA UNIVERSIDAD

Cuando terminé la prepa fue un alivio total porque me sentía completamente realizado, aunque era consciente de mis errores y excesos y eso me generaba muchas dudas; debía encontrar la manera de enfocarme más, tenía claro que seguiría estudiando y también lo que quería estudiar: ingeniería en Electrónica y Comunicaciones, lo que no sabía era a qué universidad ir.

En mi ciudad natal se abrieron algunas opciones, aunque no muy buenas, pero por lo menos las ofrecían y eso ya era algo; sabía que en caso de que no pudiera irme a estudiar fuera por apoyar a mis padres en los negocios, esa era una opción. Mientras decidía eso, seguía teniendo obligaciones en el restaurante de Don Baldomero; resulta que antes de que yo saliera de la prepa mi papá se fastidió del asunto, se dio cuenta de que no podía estar en su trabajo y atenderlo, ¡y decidió dejármelo!

Con el tiempo fui acumulando experiencia y el negocio generaba un ingreso muy interesante, obviamente yo no estaba peleado con eso. El lugar se había vuelto más estable, alimentándose poco a poco con caras nuevas; no ganaba una fortuna, pero sí dejaba, implicaba un buen de trabajo y también era de mucho aprendizaje para mí entre el manejo de personal, las finanzas, y el servicio al cliente. Entonces llegó el momento incómodo, cuando me preguntaron mis papás qué quería hacer. ¿Dónde quería seguir estudiando?, ¿qué planes tenía para el futuro inmediato? La que fuera mi decisión, ellos me apoyarían, me respaldarían.

—Eso sí te digo, a la Policía de Caminos ni loco, Alfredito; primero me traes un título y luego haces lo que quieras —dijo mi mamá sacudiendo la cabeza con fuerza. Papá la miraba de refilón apretando los dientes, respaldando a su mujer.

Creo que eso de irme a la policía se me pasó rápido, terminó la calentura, y realmente estaba convencido de estudiar una ingeniería; toda una tarde estuve viendo opciones y platicando con amigos. La mayoría se irían fuera, a Monterrey, uno que otro a Estados Unidos y otros a Saltillo porque ahí está una universidad que siempre ha sido reconocida por su alto nivel académico en todas sus dependencias; de hecho, mi primo Adrián, con el cual convivía mucho cuando venía a visitarnos, ya que no pasaba muy seguido, siempre me decía:

—Cuando te toque decidir a qué universidad ir, escoge Saltillo; vete allá conmigo, yo te puedo ayudar.

Me dejó pensando desde entonces en esa oportunidad, sobre todo porque él ya llevaba más de la mitad de la carrera, y a eso se sumó lo que platiqué con uno de mis mejores amigos del barrio, Hugo. Era de los pocos que querían seguir estudiando.

—Vámonos a Saltillo —le dije emocionado, y le platiqué a grandes rasgos lo que anduve viendo con Adrián.

—Sí me iba, pero no creo que me dejen mis papás; no tanto por no dejarme, más bien por los gastos que tendríamos allá.

Por la noche se lo comenté a mi papá. Bajó el periódico que leía y confiado, de forma elegante, me dijo:

—Vamos a hablar con los papás de Hugo, a ver cuál es su opinión, hijo.

—Está bien. Lo bueno es que tú los conoces, es gente de bien y responsable.

—Lo sé —contestó.

Fuimos con las mejores intenciones para que dejaran a Hugo ir a probar suerte a Saltillo, primero a tomar los cursos propedéuticos y luego ver si pasábamos el examen en el Tecnológico.

—Si ambos se quedan, no se preocupen por los gastos de renta y comidas, eso está seguro. Apóyenlo con lo que ustedes puedan, pero por lo básico no se preocupen. Los muchachos harán un buen esfuerzo —explicó mi papá.

—Está bien, nosotros también queremos para Hugo lo mejor —comentaron los señores de forma educada.

Al llegar a casa llamé a Adrián para que nos consiguiera información sobre los requisitos para entrar al Tecnológico de Saltillo, y como opción B yo tenía Monterrey, aunque la verdad no era de mi total agrado por ser una ciudad mucho más grande y compleja. Saltillo era más chica, conservadora y con una gran comunidad estudiantil. Después de una semana y media, mi primo me llamó para decirme cuáles eran los requisitos.

—¡Y vénganse ya!, porque el cupo es limitado y quedan pocos días para que se cierren las inscripciones —solicitó preocupado.

Al día siguiente nos arrancamos Hugo, mi papá y yo; llegamos a un hotel antes del mediodía y fuimos a buscar casa para rentar. Anduvimos un buen rato y finalmente tuvimos la suerte de encontrar una a espaldas del Tecnológico, realmente muy cerca como para ir caminando. Mi papá hizo el trato, y nos quedamos con ella. La idea era regresarnos todos, pero resulta que pasamos al Tecnológico y teníamos que estar allí al día siguiente para un examen; si lo pasábamos podríamos hacer el curso propedéutico, que duraba una semana.

—Bueno, chicos, aquí se quedan; les dejo algo de dinero para que compren de comer y cosas para la casa. ¿Quieren que vayamos por algo antes de irme?

—No, papá, todo está bien, gracias, aquí nos las arreglamos. Créeme que cualquier cosa te aviso —aseguré porque nos ganaba la emoción—. De todas formas, por aquí debe andar mi primo Adrián, le podemos llamar para saber qué procede.

Lo predije como adivino: al poco rato nos cayó Adrián, y aprovechó que papá iba de regreso y se fue con él, nos quedamos solos Hugo y yo. Tardamos una hora en acomodar los papeles pendientes que traíamos, y al terminar nos fuimos a caminar para conocer los alrededores; esperábamos empaparnos del barrio, las calles y también hacer el tiempo necesario para poder cenar e irnos a dormir temprano, porque al día siguiente debíamos presentarnos a buena hora en el Tecnológico.

La tarde se hizo plomiza, con algunas nubes esparcidas sobre los cerros; era una imagen común, porque Saltillo es una pequeña ciudad industrial sin grandes edificios ni muchos árboles. Es la mano izquierda de Monterrey, y puede presumir un par de enormes cordilleras que la recorren y la enmarcan hermosamente. Entre la charla y la sorpresa nos alcanzó la oscuridad.

—Más vale regresarnos —dijo Hugo.

—Tomemos un camión.

Y nada que pasaba, yo miraba para un lado y otro, y nada. Jalé un poco de aire, tratando de encontrar tranquilidad; entonces se empezó a ver sola la avenida, la gente se guardaba de prisa y las tiendas comenzaron a cerrar. Aquello estaba desolado: cero comercios abiertos, ningún cristiano católico y romano andaba por ahí. Nos tocó fletarnos una buena distancia solos, porque sin darnos cuenta nos retiramos bastante de la casa. Recuerdo que llegamos cansadísimos, con los pies fatigados. Los dos buscamos cómo acomodarnos, la verdad es que no pensamos en colchas ni en almohadas para dormir. Ignorábamos también cómo era el clima en Saltillo, de día sentimos mucho calor pero resulta que las noches son muy frías; al fin chamacos, no nos importó.

La casa solo tenía agua, hasta el día siguiente conectaban la luz y surtían el gas, así que estábamos en plena oscuridad; era temprano y no nos quedaba de otra que platicar. La charla fue interesante, de lo primero que hablamos fue de cómo se dieron las cosas para que llegáramos ahí. También salió el tema de lo que esperábamos de la carrera y que nos iba a ir muy bien, empezamos a soñar.

—Imagínate lo que seremos cuando terminemos.

—Será increíble —contestó Hugo, entornando los ojos como si pudiera visualizar el futuro frente a él.

—Poner un negocio, tener mucha gente trabajando en proyectos importantes, ¡viajar!

Nos la pasamos hablando de sueños, teníamos muchas ideas, brotaban de nosotros sin medida hasta que poco a poco el cansancio nos fue venciendo. Tuvimos que dormir en la sala y cada uno agarró un rincón en el piso, literalmente sin nada, solo con la ropa que llevábamos puesta. Y cuál va siendo nuestra sorpresa cuando en la madrugada empezó a sentirse mucho frío, parecía que se colaba por todos lados; era de esos que te hielan los huesos. Ignoro a qué temperatura estábamos, pero no era nada agradable. Afortunadamente había cortinas, tuvimos que quitarlas para usarlas como cobijas; no eran suficientes, pero de eso a nada... Así fue como pasamos nuestra primera noche en Saltillo, una velada larga y friolenta, pero con muchas ideas en el tintero.

Amanecimos con los primeros rayos del sol, fue reconfortante sentir cómo cambiaba la temperatura lentamente. Ahora teníamos otro problema no previsto, estábamos sin gas, por lo tanto, nada de agua caliente para bañarnos. No nos quedó opción, era entrarle al agua fría y así lo hicimos, de entrada por salida con gritos y brincos; un baño vaquero algo escandaloso para irnos a presentar el examen. La escuela era enorme: estábamos bien perdidos, buscando por todos lados, cuando vimos algo de movimiento en uno de los edificios y por ahí le dimos para encontrar por fin el salón que nos correspondía. De entrada nos regalaron un gran sermón y ni Hugo ni yo nos quejamos, ya estábamos allí con una nueva responsabilidad y un gran reto, los dos sonreíamos satisfechos por lo que hacíamos.

Ese día, cuando salimos del examen, lo primero que hicimos fue ir a comprarnos unas cobijas, no queríamos pasar una noche más abrazados a las mugrosas cortinas que no servían de mucho. También pedimos el gas; para eso, supimos que debíamos quedarnos unos días más, nos faltaban los resultados y ya quedarnos al curso, digo, en caso de que fuéramos aceptados en el Tecnológico.

Mientras tratábamos de acoplarnos a la nueva vida de estudiantes, estar solos nos resultaba muy emocionante pero a la vez aterrador, porque empezamos a tener conciencia de la responsabilidad tan grande de estar completamente independientes y lejos del hogar. Comenzamos a recorrer toda la colonia, visitamos los puestos de tacos, tortas, comida barata que es básica para cualquier estudiante, y más siendo foráneos como nosotros.

En fin, pasaron unos días y llegó la fecha en que estarían los resultados. Íbamos camino al Tecnológico cuando empezamos a ver mucho movimiento estudiantil; conforme nos acercábamos, nos topamos con algunos rapados.

—Y esto, ¿qué rollo? —le comenté a Hugo.

—Tengan cuidado, es la novatada, y si los pescan los van a rapar —gritó un chavito flaco de cara larga y amplias cejas.

—¡Epa!, ¿cómo?

Nos sorprendió mucho, yo algo había escuchado de mi primo Adrián, quien me comentó de eso, pero pensé que era hasta el primer día de clase, ¡no en los resultados de admisión! Cuando llegaba alguien a ver las listas y hacía algún gesto de emoción, de inmediato los porros les caían, los correteaban y los rapaban: esa era la tradición en el Tecnológico de Saltillo, nosotros nos pusimos muy abusados pues no queríamos que nos pasara. Primero caminamos tranquilos, volteando para todos lados, pero con todas las pilas para correr de ser necesario. Había una buena bola, lo que nos ayudó un poco; nos acercamos para poder ver las listas, con el índice busqué mi apellido, mi nombre y... ¡habíamos aprobado!

De ahí fuimos a ver el plan de estudios, las materias, horarios, tiempos; en eso notamos que venían sobre nosotros y echamos a correr y correr, de hecho, tuvimos que separarnos.

—Te veo en la casa —gritamos ambos.

—Sale, ¡no te detengas!

Al final, después de correr como locos, los dos logramos escapar de los porros y de ser rapados. Como la casa no estaba muy lejos, pudimos perdernos entre otras personas que andaban por ahí, vendedores, padres de familia. Al llegar bebí hasta el fondo un vaso lleno de agua, deseaba reponer el aliento por completo y sentarme con calma para hablar con mi amigo; sudaba copiosamente y tenía resbaladizos los dedos.

Una vez que nos alcanzó la tarde hablamos con calma, vimos los pros y los contras, y ambos decidimos regresar a Reynosa, porque pensamos que era mejor estar en nuestra ciudad y cerca de todo; allá también había un tecnológico y, de hecho, tenía poco tiempo de haberse abierto, iban en la segunda generación y yo sabía que manejaban en su oferta académica la carrera de Electrónica, así que dijimos «mil veces la casa».

Total, regresamos ese día a nuestra ciudad natal de Reynosa. Al llegar tuve que hablar con mis papás, un poco apenado por lo del contrato de la casa; les expliqué pausadamente lo que pensamos y ellos me apoyaron.

—Pues nomás no dejes de estudiar —dijo mamá con voz angustiada.

—No, claro que no, estoy decidido a lograrlo.

Fui al Tecnológico de Reynosa. Al inscribirme me revalidaron el examen, por lo que no batallé para entrar. La verdad, seguía con la espina clavada: la carrera que quería, la especialidad en Telecomunicaciones, solamente estaba en Monterrey, así que por no dejar fui a presentar examen a dos de las universidades más reconocidas de allá, el Tecnológico de Monterrey y la UANL; la primera era de paga y muy cara, y la segunda autónoma, de gobierno. Cruzando los dedos hice exámenes en la UANL, pero no alcancé matrícula, y en el Tec la verdad fue una suerte que aprobé y me quedé, pero en cuanto investigué lo que costaba el semestre decidí confirmar con mis padres: no podía tomar una decisión de esa magnitud y brincarme todas las trancas, no.

—Hijo, donde tú quieras; el Tec de Monterrey ahorita lo puedo pagar, aunque más adelante no lo sé; tú sabes cómo andan las cosas y es una escuela muy cara.

—Está bien, entiendo.

No le insistí mucho, creo, y bien merecido me lo tenía, el Rayo no me consideraba un buen estudiante. Mejor me dije «para qué me arriesgo» y regresé a Reynosa; teniendo un lugar seguro en el tecnológico de allá, qué mejor oportunidad.

Pasaron muchas cosas locas en eso de andar para arriba y para abajo buscando universidad; un día fui a Monterrey a presentar un examen de admisión y me encontré a varios amigos en el camión. Al llegar, pensaba quedarme con un tío, pero no me contestaba el teléfono y no traía su dirección, ciertamente me fui muy a la aventura. En eso, mi amigo Paco me pregunta:

—¿Qué pasó?, ¿y esa cara?

—No contesta mi pariente, y no sé qué onda —contesté contrariado.

—Mira, si quieres, ahorita lo solucionamos: un primo va a venir por mí, y pues te puedes quedar con nosotros, ya mañana con calma buscas a tu tío o a otro familiar que tengas aquí.

—Muchas gracias, Paco.

Y así fue, llegó el primo, le explicamos las cosas y muy quitado de la pena nos dijo:

—Claro, vámonos.

Nos fuimos caminando de la central a su casa. Normalmente, en todas las ciudades que he conocido suelen ser medio bravas las colonias donde se ubica la central camionera y esa no era la excepción; no me asustaba, pero me sentía un poco raro. Cuando llegamos al departamento, me di cuenta de que era el clásico de estudiante universitario: mal amueblado, sucio, con sillones rotos, y la verdad, no por ser sangrón ni nada por el estilo, pero no se asemejaba ni remotamente a lo que estaba acostumbrado.

Pasé la noche allí, y pensé: «¿Esta es la vida real del estudiante? No creo, además, con este clima tan caliente y sin aire acondicionado… ¡no!». Fue una mala noche, pero eso sí, muy agradecido con mi amigo porque de no ser por él, no sé qué hubiera pasado o hecho.

De regreso, tenía más responsabilidades en el restaurante, no es lo mismo ser empleado y salirse al terminar el turno, a quedarse y ver que todo esté bien para el día siguiente; a uno como dueño no le queda de otra más que trabajar y hacer lo mejor para los clientes y los empleados.

Esperé impacientemente a que empezaran las clases en el Tecnológico de Reynosa, y mientras tanto el negocio iba viento en popa, creciendo, y yo aprendía muchas cosas más. Tuve que aprender a administrar lo financiero, a tratar al personal, a negociar con los proveedores, estar constantemente formulando estrategias de mejora de ventas y para el restaurante: cambiar los menús, ofrecer 2 x 1, combos, etcétera. La verdad era mucho trabajo pero tenía un buen equipo que me respaldaba, la mayoría estaban muy agradecidos conmigo y con mi familia. Siento que empecé con el pie derecho como patrón, porque además de ser el jefe era además su amigo: dos cuates del barrio trabajaban ahí, y el resto del personal eran conocidos de antes, de los restaurantes anteriores; también participaban unas tías que me auxiliaban en la cocina con su gran sazón, pero sobre todo con las tortillas de harina, ¡uff!, recién hechas eran todo un éxito.

Esos fueron mis inicios como encargado y responsable de un gran restaurante, no porque fuera enorme, lo digo por su comida, su gente, y es que se van asimilando muchas cosas en el camino. En el día a día aprendí a ser complaciente y a la vez exigente con los resultados; le pedí al cocinero que cuando no tuviera mucho trabajo me enseñara a preparar algunos platillos, por lo menos los más comunes y uno que otro fuera del menú. Reconozco que hoy me ha sido de mucha utilidad, mis hijos no se quejan de cómo cocino, mi mujer tampoco y los amigos, ¡menos!

—Dos más para la mesa seis.

—Apúrale con el pedido para llevar, no se les olvide que lleva doble salsa y tortillas de harina. Departamento 206, señora Castillo, por favor.

—Sale la orden veintidós —señalaba el cocinero de forma puntual, sonriente como de costumbre.

Llegó el día de entrar a clases al Tecnológico de Reynosa, me tocó en el turno de la mañana. Imagínense, venía de la prepa en el turno vespertino, aquello era un cambio radical para mí aunque el horario era cómodo, de siete de la mañana al mediodía, así que estaba muy bien porque saliendo me iba al restaurante.

El primer día fue muy padre, sin ninguna clase de nerviosismo: iba bien vestido, perfumado, derrochando belleza porque las mujeres se fijan en todo y más el primer día. Casi un ochenta por ciento éramos conocidos, así que la adaptación fue inmediata, y lo mejor era que en ese Tecnológico no existía novatada como en Saltillo. Lo que sí era una diferencia abismal era el tamaño de las instalaciones, puesto que Reynosa apenas iba por la segunda generación y tenía mucho terreno para expandirse aunque eso sería con el paso de los años, aún no presumía tener mucha población. Cerca de ahí, una nueva colonia trataba de nacer, estaba en desarrollo. Por las mañanas, los enormes montes en el horizonte surgían entre brumas; las luces de los postes de alumbrado, humeantes y rodeadas de insectos, esparcían su estela alrededor. En la avenida brotaban algunos anuncios del fraccionamiento, la realidad es que apenas podían verse sus primeros avances, proyectos, calles, por lo que todo quedaba retirado: si querías alguna tienda solo estaba cerca la cafetería de la escuela, que por cierto era muy chica, y muchos preferían hacer lo que en la primaria, ¡llevaban su propio lonche!

Las materias se veían tranquilas al principio, y los maestros bien aplicados, muy en su papel; no los conocíamos, era todo nuevo para nosotros y algo también bastante novedoso, ya que veníamos de un sistema estudiantil basado en semestres, es que acá era por cuatrimestres. Según nos explicaron, el programa era más acelerado, teníamos menos tiempo para cubrir el programa de la SEP. De esa manera fue como empezó mi carrera de ingeniería en el Tecnológico de Reynosa, con ganas de hacer las cosas bien, no batallar tanto como en otros tiempos.

En ocasiones hablaba con compañeros que estudiaban fuera y me platicaban sus vivencias; eso a veces me llenaba de inquietudes, reflexionaba si cambiarme o no. Llevaba un par de meses en ese lugar y me preocupaba iniciar otro cuatrimestre; aún tenía tiempo, por eso lo pensaba tanto. Por las noches la voz en mi cabeza exponía sus razones, me hablaba con claridad: «A ver, aquí estamos bien, en casa; traes el carro, tienes un buen negocito que te genera ingresos, la escuela no está mal, tiene un buen programa de estudios; digo, no es muy reconocida como las demás universidades, pero el hecho de ser Tecnológico ya cuenta». Yo mismo me hacía «coco *wash*».

Pasaron los meses y seguí con la rutina de siempre. Sin esperarlo o pronosticarlo, empezó un fenómeno entre mis compañeros de salón: varios desertaron y algunas de las causas eran, primero, que no aprobaban los exámenes, pero también que empezaron a trabajar para ayudar a sus familias y costearse los estudios, proceso en el que se fueron desenfocando y por lo mismo decidieron abandonar los estudios. Supongo que se sentían a gusto en los trabajos de las maquiladoras como técnicos; la realidad es que veníamos del CBTIS con una carrera técnica, lo que te puede complicar la existencia porque puedes darte por bien servido, y si la oferta laboral pide una carrera técnica es más fácil rendirse. Ahora que también depende de la necesidad de cada uno, en mi caso vivía cómodamente.

Eso no impidió que me autoanalizara; como dice el dicho, «cuando veas las barbas de tu vecino cortar, pon las tuyas a remojar». También empezaba a faltar a clases porque algunos amigos me sonsacaban diciéndome:

—Vamos a tu restaurante a almorzar.

—Pues sí, ¿verdad? Allá platicamos.

Para mí esas tres o cuatro bocas que alimentar representaban ingresos, ventas, y los llevaba; luego, cuando llegaban los exámenes, batallaba mucho y se me empezaron a cruzar los cables, la verdad; sentía, pensaba que no era para esa escuela, muecas de insatisfacción me empezaron a llenar la cara. «Ya ves, era mejor dedicarnos al negocio y después a ver qué salía, lo que nos depare el destino lo afrontamos», reclamaba la vocecita nuevamente, empezaba a contradecirme.

Mis padres casi nunca me decían nada, pero eran muy asertivos; parecía que no mataban una mosca, pero siempre estaban atentos a mis conflictos y desatenciones. Me observaban en silencio hasta que llegaba el momento de intervenir:

—A ver, hijo, veo que te está yendo muy bien en el restaurante, pero ¿y la escuela?

—Mmm, papá, pues la verdad no muy bien —contesté con honestidad.

Mi padre jaló una silla del comedor y se sentó a mi lado con mirada franca. Tal vez era algo que esperaba y fue ahí, a las nueve y media de la noche, cuando me dio uno de sus sabios consejos, el cual me marcó por mucho tiempo:

—Mírame, yo no pude estudiar y por eso, solo por eso, no pude aspirar a algo más grande. Si bien no me ha ido mal, fue por mis ganas de salir adelante y el apoyo de tu mamá, pero quisiera que fueras un profesionista para que tengas en la vida más oportunidades de las que yo tuve. Sabes que vengo de una familia muy grande y muy humilde, y pasé muchas carencias y hambre; no me gustaría que desperdicies la oportunidad de estudiar. Te dejé el restaurante para que aprendieras el oficio, pero creo que hice mal por el ingreso que ahora te genera, y que a lo mejor te mueve más, así que te aconsejo que pienses bien en tu futuro. Por el negocio no te preocupes, puedo ayudarte; de verdad, no te preocupes, el éxito es para todos aquellos que luchan y tienen la actitud correcta ante las adversidades —concluyó poniéndose en pie con ambas manos sobre la mesa, y se retiró en silencio; no me pidió una respuesta ni un compromiso, nada.

Esa noche me dejó muy pensativo; mi padre era de pocas palabras, pero cuando hablaba era un hombre muy directo y siempre lo hacía de frente, con el corazón en la mano. Estando en la cama, no podía conciliar el sueño, pensaba y pensaba qué sería lo mejor para mí: tenía la ventaja del apoyo de mis padres. Incluso me cruzó por la cabeza una opción medio alocada, que era irme a Estados Unidos, porque cruzando la frontera había una universidad muy buena a veinte minutos más o menos y además podría aprender inglés, cosa que nunca fue mi materia favorita; la otra era irme a Monterrey, pero recordaba la noche que pasé allá con mi amigo Paco, en el depa de su primo. «No vas a aguantar algo así», me decía, y por ese sabor amargo se me complicaba la decisión. ¿Y la escuela en Reynosa? Estaba muy atrasado en las clases, las tareas; claro que podía ponerme al corriente, aunque eso implicaba un esfuerzo extraordinario. Unos días después platiqué con algunos amigos de la bola y por lo general todos te quieren dar un consejo, por lo que lo único que logré fue quedar más confundido.

Una tarde retomé mis posturas, revisé minuciosamente las decisiones que debía tomar: «Sí, tengo que hacerlo, me voy a Monterrey. Sé que será más difícil el camino, pero vale la pena el esfuerzo; voy a probar, y si no la hago, me regreso a trabajar y a ayudar a mis padres». Y pues ni modo, resuelto estaba, aunque lleno de reservas y dudas porque sabía que no era un estudiante sobresaliente, siempre me mantuve en el promedio. Me puse a revisar las fechas de las inscripciones, tenía perfectamente claro que sería en Monterrey, en la UANL, por ser la que se ajustaba a mi presupuesto; barata, pero buena. Ya si no la armaba bien, si no la hacía, no me sentiría tan mal porque sabía que el Tec de Monterrey era mucho más caro. Una tarde, papá me advirtió:

—Si piensas que no vas a hacerla económicamente, pues tengo una casita para ti: la vendes, y lo que ganes lo usas para tus estudios o el negocio, como tú veas.

«Me conozco, para qué me arriesgo, mejor esa casa la tengo segura en Reynosa; cero Tec, me voy con la raza a la UANL», reflexioné. Después de armar mi plan mentalmente, hablé con los empleados del restaurante, les expliqué todo y puse un encargado, le subí el sueldo para que estuviera más motivado; yo iría los fines de semana a ver cómo iba todo y a hacer cuentas. Por su parte, mi papá estaría dando sus vueltas, aunque intuía que no podía confiar mucho en que él me sacara del atolladero si algo se presentaba mal en el escenario, porque no era de estarse quieto en un lugar; por eso justamente me lo había pasado a mí, no quería estar allí encerrado, en fin.

Llegó el día de ir a inscribirme a Monterrey, y ahora sí alcancé matrícula; de inmediato me acerqué a la Asociación de Estudiantes de Reynosa y me topé con varios amigos que de volada me guiaron y ayudaron, así que fue mucho más fácil de lo que pensaba. Nada que ver con cuando quise inscribirme la primera vez, ahora todo se resumía en algo mucho más sencillo: ¿dónde me quedaría a vivir allí en la Sultana del Norte? Para eso, mis papás hablaron con un tío abuelo, don Salvador, un hombre sencillo y trabajador, bastante afable y directo como todo regiomontano; no se andaba por las ramas, iba directo al grano. Cuando algo no le parecía, te lo decía así, sin cortapisas. Me aceptó en su casa de muy buena gana, sin problema alguno, y mi tía Bertha, que es un encanto de persona, se puso feliz, de modo que ya estaba todo listo, solo tenía que esperar la fecha de inicio del semestre para irme a la Universidad Autónoma de Nuevo León.

En fin, ya tenía las maletas listas, el carro en regla y mecánicamente al tiro para irme con tranquilidad; mis padres estaban atentos, con la actitud adecuada, dándome los últimos consejos e indicaciones. A diferencia de muchos compañeros, a los que sus padres los llevaban e instalaban, los míos eran mucho más prácticos, se quedarían en casa, en sus negocios, y yo a lo mío. Claro que fueron a hablar con mi tío, de hecho fuimos todos, pero ahora era mi turno de ser independiente.

—Está bien, ya entendí; sé lo que debo hacer y lo que no, me quedó muy claro, mamá, gracias —contestaba, pretendiendo que terminara el sermón.

—No es por molestarte, es para que todo te salga bien en la vida. No somos tus enemigos, nunca lo seremos; aliados sí, y tú bien lo sabes, hijo.

—Lo sé, y se los agradezco infinitamente —contesté.

Ese día, después de las indicaciones, consejos y bendiciones de mis padres, me fui a cumplir lo que pensaba era parte de mi destino. Recuerdo bien el camino: la mañana era fresca, con esos aires que calaban hasta los huesos, pero el sol siempre ganaba y no tardó mucho en regresar el calor. Iba muy a gusto en un Jetta modelo 1987 que casi no consumía gasolina, así que miraba de reojo las despachadoras sin necesidad de detenerme. Por primera vez solo en la carretera, iba con algo de miedo, la verdad, pero creo que era necesario; el miedo es bueno, te mantiene alerta, atento a cualquier detalle, era mi primera gran prueba a superar.

Llegué a la gran ciudad de Monterrey, Nuevo León, un poco aturdido por la cantidad de tráfico y las grandes avenidas: era una selva de autos y personas, anuncios, calles, puentes. En el trayecto vi un par de sierras y los desfiladeros escarpados que engalanan a la Sultana del Norte, el magnífico Cerro de la Silla lucía imponente en el horizonte, arañando el cielo y las nubes. Era domingo, un día antes de entrar a clases; lo planeé de esa manera para no estar a las prisas. La casa de mis tíos era de buen ver, amplia y bastante cómoda; me instalé luego de una gran cena que mi tía preparó, era muy buena en la cocina y el tío Salvador de muy buen diente, le entraba parejo a todo. A la tía Bertha cualquier platillo le quedaba bien; creo que desde ahí empecé con el buen comer, todos los días encontraba algo que me gustaba.

El cuarto asignado por mi tía estaba en el segundo piso; la casa tenía cuatro habitaciones, era grande. Recuerdo muy bien esa primera noche, me estrellé contra la almohada tratando de encontrarle pies y cabeza al futuro. Me emocionaba sobremanera emprender cualquier reto, sin embargo, me cuestionaba todo, muchas preguntas desfilaron entre mis sienes, rebotaban en mi frente y terminaban en mi corazón.

¿Lograría terminar la universidad? ¿Aguantaría estar lejos de casa? ¿Me adaptaría con facilidad al nuevo ritmo de vida? ¿Cómo serían los maestros, buena onda, «barcos», o más cerrados?

Eran muchas las cosas que me cuestionaba y no existían respuestas claras, ni buenas ni malas, sabía que solo con el transcurrir del tiempo las obtendría.

SEIS
LA UNIVERSIDAD ES OTRO MUNDO

Al pisar la universidad llené de aires nuevos mis pulmones, mis fosas nasales se hincharon varias veces de gusto. Era mi primer día, y por cierto que me tocó un buen horario, de doce a cinco de la tarde; nada mal, porque eso de las levantadas temprano nunca ha sido lo mío, así que me pareció excelente. Llegué tranquilo, tarareando una canción para disimular algunas emociones encontradas que traía, nervios y ansiedad, mientras buscaba el salón, pues la universidad era muy grande. Aquello era algo totalmente nuevo, y tenía que definir muchas cosas. Una vez en el salón, traté de hacer amigos y contactos interesantes: me presentaba con los compañeros sacudiendo con firmeza las manos de la gente alrededor. La mayoría éramos foráneos, quizá por eso la adaptación se dio muy rápido, sin complicaciones de ningún tipo ni caretas o malas caras; recuerdo que me acoplé casi de inmediato con un camarada de nombre Carlos, era de un pueblito de Zacatecas.

—Mi familia hizo un gran esfuerzo para mandarnos a estudiar aquí, tengo a un hermano en esta misma universidad, él estudia otra cosa.

—¡Qué bien! Pues por aquí vamos a andar, a tus órdenes.

Creo que todos hacíamos nuestro mejor esfuerzo, incluidos mis papás. Su idea era sencilla: que yo tuviera un mejor futuro que ellos, que estuviera mejor preparado, y quería poder pagarles con muchas satisfacciones.

El ciclo escolar era semestral. Compré algunos libros, cuadernos y anduve por el barrio para ubicarme. Sin darme cuenta, me alcanzó el primer fin de semana; cuando salí de la universidad, las manecillas del reloj marcaban las cinco exactamente, entonces ¡vámonos para mi casa en Reynosa! Iba emocionado como si hubiera pasado mucho tiempo, quería ver a mis padres, a mi hermana y a algunos amigos.

Arribé a buena hora y solo estaba mi hermana. Me dio gusto sentarme a su lado y ponernos a platicar, quería saber cómo le iba en la prepa, ya que ella iba entrando apenas. Le conté de la casa en Monterrey, la nueva vida que llevaba, los horarios, las rutinas y descubrimientos. Mis padres llegaron de trabajar más tarde, y en cuanto me vieron se les iluminaron los ojos, ambos muy contentos de verme ahí y tenerme cerca, en casa.

Después de los abrazos y besos, empezó el interrogatorio: ¿cómo me iba?, ¿cómo estaba todo? Realmente me sentía muy emocionado, les expliqué el cambio tan drástico que estaba viendo.

—Todo se ve bien. Debo habituarme al clima, los horarios, el tráfico, la gente; además de eso, todo tranquilo —señalé con satisfacción. Me gustaba verlos contentos, sabía que si prosperaba sería una buena señal para ellos.

—Aguanta, hijo. Sabemos que no será nada fácil, pero al final verás que valdrá la pena.

—Lo sé, eso quiero creer.

Al día siguiente fui al restaurante de la familia, quería darme una vuelta y ver cómo estaba el negocio, porque seguía siendo parte de mi responsabilidad; de ahí me financiaba la universidad, parte de ese ingreso le daba estabilidad a papá, y eso a su vez tranquilidad a mamá. Por fortuna, la gente respondía de manera adecuada y las cosas permanecían razonablemente bien, en orden, pero las tareas de siempre seguían igual, en el mismo lugar y bajo las mismas circunstancias: surtir las cosas faltantes, hacer una buena auditoría a caja y dejar instrucciones claras para todo el personal. Ellos hacían un buen trabajo y los números iban conforme a los planes, lo cual les agradecí apropiadamente.

Llegó rápido el domingo, y de nuevo por la tarde tomar la carretera para Monterrey: esa fue mi rutina los primeros meses, que con tantas vueltas empecé a sentir pesada porque también se fueron incrementando los compromisos en la universidad, así que un día tomé la decisión de hacer del negocio del restaurante una especie de cooperativa: reuní a los empleados y les expliqué cómo funcionaría.

Todos estuvieron de acuerdo. La idea era sencilla, atractiva, pensé: ahora todos tendrían participación, y entre más ganas le echaran más beneficios conseguirían, ya que a mí solo me pagarían una renta mientras que todo lo demás sería para repartirse entre ellos, pero al final no resultó, no funcionó. Pasaron unos meses y el negocio empezó a reportar números rojos, en plena decadencia; al principio no entendía qué había pasado, si el plan era interesante, pero después supe que la gente no sabe administrarse; aparte, todos querían opinar, sin pies ni cabeza. Tuve que retomar el negocio por poco tiempo, fue necesario para pagar las deudas, porque muchos de los créditos con los proveedores estaban a mi nombre. Una vez que pagué todo, cerré y fue lo mejor, me quedé con una gran experiencia y el aprendizaje. Cobró mucho sentido aquello que me decía el Rayo, un buen o mal administrador influye directamente en los resultados.

—Muchas gracias por todo, aquí está el último pago —sentencié.

—Gracias, Alfredo. Estamos abiertos para cuando necesite nuevamente de nuestros servicios, por aquí le dejo mi tarjeta con los nuevos teléfonos —dijo el vendedor de uno de los mayoristas que nos atendían.

A partir de ese momento ya no tuve que viajar cada fin de semana a Reynosa, era complicado y hasta cierto punto riesgoso andar tanto tiempo en carretera. Los fines de semana, ya sin la presión del restaurante, pude hacer más cosas en la universidad, conocí a mucha gente, y con las tareas, los proyectos y la vida universitaria llegó rápido el final de ese primer semestre; la verdad, se me pasaban los días como agua con el plan de estudios y las actividades programadas. Para cuando me acordaba, ya estábamos de vacaciones y las cosas pintaban bien aunque no bastante, porque mis calificaciones digamos que no eran las mejores, pero al menos pasé al segundo semestre, eso para mí era un gran logro.

Entré en febrero de 1992, así que me tocaron mis primeras vacaciones en el verano, algo curioso. Una de las cosas que súper extrañaba era el cuarto con clima de mi casa, ya que los calores en Monterrey eran espantosos y sin aire acondicionado aquello se sentía como un horno; allá acostumbran mucho los aires lavados, la gente suele decir que son refrescantes, pero no hay punto de comparación con el aire acondicionado. Decidí huir del calor y me fui a refugiar a casa de mis padres; para no perder la costumbre me puse a trabajar, les ayudaba en la oficina de transmigrantes, algo con lo que ya estaba familiarizado. Los días pasaban muy rápido y me iba bien económicamente, así que podía darme uno que otro lujo.

Los fines de semana nos íbamos a la Isla del Padre al otro lado de la frontera, una playa atractiva para echar fiesta y conocer gente interesante: está cerca de mi ciudad natal, así que me quedaba a todo dar. El verano voló tan rápido como las gaviotas sobre las olas del mar, y de nuevo a la universidad para retomar las actividades, seguir estudiando.

Al llegar a casa de mis tíos me llevé una sorpresa: como prácticamente estaba solo en un cuarto, y había tres más en la planta alta mientras que mis tíos tenían el suyo abajo, decidieron rentar las habitaciones a otros estudiantes. Descubrí que tenía un vecino de nombre Hernán, no de cuarto, pero sí en la casa; para mí era bueno tener compañía aunque él cursaba la carrera de físico matemático, así que era algo *nerd* y aislado; cuando coincidíamos, se la pasaba encerrado en su cuarto, estudiando. Hablábamos poco, nos sonreíamos de refilón si nos cruzábamos en el pasillo o en las escaleras, así que prácticamente seguía en la casa de mis tíos como si estuviera solo.

Iniciando el segundo semestre tuve que acomodarme a un nuevo horario, porque en el primero te asignan uno fijo para que te adaptes mientras conoces la universidad, pero a partir del segundo cada quien hace su propio programa; debías tomar en cuenta tu avance, la disposición de los maestros y el límite de alumnos por salón, porque si no te ponías las pilas se cerraban los grupos muy pronto. El siguiente ciclo me tocó un horario muy loco, tenía clases por la mañana, en la tarde y en la noche, así que ni modo, no tenía opción, al menos no en ese semestre; al mal tiempo buena cara.

Lo que pasaba es que apenas le estaba agarrando el modo a los movimientos en la universidad: por un lado estaban las asociaciones de estudiantes, y por otro una asociación global. La idea de esas asociaciones era ayudar a la comunidad de cada estado. La única que estaba dividida por ciudades era Tamaulipas, ya que por la cercanía de la entidad tenía mucha población estudiantil; las cuestiones políticas de la facultad la dividieron porque era de mucho peso. Me resultaba interesante estar cerca de esos grupos por la ayuda y los convivios de integración y orientación, te apoyaban para hacer cambios de horarios y profesores; no siempre se podía, pero estando en esos círculos, con esos conectes, se incrementaban las probabilidades de acomodar las cosas de una mejor manera.

En uno de esos convivios conocí a Erick, al principio era un compañero y después nos hicimos muy buenos amigos. Llegué a la fiesta de unos cuates en los famosos departamentos Elizondo de Monterrey —todos los que vivían allí eran estudiantes, así que por relajo no parabas—, era una reunión de amigos de Reynosa, cuates de siempre que ya conocía desde la prepa, a algunos de ellos incluso desde la secundaria. Mucha raza tenía buen rato de estar tomando y ya andaban algo alegres; obvio, saludé a todos como siempre lo hacía, principalmente para no provocar susceptibilidades.

Por lo regular todos los días tratabas con alguien nuevo, era muy grande la población estudiantil. Entre todos ellos destacaba Erick, me llamó la atención porque se tiraba al piso y se revolcaba, después se quitó la camisa; traía todo un *show* y no es que anduviera solo, más raza estaba ahí, pero era el que echaba más desmadre. Era uno de los pocos que no conocía, y después de aquella fiesta lo empecé a ver más seguido en la facultad. Ya en sus cinco sentidos era otro, yo aprovechaba para hacerle burlas por todo lo que hizo en la fiesta y se me quedaba mirando con gesto endurecido, como diciendo «ya párale», luego estallábamos en risas. A fin de cuentas ahí empezó una gran amistad, la cual se volvió una hermandad al igual que con Hugo y Juan, con los que vivía; fui sumando más en la universidad, y por supuesto también estaba mi compadre Paco, entre muchos que no acabaría de mencionar.

El segundo semestre empezó interesante, conocí a los nuevos maestros y de nuevo nos cambiaron la rutina porque las materias serían en diferentes salones y a veces la distancia entre uno y otro era larga, así que a correr porque solamente teníamos diez minutos entre clase y clase, justos para trasladarse y llegar a tiempo. Parecía que lo tenían bien cronometrado, porque no nos daban tiempo de nada. Realmente ese ajuste nos sirvió, era padre ya que podíamos interactuar en cada clase con gente nueva y hacer más amigos o conocidos, y a mí, la verdad, no me costaba ningún trabajo hacer amistades nuevas, era muy necesario para que te pasaran apuntes o hacer equipos de trabajo con gente buena. La primera y segunda semanas de clases normalmente empiezan a promover las actividades deportivas y culturales de la facultad: en cuanto escuché la palabra *música* paré oreja, y gracias a eso me di cuenta de que existía una rondalla, lo cual me dio mucho gusto ya que llevaba tiempo participando en ellas. De inmediato fui a buscar más información, los horarios, dónde se juntaban y las rutinas que seguían; batallé un poco, pues no tenían un cubículo o área designada como muchas de las otras actividades, se reunían en un segundo piso y ensayaban en el cuarto de lavandería del gimnasio, el cual por cierto estaba a un lado de la enfermería. En ese lugar doña Hilda, la enfermera, una mujer muy servicial, siempre estaba muy atenta para dar la información, parecía la secretaria de la rondalla.

—Pero solo los encuentras esos días y en los horarios que te di —señaló agrandando los ojos.

—Muchas gracias —contesté de prisa.

Tal como me propuso la enfermera, regresé. Recuerdo perfecto ese día, subiendo las escaleras alcanzaba a escuchar que ya estaban tocando, así que no quise interrumpir, me detuve en los escalones y me senté; para mi sorpresa, se oía muy bien y eso me emocionó mucho. «¡Vaya, estos cuates tienen muy buen nivel!», pensé.

Una vez que terminó la canción, toqué despacio la puerta y solicité informes al responsable; se portó muy buena onda, y no solamente él, todos los integrantes, con uno que otro bromista, pero todo en buen plan. En fin, me dieron rápido la información y me invitaron a quedarme, y si quería, al final podrían hacerme la prueba para ver si calificaba, porque una de las cosas que pedían era que ya supieras tocar guitarra y cantar; sobre todo lo primero, porque no tenían tiempo ni gente que te enseñara. Así que me quedé a que concluyera el ensayo: tenían buen ritmo y las voces se escuchaban bastante bien. Me gustó mucho, porque también tenían un buen repertorio con arreglos muy interesantes. Realmente estaba sorprendido del nivel que se les veía, ya que donde yo había estado tocábamos bien, pero no con tantos arreglos musicales. En ese entonces la Rondalla de Saltillo tenía fama de ser la mejor, aunque estos cuates no les pedían nada porque tocaban y se oían muy bien.

Llegó mi turno y me prestaron una guitarra, que por cierto era de las mismas que usaban los de Saltillo, de la famosa marca Tres Pinos, instrumentos de muy buena calidad y sonido. La agarré con firmeza y empecé a probarla, sin duda pude notar la diferencia. Me pusieron a tocar y cantar una canción, y cuando terminé el director musical se me quedó mirando aceradamente; pocos segundos después sonrió satisfecho.

—Excelente, me gustó mucho; tocas y cantas bien, debes ser segunda voz. Estás aceptado, y pues empieza ya a ensayar. Repíteme tu nombre, por favor —dijo haciendo una pequeña reverencia.

—Alfredo Olvera —contesté orgulloso.

Así que desde ese momento me hicieron integrante de la rondalla de la Facultad de Ingeniería Mecánica y Eléctrica (FIME). Pasé varias semanas ensayando y aprendiendo el repertorio y empecé a ir a todas las presentaciones que tenían, primero como espectador, mientras estaba listo y me otorgaba el visto bueno el director, porque él daba preferencia a los elementos de base y posteriormente seguíamos los novatos, algo así como la reserva, a no ser que estuviéramos preparados, porque también estaba el asunto de la disponibilidad del traje, el uniforme, y todos tenían que salir iguales. No me quedaba de otra más que esperar a que se abriera el espacio, alguno de los que saldrían, o que la misma escuela autorizara un traje nuevo en caso de no coincidir la talla, en fin, pasaron varias semanas. Me desesperaba ver pasar el tiempo y nada, no pasaba nada, pero por fin llegó mi día.

—Bueno, Alfredo, creo que ya estás listo. Mira, aquí están el traje y la guitarra, y serás el responsable de ambas cosas.

—¡Muchas gracias, claro que sí! —dije sonriente, con el pecho hinchado.

—Prepárate, porque el fin de semana que viene tendremos una presentación; ponte de acuerdo con tus compañeros para que te den la selección de canciones que tocaremos.

La noticia me hizo sentir increíble; quería gritar, cantar, estaba muy emocionado porque en la rondalla en que participé no te daban nada, cada uno compraba su guitarra y nos vestíamos formal, con lo que cada uno tenía, no había ningún uniforme. Acá, en cambio, era otro nivel, ahora a seguir practicando y esperar que se cumpliera la fecha de mi primera presentación como integrante oficial.

Era un evento privado en un restaurante, algo muy emocionante por todo lo que había detrás: el esfuerzo, el compás de espera, los ensayos. Intuía que para algunos de los compañeros aquello era lo más normal del mundo; nos pasaba muy seguido, cuando teníamos algún compromiso de serenata nos contrataban para una más y luego otra, por alguna razón terminábamos dando de tres a cinco serenatas. La primera nos la pagaban bien, y las demás eran para cuates o los mismos compañeros, solo nos daban para la gasolina y las cheves; nos entonábamos rápido, y a darle. Un dato curioso: los que éramos integrantes sí dábamos serenatas, pero eran muy contadas. En cambio, para los conocidos todas las semanas se presentaban jales. Entre las vueltas y los compromisos transitábamos de un lado a otro, eso fue algo que me ayudó mucho a familiarizarme con la ciudad, porque siendo un sitio tan grande era fácil perderse. A la ciudad la parten en dos el río Santa Catarina y los cerros: de un lado está el viejo Monterrey, con la colonia

Chepevera, el Obispado, la María Luisa, y del otro lo nuevo; Chipinque, Mitras, San Pedro.

En el siguiente semestre ya estaba mucho más establecido, tanto en la universidad como en la rondalla. Al mes de entrar, hubo elecciones internas de la mesa directiva, me presenté como candidato y gané como subdirector de la rondalla. Estaba emocionado por el cargo y la responsabilidad, duré en el puesto casi toda mi estancia como integrante, que fueron cuatro años aproximadamente. Hacíamos buen equipo, lo conformaban un director musical, un director general, el subdirector y un tesorero, cada uno tenía muy claras sus funciones y por ellos hacíamos bien el trabajo. En mi caso, me tocaba la parte de coordinar y ayudar a los compañeros con los permisos y justificaciones de ausencias, así como también arreglar cambios de horarios, repartía los vales de comida y las becas; esa era mi función, y en ausencia de cualquiera de los dos directores era quien quedaba a cargo.

La verdad, no batallé nada, porque con todos me llevaba bien y los ayudaba en las cosas a mi alcance. Creo que fue lo mejor que me pudo pasar en la universidad; estar en la rondalla me abrió muchas puertas y me conectó con mucha gente, además de que implicaba viajar a diferentes lugares cuando salíamos a tocar fuera. Uno al que no fallábamos era la ciudad de Puebla en diciembre, acudíamos al Concurso Nacional de Rondallas, algo súper clásico y de mucho prestigio; de hecho, sigue hasta la fecha.

La primera vez que me tocó ir fue toda una experiencia: participar en la logística, el acomodo de todos los detalles, desde la preparación de los temas —los cuales tenían que alinearse con las bases del concurso—, los arreglos musicales, tramitar los viáticos, investigar y coordinar el transporte, lo del hotel y todos los pormenores. Fueron muchos aprendizajes; en aquella ocasión íbamos varios novatos y las categorías iban de AA a la F, siendo esta última la más baja, la cual se aplicaba a los grupos de reciente creación y sin nada de experiencia. En cambio, la categoría AA era la máxima, y por cierto, se abría cada dos años, ya que para concursar en ella forzosamente tenías que haber ganado en la categoría A.

Esta última era a la que aspirábamos, pero entramos en esa ocasión en la B para foguearnos bien. Con cierto nerviosismo normal en algunos integrantes, las presentaciones se hacen el primer fin de semana de diciembre, y el autobús de la facultad, al cual le decíamos el Oso Mayor, estaba listo y recién remodelado para el viaje. Para nosotros era una gran emoción estrenarlo, tenía los colores y logotipos de la facultad y la universidad, más emblemáticos no podíamos ir; saldríamos por la tarde, justo cuando el sol caía apresuradamente en el horizonte. La despedida fue muy emotiva, algunos padres acudieron a dar la bendición a sus hijos y la algarabía nos crispaba la piel; al sentirse tanto cariño, era algo muy especial. La gente aplaudía y coreaba algunos nombres, incluso varios profesores se dieron cita en el estacionamiento para vernos partir. Al arrancar la unidad pensaba en mis padres y en mi hermana, qué ganas de tenerlos ahí cerca y poder darles unos buenos abrazos. Suspiré, un poco triste por su ausencia.

Teníamos que salir a buena hora para amanecer en Puebla. Cuando salimos de la ciudad, todos gritamos como si hubiéramos ganado algo sumamente importante, creo que todos cobramos confianza; miraba alrededor, y desde el más serio hasta el más relajiento estaban al filo del asiento, todos emocionados. Para muchos, incluyéndome, era la primera vez que salíamos a un viaje largo con los compañeros, y fue muy padre sentir ese aire de libertad y madurez. Cantamos, bromeamos, jugamos, ni cansado se me hizo el viaje; el chofer nos dejó llevar algunas guitarras arriba, así que teníamos nuestra fiesta. En la madrugada nos detuvimos en dos restaurantes, los cuales parecían ser las paradas oficiales para todos, ya que nos topábamos con otros camiones que también iban al concurso a Puebla: era padre conocer a tanta gente de diferentes ciudades, incluso a otros compañeros y compañeras de la misma Universidad de Nuevo León, pero de otras facultades o prepas. Al fin llegamos, y nos sentíamos frescos, pues a esa edad la energía parece inagotable; fuimos directo al hotel, y en esa ocasión era uno en la plaza principal, así que todo nos quedaba muy cerca.

Puebla es una ciudad muy pintoresca, con muchas iglesias y edificios históricos, además de una gran gastronomía; una vez que nos acomodamos, varios salimos a dar una vuelta y hacer nuestra primera comida. El director de la facultad y el rector de la universidad nos daban buenos viáticos, con lo que teníamos buen hotel y buenas comidas, de eso nadie se podía quejar. Al concluir el postre miré el reloj y descubrí que teníamos tiempo libre, porque a las tres de la tarde era el llamado para que ensayáramos; al día siguiente empezaba el concurso y aún no sabíamos a qué hora sería nuestro turno.

—Vamos para allá, se ve que vale la pena —comenté a unos compañeros.

—Órale, va, al cabo sí alcanzamos a ir y regresar.

Llegó el día marcado para esa primera etapa: si no calificabas quedabas fuera automáticamente, pero nosotros lo logramos. Pasamos a la segunda ronda y con muy buena puntuación, de hecho, para mí siempre fue lo máximo la Rondalla de Saltillo, pero al llegar a ese evento y ver la calidad de otros grupos, pensé: «Híjole, sinceramente creo que la de Saltillo era la pura fama, supongo que por ser pionera en el género. Claro que me sigue gustando, pero hablando musicalmente, las demás le meten muchos arreglos, más complejidad a todo; en fin, es bueno aprender y conocer».

Pasamos a la final, aunque lo festejamos poco porque teníamos que prepararnos, echarle todos los kilos y creo que así lo hicimos; las voces, los acordes, todo cayó en la justa medida. Sentí que ganábamos, sin embargo, cuando nos dieron los resultados obtuvimos el segundo lugar en la categoría B; nada mal para ser novatos la mayoría, pero teníamos un reto muy grande, regresar el siguiente año y participar en la categoría A, que era de mucho mayor nivel y exigencia. Nos echamos porras, reconocimos con orgullo sano que nos ganaron y que necesitábamos hacerlo mejor.

Cuando regresamos a Monterrey, la mayoría íbamos muy contentos con nuestro trabajo; el director de la facultad nos recibió con los brazos abiertos, nos felicitó públicamente y nos dio vales para hacer una carne asada y festejar, con sus respectivas cheves. Fue una gran celebración, y bueno, no nos quedaba de otra más que seguir ensayando para el siguiente año.

Así fue esa bonita experiencia, y no solo el viaje, muchas cosas más que se dan al vivirlas, al estar lejos de lo conocido; esa tarde me di cuenta de que realmente me había acoplado a las actividades de la universidad y eso me tranquilizaba, me daba un respiro porque los planes que había trazado hacía unos meses seguían viento en popa y ya dominaba al derecho y al revés la gran ciudad, podía moverme por todos lados sin perderme.

Otra actividad que me ayudó mucho fue el taekwondo; si mal no recuerdo, fue un día que iba camino a casa cuando noté que abrieron una academia, Vonnacher Taekwondo. Aún vivía con mis tíos y en esa casa era puro comer bien, nunca faltaba comida rica, recetas que me gustaban y abrían el apetito gracias a mi tía, que nos consentía todo el tiempo. Como era de esperar, comencé a engordar, sufría de sobrepeso, aparte de que al hacer cualquier tarea física me empezaron a dar dolores en la espalda baja; sospechaba que era una secuela del accidente cuando estaba más chico. En fin, ya envalentonado tomé la decisión de inscribirme y entrenar para bajar de peso. Como todo inicio, fue difícil acoplarme al ejercicio y conseguir una verdadera disciplina, pero hasta eso, tenía el hábito de la constancia y entrenaba porque me gustaba, además de que el ambiente era muy padre y hacía nuevas amistades. Yo era de los peques en la clase de adultos, la mayoría eran ya profesionistas y empresarios jóvenes. Todas las decisiones que tomé eran buenas, me liberaba de ansiedades y pensamientos inadecuados, ahí sacaba todo.

Tener esas relaciones era tierra fértil para el futuro, y bueno, poco a poco fue entrando más gente, también otros estudiantes. Al relacionarme con uno de ellos me enteré de que formaba parte de un grupito que desde jóvenes se juntaban: una de sus tradiciones era reunirse un día a la semana, de preferencia los miércoles, en casa de Alejandro, y cooperaban para armar una parrillada. Llevaban años con esa tradición, la cual más adelante tuvieron que cambiar por el entrenamiento que todos empezaron. Al unirse al grupo de taekwondo se pusieron de acuerdo y por unanimidad cambiaron la fecha a los jueves, ya que el entrenamiento era de lunes a jueves; me llevaba bien con todos ellos, y sin solicitarlo un día me hicieron partícipe de esas reuniones, me dieron la oportunidad de ser uno más y lo mejor es que no me pedían nada porque sabían que era estudiante, eso sí, era el mandadero: lánzate por los hielos, las cervezas, los cigarros, lo que no me importaba por el simple hecho de estar con ellos y escuchar lo que platicaban. Todos eran personas cultas, preparadas, y les aprendía mucho, incluso de sus negocios; en aquel entonces no entendía gran cosa de ciertos temas, pero creo que al estar escuchando, al digerir sus alegatos y teorías, inconscientemente me ayudaban en mi formación.

Dos compañeros en especial, Chuy y Sergio, iniciaban en aquel entonces un proyecto muy futurista: la digitalización de coches, con un programa que estaban desarrollando para calcular de forma automática los siniestros. Esos sí eran temas que entendía, y más me pegaba a ellos; incluso me invitaban a sus oficinas, las cuales empezaron en una casa. Con el paso del tiempo tuvieron unas oficinas grandes, les fue muy bien con ese proyecto y han seguido creciendo; estoy seguro de que ambos me ayudaron a soñar en grande, anhelaba ser empresario y emprendedor.

Ya en el día a día, en la universidad la raza me criticaba, me decían:

—Oye, qué extraña combinación la tuya, ¡rondalla y taekwondo!

—Me gustan, no lo puedo negar, jajaja.

Y la verdad es que sí, era raro, porque en la rondalla todo eran desvelos, fiestas y siempre se acompañaban las serenatas con algo de alcohol, y el taekwondo exigía disciplina y dormir bien, comer saludable. Creo que en ese entonces —bendita juventud— podía hacer esa combinación sin ningún problema.

El primer torneo de taekwondo fue un sábado y justo un día antes tuve varias serenatas, llegué a la casa pasadas las cuatro de la mañana, cuando a las siete tenía que levantarme para estar a las 7:45 en el lugar del torneo. A duras penas me paré y me metí a bañar, salí corriendo y al llegar me di cuenta de que, para mi buena o mala suerte, en el sorteo me había tocado la primera pelea de mi categoría, principiante cinta amarilla. Respiré hondo tratando de concentrarme, no quería que se me revolvieran las manos ni la cabeza entre la letra de una canción y los golpes precisos que necesitaba conectar. La pelea arrancó, cada round era de un minuto y eran tres en total, que a mí ¡se me hicieron eternos!, de una hora cada minuto. Como era de esperar, mal dormido y con el poco entrenamiento físico que tenía, me dieron una santa paliza; yo solo esperaba que aquello terminara para irme a la casa a dormir.

El *coach* no me soltaba la mirada, sabía que algo andaba mal: una vez que estuvimos solos me dio una buena regañada, junto con el respectivo sermón. Finalmente regresé a casa, llegué sin fuerzas y me tomé un antiinflamatorio. Observé el reloj, eran como las doce, caí sobre el colchón como una tabla y no desperté hasta el día siguiente, alrededor de las tres de la tarde; creo que me levantó el hambre, aunque seguía dolorido y todo moreteado por los golpes recibidos. Aunque no lo disfruté, fue una gran lección que me dio la vida; de ahí en adelante dije: «Tengo que prepararme bien, echarle más ganas al entrenamiento y a la preparación física».

Pasaban los días, el semestre llegó a su fin y con ello aparecieron los exámenes, así que a estudiar; la verdad, como siempre lo he dicho, no era un estudiante estrella, pero eso no me impedía hacer mi mayor esfuerzo, tenía que pasar y cumplirles a mis padres. Siempre pensaba en ellos, lo que significaba tenerme estudiando lejos de casa. A pesar de eso, y de mis ganas, no pude aprobar todas las materias, solamente las necesarias para poder avanzar de semestre.

Llegaron las vacaciones y me sentía un poco raro, como pez fuera de la pecera, porque iba a casa y mis amigos de siempre ya tenían novia o trabajo, o más compromisos o nuevos amigos.

Obviamente comencé a sentirme ajeno a sus roles; a veces me invitaban a eventos y fiestas y notaba que empezábamos a ser muy diferentes. Me percaté de que ir a estudiar fuera te hace de alguna forma más maduro y responsable, claro, depende de las decisiones que vayas tomando, porque también puede suceder lo contrario, te puedes tirar a la hamaca y desperdiciar el tiempo, o llenarte de excusas; en mi caso particular todo fue a favor, y sin ser sangrón ni elitista, ya notaba la enorme diferencia entre la plática de los amigos de mis amigos y la mía, era algo así:

Amigos de mis amigos:

—Oye, güey, ¿qué rollo? ¿Cómo ves las oportunidades que nos dan en la maquiladora?

—Pues dan buenos bonos, hay que aprovechar y meter más tiempo extra. Si revisamos la ley nos puede beneficiar, habrá que pedir que usen las herramientas fiscales para eso.

—Sí, eso hay que hacer.

—Oye, ¿y la escuela? ¿Cómo vas?

—Pues no he ido; he tenido trabajo, luego voy con la novia y ya no me da tiempo.

—Yo igual, pero a ver si el otro semestre puedo seguir estudiando. Si no, ya me quedo de tiempo completo en la maquiladora.

—Sí, quizá yo ya no vaya, mi novia quiere que juntemos algo de lana para la boda.

Las de mis amigos en la universidad eran algo así:

—¿Qué onda, cómo vas con las materias?

—Pues batallando, ¡pero este fin me pondré a estudiar con un grupo de cuates, ya quedamos!

—Ah, qué bien, ¿y qué planes tienes?

—Primero sacar esa materia adelante, ¿y tú?

—Pues también, traigo atrasadas unas materias y estoy metido en eso, ya que es primordial.

—¿Y la novia?

—No, ahorita no es momento de eso, no hay presupuesto ni tiempo; hay que estudiar primero, terminar la universidad y luego ya veremos cómo nos acomodamos, tiempo sobra.

—Hay que administrar el dinero, porque los gastos del mes están canijos.

—Bueno, nos vemos, tengo que ir a lavar mi ropa y surtir unas cosas, además de darle una manita a mi cuarto para poner orden.

¿La diferencia? Los amigos de mi ciudad natal ya no le daban importancia a la universidad, su prioridad era el trabajo que tenían en las maquiladoras, y como la mayoría tenían carrera técnica y les pagaban mejor que a los obreros, eso los deslumbró; luego las novias andaban muy alborotadas y ya pensaban en casarse porque no tenían muchas aspiraciones ni un plan de crecimiento a largo plazo.

En cambio, a los que éramos estudiantes foráneos nos ayudaba mucho convivir con amigos de diferentes ciudades y culturas. Un común denominador en todos nosotros era que llegábamos con la mentalidad de terminar la carrera y no defraudar a nuestros padres, aunado al crecimiento personal; además, también teníamos en cuenta el lenguaje y la cultura en general, incluso el nivel de educación era mucho mayor por el simple hecho de estar en una universidad donde la población era de miles de personas y contábamos con tecnología de vanguardia, todo eso en conjunto nos hacía pensar diferente. No digo que fuéramos más que ellos, no, solo que las circunstancias en ambos mundos eran completamente diferentes, y justo por eso empecé a dejar de salir con mis amigos de Reynosa: ya andaban en otros aires, en otros cielos, con roles que no encajaban con mi forma de pensar ni de ser. Sí, los veía como fuera para pasar el rato de cuando en cuando y cada vez era lo mismo, notaba la distancia abismal de pensamientos y objetivos que teníamos.

Al estar en casa con mis padres, ya fuera de vacaciones o de fin de semana, trataba de aprovechar el tiempo con la familia. Les seguía ayudando en las oficinas y al mismo tiempo generaba mejores ingresos para mí, con lo que podía comprarme algunas cosas que necesitaba para la universidad y otras personales. No les pedía dinero, cuidaba cada peso que ganaba y los de ellos también.

—¡Qué bien te ves, hijo!

—Gracias, mamá, en parte es por el ejercicio, y por andar de arriba para abajo.

—Cuida mucho tu salud —apuntaba mamá con esa mirada asertiva y cariñosa, sin ganas de entablar ninguna discusión.

Las vacaciones de la universidad, a pesar de que eran bastantes días, se me pasaban muy rápido; en mi caso era raro que aprobara los exámenes parciales, así que agotaba todas las instancias y por eso me quedaban menos días. Pero no era motivo de desgracia, al contrario, me entretenía porque empleaba bien el tiempo, siempre tenía algo que hacer. En una ocasión, a escasos días de mi cumpleaños, aproveché e hice una fiesta en pleno en la que pude reunir a muchos amigos de la infancia, secundaria, prepa y los actuales de la universidad; creo que todos la pasamos muy bien, era algo que desde la prepa procuraba festejar, pero pienso que esa vez fue la más grande. Renté carritos de *hot dogs*, tacos de trompo, barriles de cerveza, buena música con un sonido bien puesto, y aunque el patio era muy grande, el de la casa de mis papás, se veía lleno de gente. Lo padre era que para todo escuchabas pláticas y anécdotas diferentes, de hecho muchos se conocían entre sí, otros allí mismo lo hicieron, algunos hasta acabaron de novios; tampoco faltó el clásico gorrón —como yo en su tiempo, cuando andábamos en las fiestas de las quinceañeras—, un chavo al que me topé y me saludó como si nada.

—Oye, cuate, está con ganas la fiesta; la verdad no sé de quien sea, solo me llegó el chisme de que estaría buena, y como vi mucha gente y algunos conocidos, me pasé. ¿Tú sabes de quién es, o qué se festeja?

—Claro que sé, y tú lo debes conocer bien.

—¿En serio?, ¿quién es? —contestó volteando para todos lados.

—¡Soy yo, estoy festejando mi cumple!

Si mal no recuerdo, eran mis primeros veinte años.

—¡Eh, oye, qué pena, amigo! —dijo agachando la mirada—. Pero qué bueno que eres tú.

—Bienvenido, diviértete.

—Gracias.

Recuerdo ahí a Paco, que hoy es mi compadre del alma, ya en un punto calibrado con varios tragos encima; arrasador, andaba baile y baile con dos hermanas con las que andaba yo en la fiesta, y mi compadre dándome baje. Me le quedé mirando, sabía que era todo un relajo, la verdad. Sigo pensando que fue una de mis mejores fiestas, pero eso sí, la casa quedó patas arriba: terminamos de limpiar como a las cinco de la mañana gracias a algunos comedidos, sobre todo las mujeres, que se quedaron y me dieron una mano para medio limpiar y recoger. Porque esa fue una condición de mis padres: «No hagas desorden, y no queremos ningún tipo de pleito». Yo accedí.

Gracias a Dios no hubo broncas, y es que uno nunca sabe, a veces de la nada se pueden caldear los ánimos; pero como todos éramos conocidos de alguna forma, nos acomodamos. Fue muy sana la diversión, no hubo destrozos. Varios acabaron con los corazones rotos y cosidos otros, sin embargo, terminamos con saldo blanco.

Adiós a las vacaciones, pasé al tercer semestre, un escalón más; todos me decían que los primeros cuatro del tronco común eran los más complicados y después ya entrabas en las materias de cada carrera, así que iniciamos con la venia del cielo. Siempre la primera semana era pura pachanga: fiestas de bienvenida de las asociaciones, y la misma facultad hacía una general. Los maestros prácticamente solo llegaban al salón a presentarse, y nadie podía estudiar ni hacer presentaciones porque había ruido en todos lados, ya que nos daban a conocer cada actividad extracurricular de la escuela, lo que generaba un buen ambiente. En mi caso, con la subdirección de la rondalla tenía mucho trabajo, hacer las gestiones de cada semestre, los cambios de horarios de materias para los integrantes, y obvio, también mis cosas.

Una vez hechos los cambios terminaba el estrés, porque comoquiera era un relajo esa tarea: no a cualquiera se los autorizaban, y es que eran muchas asociaciones. Estaban también las relacionadas con los deportes, a cada estudiante le daban el beneficio de poder canalizar sus energías y dones de modo que se sintieran bien. Yo me tenía que poner las pilas para ser de los primeros en meter las solicitudes, después de eso, era estar dando vueltas y vueltas al departamento indicado.

—Muchas gracias, Isela, te lo voy a agradecer mucho.

—Claro que sí, Alfredo, mañana deben de quedar los horarios listos para los de la rondalla.

En fin, creo que nunca tuve problemas con eso, siempre salía en tiempo y forma. Tenía buenas relaciones con las secretarias y encargadas de los diferentes departamentos; inmediatamente al iniciar las clases arrancaban también las actividades de la rondalla y el taekwondo, y en este último hubo un cambio de ubicación, pero fue para mejorar: antes estaba un poco más lejos de la casa y me iba allá a pie, mientras que la nueva dirección me quedaba de paso, ahora se situaba entre la universidad y la casa. Las instalaciones eran más amplias y con regadera y vestidores, incluso me tocó ayudar al maestro porque estaba arreglando los últimos detalles para poder abrir. Cuando empezamos a entrenar todos se pusieron muy contentos con la nueva escuela, y justo en ese semestre empecé a tomármelo mucho más en serio, no quería que me pasara lo del torneo pasado; unos meses más y pasaría a la cinta verde. A mí me daba igual la cinta, porque me costaba una lana cada examen para avanzar; a veces se me cruzaban los pagos y tenía otras prioridades, pero era algo que definitivamente no quería dejar, me gustaba estar ahí con el pecho erguido, tirando golpes, y me sentía bien en el círculo de amigos que formamos. Ese semestre entró un dentista que por cierto era militar, un cuate muy estricto y disciplinado de mirada incisiva y frente amplia; muy buena onda, el doctor.

SIETE
CONSTRUYENDO PUENTES

Uno nunca sabe cuándo puede necesitar cruzar a otras tierras, por eso no construyo muros, prefiero edificar puentes que duren muchos años.

Unos meses después me tocó llegar con un dolor de muela muy fuerte, aunque era obstinado con tal de no dejar de ir a entrenar al taekwondo. Evitaba los consultorios, pero cuando vi que mi compañero en las artes marciales era dentista militar, me nació comentarle:

—Doctor, mira, me duele mucho la muela; no sé cuál es, pero me duele.

—A ver, abre la boca, ¿dónde dices que te duele? —me revisó superficialmente—. Por lo pronto te recomiendo que no entrenes y ve mañana al consultorio, ahí en el hospital militar.

—Okey, doctor, pero no tengo dinero.

—No te preocupes, ve, nadie te está cobrando nada.

—Muchas gracias.

Al día siguiente me apersoné allí. Reconozco que pasé una mala noche, el dolor no me dejó dormir; daba vueltas de un lado a otro, tratando de encontrar una posición donde no me doliera tanto. Al llegar, de volada me sacó una radiografía.

—Mira, esto es lo que pasa —señaló en la lámina una parte de mi dentadura—: aquí tienes un absceso y hay que sacar esa muela.

—Doctor, en esa me hicieron una endodoncia.

—Sí, ya vi, pero quedó un residuo y con el tiempo se infectó, así que no hay de otra, Alfredo.

—¿Cuándo tengo que venir, o qué? —pregunté nervioso con cara de espanto.

—No, ahorita mismo te voy a quitar esa muela.

—¡Ups! —dije.

Yo seguía preocupado por el dinero y le volví a contar mi situación; él, caballerosamente, me repitió las mismas palabras.

—No te preocupes, no va a costarte nada; aparte, aquí no cobramos. Claro, esto es solo para militares o sus familias; en este caso, eres mi familiar.

—Muchas gracias, doctor.

«Bendito taekwondo, que me dio este círculo de grandes amistades», pensé, y bueno, después de treinta minutos me quitó la muela.

—Ahora sí, a reposar, y no puedes comer nada sólido por doce horas.

Asentí, levemente imposibilitado para hablar, y me fui a casa; rememoro que el cuarto estaba helado como una caguama recién salida del congelador. Decidí acostarme, ingerí las medicinas que me dio y me quedé profundamente dormido. «De ahorita hasta mañana no me voy a levantar, para poder alivianarme», dijo la voz en mi cabeza, y así lo hice. Una brisa tenue espantó los zancudos y saturó el aire de novedad; estiré los brazos en todo lo alto y brinqué al piso para empezar a vestirme, me sentía mucho mejor, fresco como una lechuga. En la boca tenía una sensación incómoda, como si me faltara algo, pero ya sin tanto dolor, y una semana después estaba como nuevo.

Ese semestre me sentía más independiente, desde que mis tíos decidieron rentar habitaciones a otros estudiantes era más difícil coincidir; de hecho, me dijeron «invita a más amigos» y eso hice. Le avisé a un cuate que conocí en los cursos de verano, Hugo, era muy tranquilo y aplicado en la escuela, lo consideraba inteligente, quizá por eso nos hicimos buenos cuates.

—Ya no aguanto estar donde vivo, la raza ahí es muy relajientos y no me dejan estudiar.

—Acá donde estoy hay lugar, una recámara para ti solito en la segunda planta; si quieres, lánzate.

—Órale, pues suena bien. ¿Por dónde queda la casa?

Le di las referencias del lugar y le pareció bien, se tomó el tiempo para ir a ver la ubicación y le gustó de inmediato; claro que era mucha la diferencia con el lugar donde estaba, así que ese semestre se vino a vivir con nosotros. Ya éramos tres, Hernán, Hugo y yo, aunque Hernán no nos hacía mucha rola, era muy serio y reservado, pero de todas formas nos llevamos bien los tres. Comenzamos a hacer la despensa y a dividir las tareas para limpiar, recoger, acomodar; fue rápida la integración, pero al paso de los meses empecé a tener problemas con mi tío porque él salía a trabajar a las cuatro de la mañana, a la central de abastos, y yo en la rondalla tenía muchas serenatas y a veces llegaba cuando él se iba. En otras ocasiones mis compañeros del grupo se quedaban allí en la casa, y pues generaban ruido o cantaban, y mi tío con justa razón me llamaba la atención; yo trataba de controlar a la raza, pero algunos lo hacían a propósito, sabían que se encontraban otras personas y seguían haciendo ruido. Se me empezó a complicar la relación porque luego llegaban otros amigos de Hugo o de Hernán y también se gestaban algunos ruidos, el murmullo continuo sonaba como una tormenta y a veces era incómodo aquello, porque estar escuchando relajo a altas horas de la noche y no poder conciliar el sueño molesta, sobre todo a mi tío, que debía dormirse temprano. Siempre era a mí al que le decía de cosas:

—Tío, es que ellos están pagando y no puedo decirles nada.
—Pues deberías —me dijo.

Semanas después, opté mejor por mudarme; quería evitar problemas con la familia, porque la verdad se portaron a la altura, súper bien, no tenía queja alguna y les estaba eternamente agradecido. Ese fin de semana hablé con mis papás y les sugerí que me cambiaría de lugar.

—Puedo estar solo, ya estoy más establecido y acoplado a la ciudad.

—Está bien, hijo, mientras no se incremente mucho el gasto, búscale —señaló el Rayo.

—Gracias, así lo haré —contesté aliviado.

Entonces aproveché para decirle a Hugo, y resulta que también estaba algo incómodo. Agarré el auto y por la tarde, cuando empezaba a rayar el sol, nos fuimos a buscar casa juntos. Le comentamos también a Hernán, pero dijo que estaba bien, que se quería quedar. Vimos varias ubicaciones interesantes, sin embargo, algunas eran muy caras y solo éramos dos. Encontramos una casa chica, exactamente lo que estábamos buscando en precio y distancia; hablamos con el dueño pero mostró cierta resistencia, no quería, pues nos decía que prefería rentarla a estudiantes mujeres.

—La última vez, unos muchachos me la dejaron muy maltratada.

—Nosotros se la pintamos, solo cómprenos la pintura y así se la vamos a mantener. Ándele, don, denos la oportunidad.

—Está bien, pero que venga alguno de sus papás.

—Eso está muy difícil; puede llamarles, pero venir no creo.

—Entonces no hay trato.

—Pónganos a prueba unos meses —argumenté con absoluta seriedad.

—Okey, pero ¿quién de ustedes dos será el responsable?

—Yo soy el mayor, tanto en estatura como por unos meses de edad, jeje, así que yo mero, jefe.

—Hecho, está bien, la casa es suya, pero a prueba; si veo que empiezan a descuidarla, se me salen.

—No se preocupe, todo va a estar bien —apunté sacudiéndole la mano para estrechar el lazo, el compromiso.

Ese mismo día el señor nos compró la pintura y le dimos rápido una mano de gato; realmente lo hicimos de volada. La casa era muy chica, después nos dimos cuenta de eso.

—Oye, para nosotros está más que excelente. Mira, son dos pisos; en la planta baja, sala, comedor, un medio baño y la cocina, y arriba los dos cuartos y un baño completo. Aparte, tiene un pequeño patio.

—¡Imagínate cómo vive una familia grande aquí! Porque en toda esa cuadra se ve que son puras familias; creo que en la que está cerca de la esquina también hay estudiantes.

—Pues para que veas que a todo se tiene que acostumbrar uno, por eso hay que estudiar, para tener casas grandes para nuestras familias —señalé mirándolo de frente.

—Así es, amigo.

Y bueno, de esa manera fue como empezamos una aventura más, un cambio radical. Sin embargo, para Hugo parecía algo normal y claro que eso era, en el ambiente estudiantil los cambios suceden muchas veces, lo que resultaba raro era que alguien durara tanto tiempo en el mismo lugar o junto a otros, fue un reto para nosotros. El semestre estaba en curso, teníamos que seguir con el resto de las actividades, pero no podíamos dejar de hacer una fiesta de inauguración. Le comenté a Hugo por la noche y al día siguiente invité a los cuates de la rondalla, lo que al mismo tiempo nos serviría para calar a los vecinos, jeje, a ver qué tanto aguantaban; como era de esperar, algunas señoras empezaron a vernos raro, pero la verdad éramos muy tranquilos. Solo nos pasábamos de la raya y hacíamos más escándalo cuando teníamos serenatas y nos íbamos a la casa a guardar los instrumentos, y a veces si nos picaba la música y le rascábamos un rato a las guitarras para ponerlas al tiro, pero no creo que eso le causara molestias a nadie; supongo que les gustaba porque nadie se quejaba, no hubo ningún problema.

En el taekwondo seguía entrenando con más ahínco. Una vez me tocó que por motivo de sus vacaciones el maestro le pidió a un amigo que lo cubriera una semana, y resultó ser un ingeniero de la facultad, incluso era el entrenador del equipo de taekwondo. En esos días me vio entrenar, y gané confianza.

—¿Por qué no entrenas gratis con nosotros en la escuela?

—Lo que pasa es que entré aquí porque me quedaba cerca de la casa, y bueno, he ido a ver sus entrenamientos en el gimnasio de la escuela, estoy en la rondalla y ensayamos justo arriba.

—Ah, okey, pues estás invitado. Te recomiendo que te unas al equipo de combate; es más, si quieres, ya estás dentro.

—¡Oh, pues muchas gracias, ingeniero! Me daré la vuelta.

Ya era cinta verde e iba a presentar el examen para la verde avanzada; conocía de vista a los más bravos al pelear, y sabía que para estar en el equipo de combate tenías que ganarte el lugar: como eran muchos alumnos se hacía un torneo interno muy interesante, de buen nivel, para conformar el representativo.

El primer día que me presenté a entrenar con ellos, y que, por cierto, tocaba pelear, hice algo que gracias a Dios me funcionó: yo llevaba uniformes de la marca Adidas, que eran los que usaban los cintas negras, y como los vendía, tenía uno que era igual, pero sin el cuello negro. Ese día, de mi primer combate, me llevé solo los pants y una camiseta, no me puse la cinta ni la casaca, creo que hasta tenis de la misma marca usaba, ya que el piso no tenía duela como en la escuela; total, que me presenta el maestro como parte del equipo y lógicamente a muchos no les pareció, hubo algunos murmullos y rumores incómodos, pero no me importó. Empezamos a entrenar y después del calentamiento nos dimos cita para iniciar los combates. Ya sabía quiénes eran los gallos más bravos, y por suerte o maldición, que me toca el más gallo de todos; la verdad, tenía miedo que me pusiera una paliza, pero mi técnica era muy buena porque es muy diferente entrenar en escuela particular a hacerlo en la universidad, ahí era una verdadera carnicería, una jaula de lobos.

Respiré profundo, hice unos movimientos previos y empezamos a pelear. No me dejé sorprender, estuve atento y dimos una muy buena exhibición; le perdí el miedo al gallo y me fui soltando. Reconozco que él también hizo buen trabajo, al final quedamos digamos que empatados. Al entrar al vestidor la raza me miraba diferente, como que vieron que sí traía un buen nivel.

—Oye, ¿qué dan eres? —preguntó el chavo con el que tuve la pelea.

En taekwondo, cuando llegas a cinta negra eres primer dan y vas subiendo a segundo, tercero, y así sucesivamente.

—No, ningún dan, soy cinta verde avanzada.

—¿En serio? Es que yo soy marrón, aunque peleo en grado de negras, y pensé que lo eras porque peleas muy bien, con mucha técnica.

—Gracias, pero para allá vamos —contesté sonriente.

Desde entonces rompí el hielo con ellos y así fui aceptado por el equipo de combate.

Estoy seguro de que en esa ocasión aprendí a usar la percepción y la psicología. Realmente en ese momento no sabía todo lo que la disciplina del taekwondo me daría: poco a poco fui forjando experiencia con varios combates ganados, más perdidos que ganados, pero cada uno me dejaba una enseñanza y siempre, al terminar, procuraba reflexionar acerca de en qué había fallado y qué debía mejorar, de modo que en los entrenamientos me enfocaba en esos puntos y gradualmente fui mejorando y subiendo de nivel. Era un gran equipo, una hermandad comprometida con el éxito; el maestro formó un grupo sólido, bien integrado, gente que te ofrecía apoyo y consejos en todos los sentidos. Yo no tenía ninguna queja, la raza se comportaba a todo dar.

Pasaba los días y semanas entre estudio, tareas, compromisos de rondalla y torneos y prácticas de taekwondo. Los meses también se me pasaban volando, cuando menos lo esperaba, llegaban a mis manos los exámenes finales. Suspiro pensando en aquella sensación de miedo e incertidumbre, tantas horas de estudio y esfuerzo se resumían en un pedazo de papel; a veces quería sentir desenfado, terminar con el sufrimiento, sin embargo, aún me faltaban varios semestres y tenía que demostrar de qué estaba hecho.

En esas fechas, por lo general, parábamos las actividades extracurriculares para enfocarnos más en los exámenes: eran tiempos en que la biblioteca estaba llena y la raza apurada con cara desencajada, sacando copias por todos lados de los apuntes y trabajos. Muchos nos juntábamos en la casa de algunos compañeros, y según la materia, se formaban grupos de estudio, aunque nunca faltaba el sonsacador, el diablo que nos aconsejaba renunciar. Una vez, estábamos estudiando, y la verdad, del grupito que éramos ¡no se hacía uno! Nadie le sabía realmente a mecánica de materiales, de por sí la materia era difícil, y a eso agrégale que el ingeniero que la impartía era muy estricto, con cara de pocos amigos. De modo que en esa ocasión, ya estando en esas, dizque estudiando, uno de los compañeros de plano desertó:

—¿Saben qué? La verdad, no creo pasar esa materia en esta oportunidad.

—Sí podemos, hagamos el repaso general —dijo uno con cara de no tener idea de lo que sugería.

—Mejor voy por algo de beber.

—Espérame, te acompaño.

Todos teníamos la opción de volver a cursar la materia el siguiente semestre, pero a este amigo, el que inició el desorden, no faltó quien le hiciera segunda y tercera, y al rato todos nos levantamos y salimos a buscar la botana.

—Pues la probabilidad de que pasemos es muy poca, así que disfrutemos el momento —apuntó el que iba a pagar las papas y los chicharrones.

Fuimos por una botella. Al día siguiente era el examen y nos presentamos todos; efectivamente, nadie pasó y menos con la borrachera que nos pusimos. Sé que no fue una gracia esa enorme falta de interés de parte nuestra, pero también nos dejó un aprendizaje. Todas esas vivencias sirven, porque después, cuando te empiezan a caer los veintes, te das cuenta de que no puedes dejarte llevar o influenciar hacia lo negativo así como así, sin poner resistencia o pensar las cosas más allá. La vida constantemente te da batallas que luchar, y es fácil hacer que la gente te siga cuando es algo no muy bueno; por eso uno debe pensar todo el tiempo las decisiones que toma, pues como he dicho siempre, ¡el éxito es para todos!

Pero debes actuar correctamente, ver más allá y tomar acciones, porque de ellas, de cada una de ellas depende el futuro que te forjes, y no solo el tuyo, el de todos los que te rodean.

Ese semestre no terminó muy bien para mí porque tuve que repetir algunas materias, lo que significaba que en el siguiente era obligatorio que las pasara; si no aprobabas te suspendían, algo que en la universidad se conocía como «la N»: te mandaban suspendido por un semestre y solo podías tomar esas clases los sábados, y si otra vez no aprobabas, quedabas fuera de la universidad para siempre. Así concluí el semestre, con la amenaza latente de que si no le echaba los kilos estaría fuera, y bueno, por lo poco o por lo mucho, a disfrutar unos días de vacaciones e ir a trabajar a la oficina con mis padres, como siempre.

En el cuarto semestre seguía en el proceso y con el gran reto de pasar la asignatura de mecánica de materiales, que ponía en peligro la continuidad de mis estudios; de no acreditarla quedaría suspendido un semestre, y de allí solo había una última oportunidad, así que la presión psicológica era mucha, sabía que a como diera lugar tenía que aprobar. Para mi mala suerte, me tocó el mismo maestro que me reprobó, y como varios de Reynosa estábamos en la pugna, nos tenía bien identificados y no nos veía con buenos ojos.

En las otras materias iba más o menos, aunque no podía confiarme, cualquier retraso me complicaría más las cosas; si no, saldría de una y entraría a otra situación igual o peor, así que desde que empecé las clases de verdad me enfoqué en estudiar. Pero luego comenzaron los compromisos de la rondalla, el taekwondo y sin embargo todo pintaba bien, de hecho, los de Reynosa nos juntamos y empezamos a repasar con tiempo la materia porque varios estábamos en la misma situación de riesgo. Tragaba saliva espesa cada que pensaba en esa posibilidad, imaginaba a mi madre llorando y al Rayo enfadado, quitándome el coche y otras prestaciones que me daba; ¡a la camita, castigado y sin comer!

Llegó el primer examen parcial; según nosotros, íbamos muy estudiados, confiados en que sacaríamos adelante la materia, y ándale, que nos pone un examen súper complicado, ¡nadie lo pasó! Por lo tanto, perdimos el valor de ese parcial, ahora teníamos que irnos a la primera, y si no, hasta la segunda oportunidad, pero si en esta no aprobabas, entonces quedabas suspendido. Lamentablemente llegué a la segunda oportunidad; el estrés ya era mucho, sudaba frío pensando en todo lo que debía resolver. Creo que esa materia fue de las pocas que me hicieron sufrir tanto, la empollé en mi mente por mis ganas de superar ese reto. Llegué a la cita seguro de mi capacidad, de la del grupo que éramos de Reynosa; cuando el maestro nos entregó las hojas y revisamos aquello, todos volteamos a vernos con cara de «¡ya valió madre!». Estaba muy cañón, total, cada uno hizo su mejor esfuerzo, pero otra vez nadie pasó. La noticia fue devastadora: en ese momento me sentí muy mal conmigo mismo, pensaba que les estaba fallando a mis padres y que corría el riesgo de no terminar la universidad. Entonces, con la cola entre las patas, fuimos a hablar con el ingeniero, cada uno lo hizo individualmente para ver si nos daba otra oportunidad extraoficial, pero no hubo forma de convencerlo, se cruzaba de brazos y negaba con la cabeza. La verdad, ya nos traía de bajada, entre ceja y ceja; los estudiantes de Reynosa teníamos mala fama y en parte había razón en eso porque éramos muy grilleros, decían que éramos mal portados. No lo creo, éramos fiesteros y relajientos, algunas cosas eran ciertas pero no todas, era más fama de *radio pasillo*. Me fui a casa muy triste y preocupado, con un mal sabor de boca y el pecho acongojado, ¿cómo decirles a mis padres que había reprobado y que estaría suspendido un semestre? Solo podría ir a tomar esa materia los sábados y pasarla forzosamente, de no hacerlo quedaría fuera de la universidad.

O C H O
NO HAY QUINTO MALO

El tiempo es un juguete sin baterías
que nunca para; a veces la vida se nos va tratando
de descifrar cómo funciona.

En fin, empaqué mis cosas y me fui a casa a Reynosa. Respiré varias veces antes de reunir el valor suficiente para decirles a mis padres la verdad; buscaba las palabras correctas. Siempre me apoyaron, lejos de reprocharme o regañarme, me decían: «Ay, Alfredito, pues es tu futuro y tu responsabilidad, así que más vale que no te falles a ti mismo, la educación es la única herencia que te vamos a dejar», y bueno, eso me comprometía más que cualquier palabra altisonante o mirada furtiva. Lo tenía claro, y siempre les agradecí ese apoyo incondicional.

—¿Y ahora qué vas a hacer? —dijeron mis padres.

—Pues ayudarles entre semana aquí, y los viernes me voy a Monterrey a la escuela; tendría que regresar el sábado o los domingos —contesté a media voz.

—Okey —dijo mi papá—, pero échale más ganas a la escuela, no descuides la universidad por estar aquí ayudándonos.

—Está bien, papá, eso haré.

Ese semestre me marcó para siempre, la situación en ese punto me generó una gran experiencia: no todo sale como uno quiere, hay fracasos que nos ayudan a crecer.

Trabajaba con mis padres como acordamos; en ese entonces eran más complicados los trámites que hacían con la aduana, ahora tenían que despachar por una sección de la aduana de Matamoros (Los Indios), y eran cuarenta minutos de trayecto. En el día había que dar hasta tres vueltas, era cansado, y para comer había pocos lugares porque toda esa área estaba sola. Éramos tres los que andábamos: Hugo y Tito eran los tramitadores, y me incorporé con ellos. Lo que sea de cada quien, nos llevábamos muy bien, nos rolábamos la manejada sobre todo de regreso, cuando veníamos cansados. Aunque a Tito le encantaba manejar, a la vuelta cedía, porque hubo días en que volvíamos a las diez de la noche después de estar todo el día allá, era muy pesado. Económicamente nos iba muy bien, aunque a veces acabábamos hartos de andar para arriba y para abajo; dentro de nuestras posibilidades tratábamos de hacerlo menos tedioso e inventábamos cosas, juegos o algo que hacer porque teníamos mucho tiempo muerto, no siempre, pero algunos días sí. Para almorzar, cuando había oportunidad nos íbamos hasta Matamoros, a unos veinte minutos de donde andábamos: eso nos sirvió para empezar a tener relación con otros tramitadores locales y apoyarnos mutuamente. Ellos nos daban sugerencias de lugares para comer bien, en ocasiones nos mandaban a comprar comida y la compartíamos; eran tiempos diferentes, había buenas vibras y el cotorreo con los compañeros era interesante. Seguía aprendiendo de las personas con las que me relacionaba, uno nunca sabe quién te puede aportar algo clave, una filosofía, una idea, atajos. Al llegar el viernes me iba en la tarde para Monterrey, solo en ciertas circunstancias me quedaba para ayudarlos; otras, me dejaban directamente en la central de autobuses. No me gustaba irme de madrugada, tenía que estar en la escuela a las diez de la mañana, así que más o menos se me acomodaban las cosas, era un buen horario; lo bueno fue que el ingeniero que me tocó se portaba buena onda, pero no podía confiarme porque estaba en juego seguir en la universidad, o no.

Muchos estábamos en esa situación. Lamentablemente, en ese semestre tuve que dejar la rondalla y el taekwondo, solo si me requerían para ciertos compromisos entre semana iba a cumplir y regresaba. Algunos compañeros no dijeron en sus casas que quedaron suspendidos, su excusa era que entraban de oyentes a algunas materias, y andaban de paseo en la facultad o en fiestas, jeje. A mí por el trabajo se me iban muy rápido las semanas; al llegar el primer examen me comprometí a estudiar, y según yo me fue bien, pero aun así dudaba y dentro de mis posibilidades trataba de hacerle la barba al ingeniero, porque estaba obligado a jugar todas mis cartas. Después de una clase, vi que iba solo hacia su carro y batallaba con unas cosas que llevaba bajo el brazo, me ofrecí a ayudarlo y me fui platicando con él.

—¿En qué trabajas, Alfredo?

—Estoy en la aduana, en Matamoros.

—Oye, ustedes allí decomisan de todo… —apuntó, agrandando los ojos como si quisiera leerme el cerebro.

—No hago precisamente eso, estoy en otros trámites, pero veo embargos muy seguido.

—Pues si de repente te sale una oportunidad, te encargo; mira, tengo que cantar y no lo hago muy bien.

No le entendí del todo.

—Perdón, ingeniero, ¿y qué tiene que ver eso?

—Si te sale un buen autoestéreo por ahí, te lo encargo porque no tengo, y por eso digo que tengo que cantar, jejeje —soltó una carcajada nerviosa, como si se hubiera dado cuenta de que se estaba pasando de la raya.

—Ah, okey; sí, claro, cuente con eso.

Tenía que jugar sabiamente todas las cartas. Lo principal para mí era estudiar, terminar la universidad, porque algo que aprendí es que a veces no basta con ser el más aplicado o inteligente, uno tiene que ser astuto, saber por dónde irse y cuidar sus intereses. Me tocaron compañeros muy capaces, pero por no tener relaciones o saber pedir las cosas, quedaban fuera de la universidad. Entonces, tuve que ser muy inteligente. Pasaron unas semanas, y antes de presentar el segundo examen:

—¡Le traigo su encargo!

Creo que ni se acordaba; cuando salimos fui a esperarlo a su carro, seguro de que le daría gusto.

—Ingeniero, aquí traigo su remedio al canto.

—¡A poco!

—Mírelo —comenté sonriente al entregárselo; lo que sea de cada quien, sí era bueno.

—Muchas gracias, ¿cuánto te debo?

—Nada, cómo cree, se lo conseguí ahí en la aduana, no se preocupe —aseguré sin ningún tropiezo.

Claro que no era cierto, y tampoco creo que hubiera querido pagarlo, por algo me lo encargó de esa manera tan poco ortodoxa.

—Hombre, pues muchas gracias. ¿Cómo te fue en el examen?

—Bien, según yo; contesté todo.

—A ver, qué te parece si de una vez te lo reviso —dijo, con rapidez lo buscó entre los papeles, lo sacó y dictaminó, sin revisarlo a detalle—: Tienes ochenta.

—Uy, qué bueno; estaba preocupado. Muchas gracias, ingeniero. Quedo a la orden si necesita algo más de la aduana, pero ahorita me tengo que ir a Reynosa, discúlpeme.

—Sí, gracias. No te preocupes, yo también tengo un compromiso.

Respiré lánguidamente al sentir ese aluvión de esperanza. Fue una novedad poder aclarar el futuro; sí estuve estudiando, pero no puedo negar que fue de mucha ayuda el regalito. Ese día regresé súper contento a la casa, me quité un gran peso de encima; con esa noticia, el siguiente semestre podría regularizarme y seguir adelante, dejando atrás las reverberaciones, los fantasmas del fracaso, echándole muchas más ganas para no caer otra vez en una situación similar.

En el quinto semestre empezaron las materias de la carrera, terminó el tronco común. Entre charlas, todos me decían «ya va a ser más relax», refiriéndose a que las materias serían las que a uno le gustaban, incluso un poco más prácticas e interesantes, y sí, algo de eso era cierto, no lo puedo negar: cada mañana me sentía con nuevos bríos. Una vez solucionado el asunto de la otra materia, andaba más ligero, con toda la actitud, echándole el resto de los kilos a la universidad, y por fin pude retomar las actividades en la rondalla y el taekwondo. En el caso de la rondalla perdí mi oportunidad de quedar como director porque no estuve, supe que hubo votaciones y quedó otro compañero; lamentablemente, el cargo que tenía también lo perdí, pero el cuate que lo ocupó me dijo:

—¿Sabes qué? Mejor tú síguele, al cabo ya le sabes; si es que aceptas, créeme que no hay inconveniente con el resto de los compañeros.

—Muchas gracias, te voy a tomar la palabra —comenté emocionado hasta los huesos.

Fue así como quedé nuevamente como subdirector. En ese semestre nos tocaba ir otra vez a Puebla a concursar a la categoría A, que era uno de nuestros mayores retos, ¡y qué bueno que no fue en el semestre que estuve suspendido!

Desde el arranque del periodo empezamos a trabajar muy duro en los ensayos, hicimos ajustes en algunos arreglos, las canciones tenían que salir perfectas; para todos era una gran emoción porque nunca antes se participó en esa categoría, esperábamos que la historia jugara a nuestro favor. La rondalla de la facultad era clave para muchas personas, me incluyo por supuesto. Mientras tanto, todas las demás actividades corrían normales, en la casa seguíamos siendo Hugo y yo aunque se dio la posibilidad de agregar a uno más, un amigo de Reynosa llamado Juan; se quedó sin depa porque con los que vivía reprobaron y tuvieron que regresar, y aunque estábamos muy a gusto, muy bien acoplados, Juan era muy tranquilo y aplicado en la escuela, por lo cual no hubo ninguna objeción, ambos estuvimos de acuerdo. Entonces ya éramos tres, y con eso bajamos los costos y tareas, porque los quehaceres de la casa se tienen que realizar puntualmente: ordenar los cuartos, lavar el baño, la cocina, la ropa, planchar y planear qué hacer de comer, lo que dividíamos por días; a veces yo cocinaba, otras solo me sentaba a disfrutar de lo que los demás preparaban.

Pasaron unos días. Alguien tocó a la puerta con insistencia, y cuando abrí vi que era una señora que nos ofrecía limpiar la casa; traía cara larga, pero iba muy presentable, con su pelo recogido y un delantal a cuadros azules y blancos. La tarifa se me hizo muy razonable para nosotros y le dijimos que sí. Ese día tuvimos que dejarla sola porque teníamos un compromiso, salimos, y al regresar, literalmente ¡no reconocíamos la casa! Relucía de limpia: según nosotros, aseábamos, pero nada que ver con lo que había hecho la doña, ella realmente sabía hacer su trabajo. Debimos reconocer que no éramos buenos en eso, y desde entonces la señora iba una vez por semana; eso sí, en un dos por tres volvíamos a poner todo patas arriba.

Hugo era entrón para la cocina como yo, pero mi amigo Juan nada que ver. Cuando le tocaba hacernos de cenar o comer, le decíamos:

—Compra las cosas y cocinamos, ya sea Hugo o yo.

—Está bien, entiendo.

Lo único que se le daba decentemente eran los huevos al gusto y no más, mientras que Hugo y yo le buscábamos el modo; digo, no a la altura de unos chefs internacionales, pero sí mucho más variado. Recuerdo que una vez la vecina no aguantó la curiosidad, y un día que me vio me preguntó:

—Oiga, vecino, ¿quién les cocina, y qué le pone? Porque a veces huele mejor que lo que yo hago.

Y es que las casas eran pequeñas y estaban muy juntas.

—Hacemos de todo en la medida de nuestras posibilidades, a veces guisados de varios tipos, ¡y hasta mole!

—Nunca lo hubiera imaginado —contestó cruzándose de brazos—, a ratos me llega el olor a carne asada.

—Sí, es que tenemos un pequeño asador.

Entre la escuela, el taekwondo y la rondalla, se me iban los días de volada. Claro que tenía muchas aventuras y anécdotas de todo tipo, en cada cosa había aprendizajes distintos, en cada persona un tesoro, lo cual he ido transformando en experiencias para mi éxito. Un ejemplo claro de esto es lo que el director musical hacía con nosotros en la rondalla, ¡era genial! Yo no era particularmente bueno con la guitarra, ninguna eminencia y menos una voz privilegiada, pero tal como me pasaba en el restaurante, el maestro sabía muy bien su trabajo y sacaba lo mejor de cada uno: la suma de todos nos llevaba a lo espectacular. En ese tiempo me preparaba para el Concurso Nacional de Rondallas en el Ateneo de Puebla, pues era lo más importante para la universidad. El director de la facultad era el ingeniero Antonio González, quien siempre nos daba mucho apoyo; le gustaba mucho ese género musical y cada año le llevábamos serenata a su esposa, así que lo teníamos contento por ese lado. Era algo raro, pero para bien, porque cada que teníamos algún evento o necesidad de algo, nos pedía tres cotizaciones, y una vez que se las presentábamos decidía por la calidad, no por el precio. Por ejemplo, con los trajes: algunos resultaban mucho más baratos y él dijo, tajante: «No, que sean estos de marca, para que les duren», y cuando salíamos de viaje nos mandaba a buenos hoteles con buenos viáticos. Ese viaje en particular no fue la excepción; de hecho ya estaba por terminar su ciclo, así que sería el último que nos autorizaría.

Llegó una vez más el momento de irnos, y estábamos motivados y contentos por la oportunidad y el viaje. Cada salida era una gran experiencia, sin embargo, esa ocasión la piel se me enchinaba. Para mí era mucha responsabilidad, ya que el director hacía su plan con maña y se quedaba; casualmente, recibía un cheque de rectoría y un día después aprovechaba para irse en avión, allá nos alcanzaba muy fresco mientras yo me quedaba al mando junto con el director musical. La responsabilidad por los muchachos era mía; en el camino no había tanto problema, la bronca era al llegar al hotel en Puebla, porque todos querían desbalagarse y tomar, y sabíamos que teníamos prohibido abusar del alcohol para cuidar la garganta, además de que siempre hacía frío. Afortunadamente nos acomodamos en los cuartos sin ningún problema, no hubo contratiempos. Recuerdo que todos salimos a almorzar de manera muy organizada, con buen tiempo, así tendríamos oportunidad de pasear un rato por la plaza y de esa forma aprovechar el tiempo libre. Más tarde nos juntamos para ensayar y luego nuevamente a cenar, lo cual era decisión libre, pues a cada uno se le daba un presupuesto. Esa vez llamé a mi tío Arturo, que estaba allí en Puebla; pasó por mí y me dijo:

—Quédate en la casa.

—Muchas gracias, tío.

Le avisé a la raza a buena hora:

—Pórtense bien, no tomen mucho, duérmanse temprano y nos vemos por la mañana para ir a almorzar.

—Bien, Alfredo, no te preocupes, aquí les echo un ojo.

Me fui con mi tío, ya más tranquilo después de escuchar las palabras de uno de los integrantes. Arturo tenía una fiesta y lo acompañé, aprovechando para ponernos al día: se enteró de todo, de la materia que reprobé y cómo logré reacomodar las cosas. Por la mañana salimos con el tiempo a favor; me dejó en el hotel, y nos dimos un fuerte abrazo al entrar a la recepción.

—Oiga, usted es el responsable de la rondalla que viene de Monterrey, ¿verdad?

—Sí, ¿qué pasó?

—Lo que pasa es que hicieron mucho ruido, a niveles de escándalo, tuvimos varias quejas porque no se callaban. Mire, si no se comportan, tendremos que pedirles que se retiren.

—No se preocupe, yo hablo con ellos; es que tuve un compromiso, pero hoy aquí estaré.

Al llegar vi que muchos seguían dormidos, bien crudos algunos; bueno, hasta el chofer del autobús se puso bohemio también y bebió con ellos. Hicieron fiesta en el camión, según ellos para no hacer ruido en el hotel, pero comoquiera armaron su relajo.

A todos les cambió el semblante, se quedaron helados y completamente de acuerdo en portarse bien. Ese día por la tarde llegaba el director, y entre ambos era más fácil coordinarnos. Como castigo nos brincamos la comida, la pasamos ensayando, y por la tarde le entramos fuerte a la cena. Al día siguiente era el concurso, y si no pasábamos a la final, ahí terminaba todo. Íbamos bien preparados, así que calificar no fue difícil, pero ya para la final se pondría mucho más complicado: era evidente el alto nivel de todos los participantes. Sabía que para algunos era su primera vez, pero otros ya teníamos experiencia.

Llegamos a la final. Sé que dimos lo mejor, y la gente se volcó en aplausos y porras. Recibimos muchas ovaciones y apoyo por parte de las demás rondallas de Nuevo León que participaban; siempre tratábamos de apoyarnos entre todos, y cuando pasaba alguien del estado hacíamos lo mismo, nos volcábamos en gritos y fanfarrias. Nos tocó esperar a que todos participaran, sentimos que nos alejábamos del primer lugar, había mucha calidad y novedad en los arreglos. Una hora después llegó el momento de la premiación; muy nerviosos, estábamos todos juntos en lo alto del auditorio, y en eso los organizadores dicen:

—El tercer lugar es… para la rondalla de la BUAP —y nosotros pensamos: «No, pues ya valió».

—Ánimo, puede que nos toque el segundo lugar.

Era una posibilidad, no lo quería descartar, y en eso nuevamente alguien toma el micrófono y menciona el segundo lugar:

—¡Hay un empate!

Pensé «seguramente ahí debemos estar», y que mencionan a dos rondallas, tal y tal, y tampoco estábamos contemplados. Definitivamente el desánimo se esparció entre el grupo como una plaga porque nuestra esperanza no estaba en ganar el primer lugar, no era opción para nosotros pues era la primera vez que participábamos en esa categoría, era demasiado el nivel; claro que estábamos a la altura, pero sabíamos que la probabilidad era nula. Con la mirada a ras del suelo, enjutos y opacos, algunos de mis compañeros empezaron a bajar las escaleras para salir del recinto. La zozobra corría de la mano con el desánimo, la cara de nuestro director musical estaba impregnada de fatalidad al igual que la del director general, y yo por las mismas.

—¡Y el primer lugar en la categoría A es para la rondalla de la Facultad de Ingeniería Mecánica y Eléctrica de la Universidad Autónoma de Nuevo León, siendo la primera vez que compite en esta categoría después de obtener el segundo lugar en la categoría B para dar un salto espectacular, sorprendiéndonos a todos por su calidad, precisión e interpretación, por ello se lleva el primer premio!

—¡Guau! —grité sin medir distancias ni decibeles.

Nos quedamos en shock por un momento y luego el grito de emoción se generalizó, los compañeros que bajaban las escaleras se regresaron gritando de contentos; el sobresalto fue tal que el director musical empezó a llorar e inmediatamente nos contagió a todos. Era algo que no podíamos creer, íbamos preparados para conseguir un lugar, pero no esperábamos ganar el primer sitio.

Realmente fue una experiencia inolvidable, solo de acordarme vuelve a mí lo que sentí y hasta las ganas de llorar me invaden, regresan con fuerza. Fue una vivencia única que nunca antes imaginé en ninguna otra actividad, ni en el taekwondo. Añoro el momento en que empezaron las ovaciones, nos felicitaba gente de todos lados: de Nuevo León, Puebla, Estado de México, Jalisco, aquello era un alboroto y todos nos siguieron al *lobby* para felicitarnos; fue un grandiosa sensación, un formidable trabajo en equipo.

Al regresar a la universidad nos recibieron como a grandes artistas, y bueno, en realidad éramos campeones nacionales, era un gran título obtenido y obviamente el director nos recibió mejor que cuando ganamos en la otra categoría, e igual nos dio vales para hacer nuestro festejo en grande. Toda esa semana fue de entrevistas y reportajes en la universidad, y ahora teníamos otro reto, ir a la categoría AA, que era la de campeón de campeones; ya teníamos ganada la asistencia, pues solo podías participar si habías triunfado alguna vez en la categoría A, por lo que el concurso se hacía cada dos años. De modo que teníamos un año para prepararnos, y mientras, a mantener el nivel, ya que las demás rondallas nos invitaban a eventos y teníamos que poner mucho más empeño, creo que eso nos ayudó bastante a subir y mantener nuestra calidad.

Mientras tanto, en la escuela todo iba bien; a estas alturas de la carrera ya no iba tan seguido a mi casa en Reynosa, tenía más actividades y también era un poco cansado tomar la carretera cada semana; sobre todo, había serenatas casi todos los fines de semana y pues, como he mencionado, cuando teníamos una, después de la del compromiso casi siempre dábamos algunas más, lo que era algo que disfrutábamos. Recuerdo una ocasión en que llegamos a dar una serenata, y unas personas estaban cargando una lavadora y secadora; les ayudamos porque batallaban y después cantamos, era para la novia de un amigo. A la tarde siguiente, ya en el ensayo de la rondalla, nos platicó el compañero que a los que ayudamos no eran familiares sino unos ladrones, se robaron la lavadora y secadora y sin querer fuimos cómplices. Obvio, mi amigo no dijo nada y mucho menos que les ayudamos, jeje, y así sucedían cosas de todo tipo. Otra vez, también en una serenata que fuimos a darle a la novia de un compañero, nos llevamos una sorpresa porque llegamos y ya estaba otra rondalla, a los que por cierto conocíamos. No supimos quién le estaba dando baje a mi amigo, para no hacer borlote nos fuimos rápido y nos lo llevamos porque estaba muy enojado, no tenía caso dejarlo allí para que se metiera en problemas.

Así eran las madrugadas, llenas de aventuras. En otra ocasión me tocó ser el protagonista, tenía una amiga que siempre me decía que le debería dar serenata, y en cada oportunidad me lo repetía. Después conocí a una chava de la Facultad de Biología que me llamaba por teléfono y era muy buena onda; luego de un tiempo me comentaba lo mismo que la otra, «a ver cuándo me llevas serenata». Pasaron semanas, un día fuimos a dar una serenata y, caso raro, solo tocamos ahí, ya no teníamos más trabajo. Entonces se me hizo fácil, y les dije a los muchachos:

—¿Saben qué? Debo dos serenatas, creo es momento de pagarlas.

—Sale ¿dónde es el asunto?

—¡Síganme los buenos! —exclamé como hacía Chespirito en su programa.

Dimos ambas serenatas, y las chavas quedaron encantadas. No era para menos, la verdad, esa vez estábamos completos y se escuchaba muy bien; lo chusco fue que pasaron unos días, semana y media para ser exactos, y mi amiga de Ingeniería me dijo:

—Oye, Alfredo, ¿te puedo hacer una pregunta?

—¡Claro!

—El día que me llevaste serenata, ¿fue a mí, o también a alguien más?

No sé por qué, pero intuía algo malo, jeje, y le dije:

—Mira, casi nunca damos una sola serenata, siempre nos contratan para una y terminamos dando varias, y bueno, yo debía una, así que cumplí.

—Ah, okey —me dijo, pero volvió a preguntar—: ¿Pero tú, personalmente, le llevaste a alguien más?

Ups, ya sabía por dónde iba la cosa, y fui casi sincero:

—Un compañero se la debía a una amiga en común —claro que no era cierto—, y pues se la llevamos entre los dos, más él que yo. No sé si la conozcas, es de Biología...

Y me dice:

—Es lo que quería saber. Está bien, gracias por aclararme.

—¿Por qué? —le dije.

—Resulta que a la que se la llevaron es conocida mía, y me la topé en una fiesta; platicando, empezó a comentar muy emocionada que le llevaron serenata, y le comenté que a mí también. «Sí», contestó, «pero a mí fue la rondalla de FIME, que son los campeones nacionales». Yo dije: «A mí también». «¿En serio? ¿Qué día fueron contigo?», preguntó. «Tal día». «Conmigo también, pero a mí me la llevó Alfredo», dijo mi amiga, «A mí también», contesté.

Allí se perdió el encanto. Realmente quería quedar bien con las dos y pagar mi deuda, aunque la chica de Biología era muy guapa, por algo ganó el concurso de Señorita Biología; justo por eso la conocí, cuando fuimos a tocar en ese evento. Lo bueno es que nuestra relación era fuerte, y en fin, de allí surgió una mejor amistad, más sólida, con una de ellas, la situación de las dos serenatas no afectó afortunadamente en nada.

Así pasaron los meses de ese semestre, llenos de enseñanzas y peripecias. Realmente, estudiar fuera de casa te hace madurar y aprender a valorar muchas cosas.

Sin darse cuenta llegaron los exámenes finales, y a estudiar, a echarle los kilos una vez más para no dejar materias y disfrutar de vacaciones, aunque nunca pude ser como mis compañeros de casa; por ejemplo, Hugo siempre acababa en exámenes parciales, así que salía de vacaciones mucho antes que yo, y Juan también era aplicado, pero dejaba una o dos materias para presentar en primera vuelta, así que contaba con él para hacerme compañía. Yo siempre me quedaba al final, y era Juan quien regresaba primero a presentar exámenes. Lo importante es que los aprobaba, ese era el objetivo.

SEXTO SEMESTRE

Realmente se volvieron rutinarias las actividades, ya me la sabía: mis vacaciones se recortaban mucho por ir a trabajar a la oficina con mis padres, con pocos días de descanso para recuperarme. Sin embargo, en invierno la cosa cambiaba radicalmente. Ese era el periodo que más me gustaba, porque diciembre era estar con la familia, los amigos, había cenas y fiestas por doquier en mi ciudad natal, y no se diga la variedad de platillos y antojitos que pululaban por todos lados, grasientos y suculentos y que siempre me dejaban unos kilos de más, en esas reuniones uno no puede dejar de comer y disfrutar.

A mediados de enero había que regresar a exámenes a la escuela con aquella tembladera que recorría la ciudad, un frío tremendo; recuerdo que en ocasiones me tocaba estar solo porque a mis compañeros aún no les tocaba regresar, y sufría mucho porque la casa se sentía helada y húmeda, el colmo era que no tenía con quien platicar. En invierno, lo que caracterizaba a la mayoría de las casas de estudiantes era que en lugar de cortinas poníamos las colchas San Marcos, más gruesas y que frenaban un poco la heladez, ya se imaginarán el desafío que era bañarse.

En ese semestre entré a clases particulares de inglés, y eran a las ocho de la mañana, así que tenía que levantarme muy temprano. Como recordarán, eso nunca fue lo mío y peor con el frío que hacía, era un gran sufrimiento. Iba solamente un par de horas y luego a la universidad, donde por cierto me tocó en el horario de la tarde; entonces, después de clases regresaba a la casa, comía y ahí me quedaba para seguir estudiando, hacer algunas de las tareas domésticas o simplemente tirando la flojera por la ventana, o sea nada, jejeje. En ese semestre el tema entre los amigos era «oye, hay que hacer el servicio social y después las prácticas», porque era algo obligatorio para al final graduarte y titularte, así que entre más rápido lo hiciera uno era mucho mejor, pues no resultaba tan fácil conseguir dónde hacerlas. Así que esa era una de las prioridades, uno tenía que estar a las vivas, pendiente de oportunidades para iniciar esas gestiones con empresas o el mismo gobierno. Varios fuimos al departamento de Servicio Social para pedir informes de qué había que hacer y los trámites a cumplir.

Iniciamos el semestre con las ganas de siempre, retomando el ritmo poco a poco, al pendiente de las actividades en la universidad y las del taekwondo y la rondalla, que eran parte de mis obligaciones. Las disfrutaba realmente, en cambio, mis compañeros de casa se la llevaban más tranquila. Juan tenía la universidad y paralelamente llevaba inglés —por cierto que tenía mucha facilidad, se le daba muy bien—, y Hugo batallaba igual que yo con la lengua extranjera, así que ellos tenían la escuela y las clases de inglés, y yo me veía un poco más saturado por mis otras actividades. Como a la mitad del semestre, a Hugo le salió una posibilidad de hacer el servicio social y se adjudicó una tarea más, y a Juan también le brincó por ahí una oportunidad en una empresa e inició de volada, aún tengo en la memoria aquel suspiro largo que echó cuando recibió la buena noticia.

NUEVE
SERVICIO SOCIAL, ¿OPORTUNIDAD, O PÉRDIDA DE TIEMPO?

A veces no valoramos las oportunidades cuando las tenemos de frente, por carecer de la capacidad para verlas o reconocerlas; eso es lo más peligroso.

La verdad, no me la esperaba; levanto la vista al cielo. Para ser honesto, no quería porque me sentía lleno de actividades, con la agenda saturada, salía de una para meterme a otra, no descansaba mucho, pero al igual que mis amigos, me llamaron de una empresa. Lo curioso de eso es que a los tres nos pagaban por el servicio social: era raro que te dieran una compensación económica, claro, era más bien simbólico, para ayudarte con las comidas y el transporte, pero bueno, era de gran ayuda. De pronto todos, ya con nuevas actividades, empezábamos sin darnos cuenta a cambiar radicalmente la rutina de cada uno, convivíamos menos porque teníamos menos tiempo para estar juntos, y cuando lo estábamos, ni ganas de nada, más bien lo que queríamos era descansar. También sucedió que comenzamos a tener amistades nuevas y convivios ajenos con la raza de la uni, y eso era padre, pero luego, por lógica, cambiaron las pláticas. Ahora hablábamos de lo que aprendíamos cada día en los trabajos; en mi caso, a pesar de que estaba acostumbrado a trabajar, era muy diferente, ya que con mis papás era el hijo de los jefes y acá uno más del montón. Además, haciendo servicio social ni siquiera fungía como empleado, pero eso no le quitaba sabor al gran reto, lo tomábamos como algo personal. Otra cosa buena fue que los tres teníamos relación con las carreras que estudiábamos.

La verdad, fue una magnífica experiencia trabajar en el corporativo de Cydsa, creo que lo único malo era que existía una división muy marcada entre los que éramos de la UANL y los del Tec de Monterrey u otras universidades de paga. A los de universidades privadas los ponían en departamentos más de oficina, más administrativos, y al resto donde cayera, o sea, en departamentos operativos. Según nos explicaban, los de la uni éramos muy creativos y entrones con el trabajo, ya que teníamos más carencias que los otros; en mi punto de vista, en todos lados uno puede aprender.

En el departamento de comunicaciones, donde yo estaba específicamente, nuestro tema eran los teléfonos y las líneas de conmutador, la instalación y mantenimiento de todos los equipos, lo único «malo», digamos, es que estábamos ubicados en el sótano del edificio, porque justo en ese lugar se encontraban todos los equipos, el cableado y las herramientas. De hecho, pude entrar gracias a un amigo que me recomendó, se llamaba Neto y trabajaba en el departamento de mantenimiento, estábamos prácticamente juntos en el sótano. Las horas se nos iban muy rápido porque jalábamos para todos lados, aunque al principio no hacíamos gran cosa. Un tiempo después empezamos a resolver situaciones muy simples, los jefes y supervisores nos aplicaban la clásica de ponernos a hacer el trabajo que casi nadie quería, como mover los archivos, organizar expedientes y cosas de esas. Con el paso de los días observaba de refilón lo que hacía mi jefe, y era algo muy sencillo: él era técnico, así que manejaba muy bien su área, sin embargo, si las fallas eran complicadas y no estaban en su librito, llamaba a ingenieros externos, lo que yo aprovechaba para preguntarles a ellos y aprender más. Mi jefe era muy cuidadoso con los equipos, pero como no les sabía muy bien, tenía miedo a mover algo y regarla. Es cierto que era bueno para las cosas simples, en lo que entendía, un cuate muy responsable para estar en el corporativo; sin embargo, en mi opinión, estaba muy limitado, porque no todo es ser responsable en la vida, también hay que saber para poder resolver directamente, lo que evita gastos y hace eficientes los recursos y a la gente.

Desde el lugar donde estábamos se manejaban todas las líneas y extensiones del conmutador, incluso de otras plantas a distancia, así que debía ser muy cuidadoso, lo único que me dejaba hacer eran los respaldos diarios del conmutador; después me agarró más confianza y empezó a enseñarme a instalar números nuevos e identificarlos, ya que era un monstruo de equipo con cientos de líneas y cables. De hecho, estaba montado en un cuarto grande: tuve que familiarizarme con las instalaciones y también con la ubicación de las oficinas y departamentos, porque era un edificio bastante grande con varios pisos. Una de las cosas buenas que teníamos como prestaciones por hacer servicio social era que nos daban la comida, los jefes nos entregaban varios vales, y eso cuando eres estudiante lo valoras mucho, porque el presupuesto es limitado y en ocasiones no traes para comer. Hasta eso, el ambiente era muy ameno y trataba de llevarme bien con todos.

Algo espectacular era ver a las secretarias llegar muy guapas con sus uniformes, con una excelente presencia, muy bien presentadas la mayoría. En cuanto al carácter había de todo, unas más sencillas que otras, las demás te veían por encima del hombro, como si les estuvieras pidiendo un favor; con los ejecutivos igual, unos muy amables, que procuraban hacerte plática y en la medida de sus posibilidades y tiempo trataban de darte un buen consejo o enseñanza, y otros muy alzados y prepotentes, tenía uno que tratarlos con pinzas para evitar cualquier problema o reporte.

Conocí a una secretaria ejecutiva… en realidad conocí a muchas, y todas se veían muy guapas con sus uniformes; la verdad, babeábamos al verlas, pero una en especial robaba mi atención, y uno siente cuando no le eres indiferente a una persona. Empecé a observar sus reacciones y detalles, y al principio me ayudaba mucho con mis reportes: adrede le decía que me los revisara, me contestaba que tenía muchas faltas de ortografía y se ofrecía a hacérmelos, con lo me quitaba esa chamba de encima. Después sentí más confianza, y platicaba más de mí con ella, y viceversa. Recuerdo que cuando pasaba por su cubículo, había un vidrio grande y apoyaba la cara sobre él con muecas para hacerme el gracioso y llamar su atención, pero una de esas veces ocurrió al revés porque ella estaba llorando: quedé sorprendido y no supe qué hacer. Me acerqué aunque había gente con ella, principalmente varias de sus compañeras. No pude evitar preguntar qué pasaba y si podía ayudarla en algo, porque la vi muy alterada; noté que al acercarme ella se apenó mucho, no podía ni hablar de la emoción. Una amiga suya comentó: «Es que les teme mucho a los ratones, y le pasó uno por los pies en su escritorio», y pues esa era la razón. Después, cuando estuvo más calmada, nos pusimos a reír de lo sucedido, no en un tono burlón, de verdad era de alegría. A raíz de eso se hizo más estrecha nuestra amistad, y me ganó muy fácil porque siempre llevaba lonche y me compartía. Cuando podíamos, tratábamos de coincidir en el comedor, pues como estudiante el tema de la comida era crucial: a veces uno ya no traía dinero y otras tenía flojera de cocinar, etcétera, así que cuando había oportunidad, aprovechaba. Un día me enteré de que iba a ser su cumpleaños, y un compañero y yo planeamos llevarle serenata; en realidad, el compañero iba con la intención de ver si le hacía caso a él. Total, conseguimos su dirección con otra compañera practicante, fuimos con unos cuantos amigos de la rondalla, y como era de esperar, le súper encantó, Creo que ese detalle fue el parteaguas: ella me vio ya con otros ojos, seguramente dijo «alto, guapo y con futuro prometedor», jeje, y lo curioso fue que a mi amigo ni lo dio por asistido a la serenata, nada perdida la muchacha.

Al día siguiente en el trabajo éramos el chisme número uno en los pasillos, porque le había llevado serenata; sus compañeras le decían que cómo volteaba a verme, que yo era un estudiante y demás… En fin, definitivamente quedó flechada, y más con la serenata. Luego me invitó a un rodeo a festejar su cumpleaños, ya con su familia: hermanas, primos y algunos de sus amigos. Por supuesto que fui, aunque me sentía algo raro entre pura gente que no conocía, y aparte era su «invitado especial», digamos, por lo que me traía para arriba y para abajo presentándome con todo mundo. Eso por un lado me daba gusto, pero también presentía que Marcela quería algo más serio y yo igual, aunque al mismo tiempo no pensaba en compromiso; sin embargo, me dejé querer. Ese día empezó una historia que hasta el día de hoy seguimos escribiendo juntos con tres hijos maravillosos, y fue la gran herencia que me dejó hacer mis prácticas profesionales en ese corporativo, aunque la boda llegó mucho después, hasta el año 2000, lo cual será un tema para más adelante o quizá de otro libro, jeje.

Pasaban los días y la rutina era ir en la mañana a clases de inglés, al salir me dirigía al servicio social y salía a la 1:30 p. m.; comía de volada, por lo regular lo hacía en la empresa y así ahorraba tiempo y dinero. Después iba a la casa y en la tarde, ya como a las cinco, me iba a la universidad. Era pesado, sí, porque todo era importante. Muchas veces terminaba hasta las diez de la noche, dependiendo de las clases, y cuando salía temprano, pues a entrenar al taekwondo. En ciertas ocasiones aprovechaba para entrenar en la universidad, y los martes y jueves tenía ensayo de la rondalla, ¡vaya que andaba en todo! A eso había que sumarle las tareas, los amigos, las llamadas a casa con mis papás; uno almacenaba energía y buena actitud para sonreír.

En la escuela, las materias se pusieron muy interesantes por ser mucho más propias de la carrera, algunos de los ingenieros trabajaban aparte de dar clase y eso nos transmitía una enorme experiencia no solamente teórica sino de campo, era de mayor beneficio para todos como alumnos. Tenía algunos maestros que solo se dedicaban a la docencia, y no es que fueran malos, no, pero se enfocaban más en la teoría ya que no poseían mucha práctica. Al final, todo sumaba para nosotros como estudiantes. «Profesor, muchas gracias, lo tomaré en cuenta», y apuntaba lo más rápido que podía para tratar de agarrarle la onda y no fallar en el examen; eran como consejos que nos daban para «facilitarnos» el estudio.

Pero sin duda, como bien dicen, la mejor escuela está en la calle. Andar con la rondalla de un lado a otro sin duda era también un aprendizaje de vida y de supervivencia. Recuerdo que una vez nos contrataron para ir a tocar a una boda en un pueblo llamado China, cerquita de Monterrey, y era una buena lana, nos pagaron bien; incluso pedimos el micro de la escuela, ya que se prestaba por ser un viaje corto de ida y vuelta. Llegamos a la misa, que era donde los novios querían que tocáramos, y hasta ese punto todo muy bien, conforme a lo planeado; las canciones, todo. Al final de la misa nos despedimos cortésmente, y nos dice el novio:

—No se vayan, de perdida cenen y tómense algo en la fiesta, miren, es aquí cerca, en un rancho.

—No, pues muchas gracias.

Los seguimos sin hacernos del rogar; para eso, el chofer también estuvo de acuerdo.

—Sí, no hay problema, es temprano.

Ya en el bodorrio, nos pusieron en la mesa varios cartones de cerveza; la verdad, el novio se portó súper buena onda, espléndido en todos los sentidos. Más tarde, le acercamos al chofer comida y bebida.

—Ándele, chofer, cene algo, aquí le dejamos unas cheves para el calor.

Y que se pica el chofer, y al rato todos bien entonados sacamos las guitarras y empezamos a hacer más ambiente; se armó la pachanga en grande, y luego de un rato guardamos todo. De pronto llegó un mariachi y la fiesta siguió, se puso más a modo, pero había un pequeño problema: teníamos que llegar a la escuela a más tardar a mediodía, y como a las once todos empezamos a decir que ya era hora.

—¡Vámonos! Es tiempo de cantar una retirada —comenté; sin embargo, nadie me hizo caso, porque no querían irse.

¿La razón? Realmente estábamos disfrutando la fiesta, era muy padre todo, la música, la gente. En eso, veo al chofer ya medio jarra:

—¡Órale!, ¿y ahora cómo nos vamos?

—Yo puedo, jóvenes, ustedes tranquilos, yo… —comentó nervioso.

En el cielo, un manto de nubes negras amenazaba chispeando, como si aventaran varias bengalas desde la bóveda celeste; era una de esas veces en que la prudencia entra en uno. Me temblaban las manos y las ideas, sin embargo, algo tenía muy claro:

—No, usted no puede manejar así.

Total, que le quitamos las llaves; refunfuñó un poco, como niño, pero cedió cuando observó que todos estábamos de acuerdo, y nos subimos.

—A ver, ¿quién es el menos tomado?

Nos dieron café bien cargado para que el chofer se lo bebiera, y mientras le hacía efecto avanzamos un poco, lo malo fue que también nos dieron cerveza para el camino y la raza era tremenda, no se llenaban nunca y menos cuando era gratis. Agarramos carretera con la venia del Espíritu Santo, y no habían pasado ni veinte minutos cuando nos paró un federal de caminos, por lo que decidí bajar.

—¿Qué pasó, a dónde van?

Le expliqué pausadamente que veníamos de tocar en una boda y que éramos estudiantes, era evidente porque el camión estaba rotulado, lo que lo hizo más obvio para el uniformado.

—Ya veo, pero ¿qué les pasó? ¿Y el chofer?

—Comió algo y le cayó mal, ha estado vomitando, oficial.

Y nada, que era de lo borracho que andaba, jeje, pero nos dijo:

—Okey, pero así no pueden irse.

—Por eso, jefe, échenos la mano, somos estudiantes...

Al final, uno sabe cómo se manejan las cosas en México:

—Está bien, pero pónganse la del Puebla, móchense con algo entre todos y listo, los dejo ir.

Hicimos la colecta, en la gorra de un compañero le juntamos algo de dinero aunque era muy poco; el uniformado lo revisó, lo dio por bueno y nos dejó ir.

—Oiga, oficial, una preguntita: ¿y si nos llegan a parar de nuevo? Ya no traemos dinero.

—No se preocupen, solo digan que ya los paró acá el 318.

—Enterado, muchas gracias, que pase una buena noche.

—Váyanse con cuidado.

Nos dio su número de patrulla y una clave, y listo, lo seguimos en el camino. Ya no tuvimos, afortunadamente, ninguna novedad. Llegando a la escuela despertamos al chofer, que aún cargaba cara de desvelo; sin embargo, ya estaba mucho mejor. Por fin bajamos, el chofer nos dio las gracias y se fue a entregar la unidad, y nosotros, cada quien para su casa. Llegué a mi cama con una cruda enorme en los huesos, aunque con un gran sabor de boca por los momentos que vivimos.

Sé que fue toda una aventura lo que nos tocó sortear, y mucha imprudencia pretender hacernos responsables de la manejada, pero creo que de lo contrario nos hubiéramos quedado mucho más tiempo y el chofer quizá pudo haber perdido su trabajo, ya que lo que hizo era muy penado por la escuela; obvio que nos sentíamos culpables por haberlo incitado a ello. Gracias a Dios, todo salió bien.

El siguiente fin de semana me fui a Reynosa, y tuve una muy fea experiencia en la carretera cuando venía de regreso. Hay una zona llamada la Sierrita, y es una subida corta con poco espacio para maniobrar; al ir por la loma observé que un carro en sentido contrario venía rebasando, invadiendo mi carril, y en ese momento pensé «¡a la velocidad que vengo, si no le bajo, ese loco me va a pegar!». Disminuí entonces la marcha con la caja de velocidades, porque el carro que traía era estándar. Algo muy extraño que me ocurrió fue eso que dicen de que cuando sientes la muerte de cerca, ves tu vida pasar en un momento, y sí, literalmente se vino a mi mente toda mi existencia y los recuerdos de mi familia en nanosegundos; fue una muy mala sensación, de mucho temor. Gracias a la suerte, el destino o Dios, el coche del loco pudo meterse nuevamente a su carril a escasos metros y no pasó nada, el susto nada más, ¡pero grande! Un par de kilómetros más adelante paré, necesitaba tranquilizarme porque realmente estaba muy asustado, el corazón me latía como un tambor. Estaba solo, y una vez que controlé mi ritmo cardiaco y la visión, seguí mi camino más tranquilo, con bien, aunque me quedé pensando en lo que pudo haber sucedido si no reacciono a tiempo; valoré la vida y lo que tenía. Es cierto lo que dicen, de que cuando sientes o estás en peligro inminente, pasa toda tu vida frente a tus ojos tan solo en un instante, como una película. Fue impresionante, pero es algo que no quisiera volver a experimentar.

Llegué a la casa en Monterrey algo asustado, haciendo una profunda reflexión sobre lo sucedido; me metí a la cama y abracé la almohada para tratar de descansar sin pensar en el frente del otro vehículo.

Pasaron los días rápidamente y el fin de cursos estaba a la vuelta de la esquina. Para el servicio social uno tenía que hacer reportes y concluir el trámite, que era muy importante ya que sin él no puedes titularte. Mientras tanto, con la rondalla me reportaba listo para el siguiente semestre, teníamos el gran reto del concurso en Puebla, pero ahora sería en la máxima categoría, la AA, básicamente campeones contra campeones, es decir, participaban solamente rondallas que en su momento ganaron el primer lugar en la categoría A, así que sabíamos que era clave aventar toda la carne al asador, como se dice en el norte.

Cuando culminé el servicio social me dieron una buena noticia: si quería, podía seguir otro semestre, pero ya no como servicio social sino como practicante, y me pagarían un poquito más. ¡Yo, encantado!, porque me había acostumbrado a esa rutina y me gustaba, aprendía cosas nuevas y diferentes, aunque estando en la empresa me salió el espíritu emprendedor y de comerciante. Resulta que un día escuché que una de las secretarias batallaba para conseguir un equipo de cómputo, se trataba de una *laptop* que aún no se vendía en México y el proveedor explicaba que se demoraría algunas semanas, así que detecté una oportunidad y le comenté:

—Oye, Ana, perdón que me meta, pero no pude evitar escuchar tu conversación y creo que puedo ayudarte con tu problema.

—¿Tú, Alfredo? ¿Pero cómo?

—Recuerda que soy foráneo, de Reynosa; conozco los trámites aduaneros, mis padres tienen una comercializadora, así que puedo comprar esa *laptop* y traértela este fin de semana.

—Eso estaría genial, pero hay que darte de alta como proveedor; a ver, vamos a hablar con mi jefe.

Y en ese momento pasamos con él; yo lo conocía, era buena onda. Ella le explicó todo, y de volada se apuntó:

—Perfecto, tráeme los siguientes documentos y yo mismo te doy de alta mañana, cotízame para darte la orden de compra.

—Solo que hay un problema, no tengo cómo financiarlo y sé que ustedes pagan en ciertos días.

—Así es, pero como esto es una urgencia, yo te saco el cheque por adelantado.

—Genial, ¡eso hacemos!

Al salir les marqué a mis padres para explicarles lo que había hecho, y me mandaron por fax la información de la comercializadora. La verdad, mi papá la movía poco, y bueno, creo que eso cambió después. Fue algo bueno porque descubrí nuevamente en mí a ese emprendedor que llevaba por dentro: esa operación me dejó una buena utilidad y en solo un fin de semana. Lo mejor fue que después, con el afán de ayudarme, me pasaban pequeñas compras y empecé a darle vuelta al dinero de la ganancia para poder cumplir los plazos de entrega y los términos que tenían con todos sus proveedores, pero cuando se podía, me pagaban por adelantado o en menor tiempo. Me ayudaban mucho, se portaban muy bien conmigo y con los demás compañeros practicantes también.

Así fue como concluyó ese semestre, ya montado en una posición muy diferente de como arranqué.

SÉPTIMO SEMESTRE

Este inicio estuvo muy cargado de actividades, porque con las clases, el taekwondo, la rondalla, el inglés, más las prácticas profesionales, ahora sí tenía la agenda llena, pero creo que cuando más saturado estás, siempre haces más cosas y hasta la fecha lo sigo considerando así. Dicen en el campo, «la carga hace al burro», y quiere decir que conforme vamos poniéndole más carga al burro, este se va haciendo más fuerte y puede cargar más. Cuando tienes tiempo en el que no haces nada o estás sobrado de él, empiezas a confiarte, vas postergando muchas cosas y después se te empiezan a hacer urgentes; en cambio, cuando estás muy atareado, «a *full*», tratas de estar en un constante acelere para que todo salga en tiempo y forma.

En la escuela, la rutina era como siempre acomodar los horarios de las materias, tanto los de mis compañeros de la rondalla como los míos, pero en esa ocasión mi situación estaba más complicada, tenía menos opciones con algunas materias. A pesar de eso todo pintaba bien, ese semestre me llené de mucho trabajo por hacer, iba al corriente en las materias, muy apenas si quieres, pero digamos que bien. Ese semestre fue especial, con mucha grilla política ya que el director de la facultad, que siempre nos apoyó, cumplió su ciclo y no podía reelegirse, así que teníamos una gran preocupación porque ese semestre existía el compromiso en Puebla y era el más costoso.

Cuando empezaron las campañas de los posibles sucesores, uno desertó poco antes de las elecciones y ya no hubo competencia, solo quedaba un contendiente que prácticamente había ganado aun sin votaciones puesto que no tenía rival, era el ingeniero Cástulo Vela, quien un buen día fue a visitarnos a donde ensayábamos con la rondalla, un cubículo que realmente era la lavandería del gimnasio.

—¿Qué les falta, muchachos?

—Quisiéramos un lugar adecuado para ensayar mejor, así como trajes nuevos y algunas guitarras que hacen falta, pero lo más importante es que queremos su apoyo porque tenemos en puerta un concurso nacional para el que nos hemos preparado mucho, y en la historia de la rondalla nunca se había llegado a esta categoría y este nivel que hoy traemos.

—Está bien, entiendo y lo tendrán —apuntó con una mueca en la comisura de los labios y los hoyuelos de sus mejillas—. No se preocupen, cuentan con mi apoyo; ustedes solo échenle muchas ganas.

—Muchas gracias, ingeniero.

Nos dejó tranquilos con lo del viaje a Puebla, pasaron varios días y tomó posesión como director de la facultad, y bueno, nosotros abocados a lo nuestro, preparándonos más y más. Tres meses antes de la fecha del concurso fuimos a visitarlo a sus oficinas y nos recibió tranquilo, con una postura impecable y la mirada acerada.

—¿Cómo van con sus ensayos, muchachos?

—Muy bien, estamos listos para el concurso en Puebla —contestamos varios.

—Ah, qué bueno que me recuerdan eso.

—De hecho, a eso venimos, para ver con tiempo los presupuestos y separar el autobús.

—Preparen todo y me lo presentan para autorizarlo.

—Muchas gracias —contesté emocionado.

De lo demás, del cubículo, las guitarras y trajes, ni nos tocó el tema; la verdad, no queríamos saturarle la agenda, la prioridad era el concurso en Puebla, así que nos pusimos a trabajar el director y yo en la tarea de los presupuestos y las reservaciones, y al mes fuimos de nuevo con el ingeniero.

—Director, mire, aquí le traemos varios presupuestos, ya reservamos el autobús, pero necesitamos ya su autorización —comentamos de una manera muy educada, y de golpe él cambió su postura.

—Muchachos, lo siento mucho, pero tenemos en la facultad otras prioridades y no puedo darles lo que ustedes necesitan, por el momento —señaló de manera muy cortante.

—Ingeniero, pero usted nos comentó y nos ilusionó la vez pasada que nos vimos.

—Sí, pero no puedo, ya revisé números y no es viable.

Salimos de ese lugar arrastrando el corazón, devastados el director de la rondalla y yo.

—¿Y ahora cómo les decimos a los muchachos que no vamos a poder ir? —pregunté en voz alta al director de la rondalla, él se encogió de hombros y siguió caminando sin darme ninguna respuesta.

Era para muchos, incluso para mí, la última oportunidad de participar en esa categoría, puesto que se efectuaba cada dos años y muchos ya estábamos por salir de la facultad, así que realmente nos dolía mucho, sobre todo, cómo había jugado el ingeniero con nosotros. No nos quedó de otra más que darle la mala noticia al grupo: hubo un gran silencio, nadie daba crédito a la respuesta que nos dio el director de la facultad. Yo sabía que su posición contenía bastante arrogancia, y en eso a alguien se le ocurrió:

—¿Y si vamos con nuestros propios recursos? La mayoría somos foráneos, sabemos lo que es comer una sola vez al día y sobrevivir con lo mínimo; hagamos algunas actividades y juntemos los recursos necesarios. Pidamos ayuda a rectoría, que siempre nos ha apoyado.

—Okey, hemos trabajado mucho como para quedarnos a medio camino; hagamos una votación para ver quiénes están a favor de ir como podamos.

Todos estuvieron a favor. Unos cuantos días después nos dan la noticia de que cambian al rector de la universidad: hubo un nombramiento, un acto protocolario donde otorgaron la rectoría al que había sido nuestro director de la facultad, y eso nos entusiasmó mucho, porque creíamos tener ya su apoyo. Dejamos pasar unos tres días para apersonarnos en su despacho; creo que le dio gusto vernos, nos invitó a sentarnos, y una vez que agarramos aire, le explicamos el caso.

—No puedo creer que mi sucesor les esté haciendo eso, tendré que hablar con él, a ver qué consigo; de entrada yo los voy a apoyar con algo, no puedo con todo porque no se permite aquí, las reglas son claras, pero lo más que pueda se los voy a dar.

—Muchas gracias, eso nos obliga a dar nuestro mejor esfuerzo.

Sus palabras nos dieron esperanza. De todas formas, nos pusimos a juntar dinero dando serenatas, algunos formaron tríos y se fueron a los camiones a cantar, cada quien buscó la forma de contribuir, no nos podíamos quedar de brazos cruzados. Semana y media más tarde, nuestro director nos mandó llamar y pensamos: «Ya se debe haber apiadado de nosotros», y nada, nos advirtió muy a su manera:

—Miren, dinero no tengo y el camión grande ya está comprometido, pero si quieren les puedo dar un microbús.

—Pero, ingeniero, es un viaje largo y ese no tiene clima ni calefacción —comentamos en buen plan, sin alzar la voz ni hacer caras.

—Es lo que hay, lo toman o lo dejan.

Nadie contestó nada. Yo creo que lo hizo con toda intención de que desistiéramos, la verdad, estaba muy loco irnos en un microbús de Monterrey hasta Puebla.

—Está bien, aceptamos.

Su cara lo decía todo: se quedó helado, completamente sorprendido, y dijo:

—Bueno, entonces que les vaya muy bien.

No nos quedó de otra más que seguir preparándonos, viendo los detalles finales; el tiempo llevaba prisa, y cuando nos acordamos ya estábamos a unos días. Teníamos casi todo listo, entre algunos existía la esperanza de que el director se arrepintiera de mandarnos en el micro y no en el autobús, pero no pasaba nada. Incluso el chofer nos comentó: «Es la primera vez que voy tan lejos en este micro», porque obviamente no era para eso, pero bueno, «en nombre sea de Dios», nos encomendamos y nos fuimos. Salimos de noche, y como íbamos en plan austero llevábamos lonches, tacos y refrescos para el camino.

Y que vamos llegando de vuelta a la parada oficial en un restaurante de San Luis Potosí. Recuerdo que hacía un frío de los mil demonios, era de madrugada; justo en ese punto sentimos bastante feo porque siempre nos topábamos a otras rondallas de Nuevo León y de otros estados, y que nos van viendo en el micro:

—¿Qué pasó con esos campeones, por qué los castigaron? ¿Ahora qué hicieron? ¿Y el Oso Mayor de FIME —nuestro autobús de la facultad—, dónde lo dejaron?

—Se les acabó el presupuesto —bromearon algunos.

Todos andaban en grandes autobuses, y nosotros éramos de los pocos que llevaban su propio vehículo, porque los demás eran rentados. En fin, no nos quedó más que recibir las balas. Seguimos nuestro camino con mucho frío, de esos que se te meten hasta los huesos: rememoro aquella gabardina que llevaba, la usé como colcha y ni así mitigaba el frío. Había compañeros que no pensaron en el clima de la madrugada, y ya les andaba con el micro sin calefacción ni clima; el chofer sí iba bien abrigado y hasta guantes traía. Con esas condiciones se nos hizo eterno el camino.

Puebla nos recibió con los brazos abiertos, gracias a Dios todo salió bien, pero muchos se quejaron de no haber podido descansar, mucho menos dormir. También estaban los adoloridos, y yo con un dolor de garganta de esos que anuncian en la televisión; las bajas temperaturas hacen estragos, y otros andaban igual. Sinceramente nos sentíamos fatales, nos instalamos en el hotel y todos pedimos dormir un buen rato, para luego salir a ensayar.

A la hora del ensayo, el director musical se percató de lo mal que traíamos algunos la voz, la garganta lastimada; no podíamos más que cantar muy quedito, y cuando terminamos nos arrancamos a una farmacia a inyectarnos. Yo era y sigo siendo un miedoso para las inyecciones, pero en ese momento no había opción, teníamos que amanecer bien al día siguiente. Uno de los organizadores nos comentó que por nuestra categoría nos íbamos directo a la final, porque eran pocas rondallas, además de que la AA era una categoría especial. Existían reglas diferentes a las que conocíamos y nos fue bien porque nos dieron un día más de descanso, tiempo que podíamos aprovechar para mejorar de la garganta.

El domingo era la final y nos pusimos de acuerdo para levantarnos a buena hora, queríamos llegar temprano; algunos aún no estábamos al cien, pero eso no nos impediría dejar todo en el escenario. Llegamos al lugar del evento: el sitio estaba lleno, la gente expectante, gritando algunas porras. Como de costumbre, oramos grupalmente y el director musical nos dio las últimas instrucciones, enfatizaba las cosas que debíamos hacer y cuáles no, nos motivaba cargado de energía:

—Señores, es la primera vez que la rondalla llega a concursar a esta categoría. Sabemos que es muy difícil; como ya se dieron cuenta, vamos contra puros grandes, pero estamos bien preparados. Eso sí, en el escenario suelten la voz: total, es todo o nada.

—¡Sí! —dijimos todos—, ¡vamos con todo, vamos a ganar!

Al entrar al recinto la gente nos veía y nos saludaban, había mucha expectativa ya que éramos los campeones del año anterior y sentíamos esa carga en los hombros, pero la gente de Nuevo León nos apoyaba en todo momento. Casi todos practicaban hasta el último minuto antes de su participación; empezaron a llegar nuestros contrincantes y a ensayar, y la verdad se escuchaban fenomenal. Nosotros optamos por no ensayar más para no forzar la garganta, sobre todo los que estábamos recuperándonos apenas, y supongo que eso creó más tensión, los demás concursantes se sacaron de onda porque no estábamos practicando.

—¡Con todo, vamos con todo!

Y que empieza el concurso de la categoría AA: eran pocas rondallas, solo seis. Para nuestra buena o mala suerte, seríamos los últimos en presentarnos, tuvimos oportunidad de ver a todas las demás y realmente no había a cuál irle, todas mostraban una gran calidad.

—Concentrados, por favor —apunté a media voz.

—Y con ustedes nuestra última participante, y para muchos la favorita ya que son los actuales campeones: la rondalla de la Universidad Autónoma de Nuevo León, de la Facultad de Ingeniería Mecánica y Eléctrica. ¡Recibámoslos con un fuerte aplauso!

Escuchamos aquella enorme ovación, un impulso más para darlo todo en el escenario. De repente, el maestro de ceremonias pide silencio total a la audiencia, «no pueden echar porras ni nada, para que los jueces tomen bien sus notas», y empezamos bien coordinados; cuando uno está ahí parado no alcanza a percibir la belleza total porque está en lo suyo, con las notas y las letras.

Concluyó nuestra participación, recuerdo haber terminado con la garganta hecha pedazos al igual que muchos otros compañeros, pero estábamos sonrientes y satisfechos porque lo dimos todo; ahora solo restaba esperar el resultado e irnos a casa. Sabíamos que estaba muy reñida la competencia, observé que entre los jueces empezaron a deliberar. A diferencia de cuando quedamos campeones, en esta ocasión realmente sentíamos que con el hecho de haber llegado ahí, con tanto sacrificio en el viaje y el malestar generalizado, habíamos ganado.

Esperamos con ansias la premiación.

—Tenemos el tercer lugar, felicidades, y en el segundo lugar hay un empate...

Todos expresamos: «Nuevamente como el año pasado», yo pensé que a lo mejor ahora nos tocaba el segundo, y no, no pasó nada, mencionaron a otros dos concursantes. Creía que a diferencia del año anterior no sería tan doloroso no ganar, y la mayoría respirábamos cierta resignación en el aire.

—El primer lugar es para los campeones del año pasado, ¡sí, para la Universidad Autónoma de Nuevo León, de la Facultad de Ingeniería Mecánica y Eléctrica!

—¡Ganamos, sí, ganamos! —grité emocionado.

No daba crédito a lo sucedido: la gente aplaudía parejo, de contentos y para ovacionarnos, y de pronto empezaron a llegar hasta donde estábamos las otras rondallas de nuestra categoría, nos felicitaban: «Se lo merecen, hicieron un gran trabajo»; brotaron muchas lágrimas, no podíamos controlar la emoción. Todos mis compañeros estaban felices, nos abrazábamos, y el director lloraba una vez más:

—¡Oye, se nos está haciendo costumbre llorar!

—Pero llorar así sí se siente padre.

Realmente era algo que no esperábamos, y por eso lo disfrutamos más. Después de los abrazos, fanfarrias y felicitaciones, salimos directo a la farmacia porque nos urgían otras inyecciones; el regreso fue igual de frío, y otra vez en la parada de San Luis vimos a otras rondallas, sin embargo, ya no nos dijeron nada por el microbús. De nuevo, todos nos felicitaron, bueno, hasta invitaciones nos salieron para eventos y presentaciones. Al llegar a Monterrey, no hubo nadie que nos recibiera como lo hizo el director anterior, pero fuimos al día siguiente a darle la cachetada con guante blanco:

—Director, muchas gracias por su ayuda, ahora somos campeones de campeones; pusimos en alto a la universidad y a la facultad. Le agradecemos su apoyo, y también la gran lección que nos dio sin querer, porque por las ganas y la pasión que tenemos, salimos adelante aun con las carencias, incluso en el camino nos enfermamos de la garganta por el frío de la madrugada, pero a pesar de eso dimos todo en el escenario. Nuevamente, gracias.

No le dimos oportunidad de nada: se quedó impávido, sin palabras, visiblemente atascado en su orgullo e intransigencia. De ahí nos arrancamos con el rector, a él sí le dimos las gracias de corazón por el apoyo, y también nos felicitó, le dio gusto nuestro triunfo. La siguiente semana tuvimos que cumplir con varios compromisos e invitaciones a programas de la universidad, de Televisa local, y lo mejor fue que fuimos invitados a tocar en un evento de Nuestra Belleza Nuevo León, gracias a lo cual siguieron muchas tocadas más; éramos los campeones de campeones. Después de esa gran experiencia seguí con la actividad primordial en la escuela, necesitaba ponerme al día en las clases y estar listo para los exámenes.

Por otro lado, la práctica se puso interesante porque tuve la oportunidad de cambiarme de departamento, al de telecomunicaciones; ahí tenía a la mano a dos ingenieros y era muy diferente a la parte del conmutador. El que era mi jefe inmediato era uno de esos *nerds* de la escuela, un cerebrito, y eso estaba bien porque le gustaba explicar. Yo aprovechaba y lo llenaba de preguntas sobre todo lo importante: se le hinchaba el pecho del gusto, se sentía importante porque le daba su lugar y me dejaba moverle a todo, ya que a diferencia de mi otro jefe, él sí le sabía bien; claro, me supervisaba.

Algo padre fue que empecé a complementar mis funciones con lo que hacía en el otro departamento, porque acá también se veía algo de los conmutadores, aunque más bien eran los enlaces entre las diferentes oficinas, tanto locales como foráneas. Era muy interesante, incluso me tocó una etapa de migración de las comunicaciones satelitales a fibra óptica, y aprendí mucho con ellos. El que era mi jefe anterior tuvo que tomar vacaciones, y aunque ya tenía a otro amigo de servicio social en su departamento, aún no le sabía bien, por lo que me pidió el favor de que lo cubriera. Lo consulté con mi nuevo jefe, y me dijo: «Sí, claro, ve».

Ya me había ganado la confianza, y si surgían problemas ya le podía mover al sistema, cosa que no me permitía mi exjefe, porque él solo le movía a lo que conocía. En una ocasión me llamaron de una oficina de fuera, requerían hacer un reseteo y solo yo podía hacerlo; desde esa vez me coordiné bien, no le dije a nadie y lo hice de manera correcta. Lo único que me faltó fue que me brinqué el protocolo, algo que desconocía: debía mandar un aviso y decir que iba a dejar fuera las comunicaciones telefónicas. Afortunadamente no hubo muchos inconvenientes, tomé la decisión en el momento porque era lo que se requería; al final, de no haber sido por mi ayuda no hubieran resuelto la dificultad, así que no me regañaron, solo me dijeron que tuviera cuidado con eso, que para la otra avisara al departamento de comunicaciones y ellos mandarían la advertencia a todos los demás. Y bueno, cuando llegó mi exjefe de vacaciones le entregué todo sin novedad; obviamente no le comenté mi falta, jeje.

En esos días aprendí mucho más que cuando estuve con él, porque estuve experimentando y moviéndole al sistema; entonces regresé al departamento de telecomunicaciones y seguí aprendiendo de ingeniería más específicamente.

DIEZ
HISTORIAS PARA RECORDAR

Cada persona guarda en su memoria algo increíble, pruebas superadas que, si no se comparten, con el tiempo pueden perderse.

ENFERMO Y LEJOS DE CASA

Recuerdo muy bien cuando me enfermé por primera vez y fue cuando extrañé más a mi familia, sobre todo a mi madre por sus cuidados y el trato que me daba. Bien dicen que no sabes lo que tienes hasta que lo ves perdido; en mi caso no es que hubiera perdido a mi madre, gracias a Dios, sin embargo, estar estudiando lejos del hogar pesa, y tener que atenderme solo fue algo que me marcó mucho. También creo que fue de las primeras enseñanzas que forjaron mi carácter; así es la vida, a veces de las cosas más insignificantes aprendes más, y es la mejor forma de ir valorando y aprendiendo.

La situación fue que estaba en cama, ardiendo en calentura, con dolor de cuerpo y garganta; pasando un mal rato no soporté más estar así, y me arranqué a media mañana a consultar a la enfermera de la universidad. Se mostró muy tranquila, como si fuera muy habitual toparse con los síntomas que me afectaban, y me dio medicamento e instrucciones. Luego, al llegar a casa con mucha hambre, estaba cansado y débil, y preferí no hacerme nada de comer y mejor dormir, descansar para recuperarme. Ya por la noche arribó uno de mis compañeros y permaneció callado unos segundos, contemplándome con la intención de entablar comunicación:

—¿Qué tienes? —preguntó rascándose la mollera.

—Pues algo de fiebre y dolor de garganta; me tomé un medicamento, pero como que no me ha hecho mucho efecto. Lo que no he podido es comer en todo el día, no he tenido ganas ni fuerzas para prepararme algo.

—¡Órale! Pues ojalá amanezcas mejor —se dio media vuelta y salió del cuarto.

—¡Gracias! —contesté a media voz.

Seguí acostado, dormitando; escuchaba algo de ruido en la cocina y pensé: «Mi cuate ya se está preparando algo, y ni cómo pedirle que haga algo para mí». La verdad, me daba pena, pues estábamos acostumbrados a que cada uno se hacía su propia comida, porque teníamos horarios diferentes. Sentía mucha hambre, mis tripas comenzaban a hacer ruidos extraños, y cuál va siendo mi sorpresa:

—Oye, ¿puedes venir a la cocina, o quieres que te lo lleve al cuarto?

No podía hablar muy fuerte, así que me levanté despacio y fui a la cocina con mucha lentitud, no quería empeorar mi condición.

—Espero que te guste y te ayude en algo, amigo.

Quedé sorprendido, me había preparado sopa caliente y un guiso: comí como pelón de hospicio, sin levantar la cabeza. Al terminar, le dije con sinceridad:

—¡Muchas gracias, Hugo! No sabes lo bien que me siento, estaba muy débil.

Desde esa noche aprendí a valorar a mis compañeros, me di cuenta de que éramos en realidad una pequeña familia, porque todos estábamos solos en esa gran ciudad. Una vez recuperado, no perdí la ocasión de agradecerle; dicho sea de paso, no había querido marcarle a mi madre para no preocuparla, estando lejos las cosas se escuchan y se sienten diferentes, no tenía caso. Sí, cierto, me sentía muy solo y desamparado; el gesto que tuvo mi compañero fue fenomenal, nunca dejaré de agradecerlo, primero porque me ayudó a alimentarme, a recuperarme, y segundo, me dio una enorme enseñanza ese día: la hermandad.

Recuerdo que en ciertas ocasiones no tenía para comer y no fue una sola vez, sino muchas en el transcurso de la carrera. La mayoría no era porque no me hubieran dado recursos mis padres, más bien porque yo no sabía administrarme muy bien.

Es algo que vas aprendiendo, sobre todo cuando eres foráneo; también era muy común pedir prestado entre los compañeros, una forma de irse ayudando, comprometiéndose a cumplir prórrogas y pagos, lo que también te sirve pues es un enorme aprendizaje. Porque una regla, secreto a voces, era «no le prestes dinero a un estudiante local». Se preguntarán el porqué, y es muy simple: al estudiante local no le dan dinero sus padres, solo lo que necesita para transporte y alimentos básicos; entonces, cuando le prestaba a alguno, casi siempre me fallaba en el pago y no era en realidad que no fuera a cumplir, más bien que se tardaba en hacerlo. Lo prometido no se cumplía, mientras que normalmente uno andaba de semana en semana con el presupuesto bajo el brazo, contando los pesos y los días. Son cosas que se viven y se deben aprender; hoy, como adulto, doy gracias a esas vivencias porque todo eso es formación y bases de administración, las cuales inconscientemente vas usando conforme pasan los años, uno pone en práctica todo. Mis padres me asignaban una cantidad, y sabía que no debía salirme de cada rubro, a no ser que fuera una emergencia. Tenía que hacer un plan de gastos de cada mes y semana, y muchas veces por no administrarme correctamente me quedaba de pronto sin dinero, pues si valía la pena, me excedía en el apartado de la diversión.

En ocasiones, cuando nos escaseaba el dinero y teníamos que apretarnos el cinturón, cada quien debía hacerse responsable de sus pagos y préstamos. Para que rindiera más el gasto, sabíamos que un día a la semana, en una tienda comercial grande cerca de la casa (Soriana), daban muestras de productos, una excelente oportunidad para matar un poco el hambre, así que nos paseábamos por todos los pasillos y en cada uno de los puestos de promoción comíamos y bebíamos tranquilamente, y de forma «legal» nos ahorrábamos una comida; llegada la hora, nos organizábamos para la cena, buscar cereal o algo que te llene y no cueste mucho era una de las muchas formas en que administrábamos nuestros recursos. Creo que inconscientemente hacíamos mucho más que eso, con honestidad creo que fueron lecciones de vida que nunca olvidaré. Sin darnos cuenta, tomábamos conciencia para cuidar, hacer rendir y valorar lo que teníamos.

HÁBITOS QUE ME LLEVARON A LA DISCIPLINA

Sin duda, debo mucho de lo que soy como adulto al taekwondo. Aún hoy creo sentir la adrenalina de aquellos miércoles cuando nos tocaba combate, era un momento de mucha concentración y destreza; debía uno demostrar seguridad en lo aprendido, era como un examen oral, una práctica fiel de todos los movimientos acumulados en el proceso. A veces terminaba muerto, o casi muerto, al llegar a casa no me la acababa, porque ahí estaban mis compañeros con sus caras largas, esperando a verme para echarme un montón de comentarios negativos porque a veces me veía muy mal, desgastado como palo de perico, con algunos moretones por los golpes.

—¿Para qué vas? Jajaja, mejor páganos la cena y unas cheves y nosotros te ponemos una paliza aquí.

—No inventen —contestaba agarrándome la espalda o las piernas, donde más me dolía.

El punto es que esos días en que realmente no tenía ganas de entrenar, por el dolor acumulado y el cansancio, era tanta mi disciplina que aunque yo decía «hoy no voy», iba a pesar de mis quejas y reclamos; sacaba el uniforme, jalaba un poco de aire y me reportaba con el maestro, listo para hacer mi mejor esfuerzo, derechito como soldadito de plomo en el vestidor del gimnasio, y los demás igual mientras se cambiaban para entrenar. Sin lugar a dudas, aquellos momentos dieron sentido a muchas cosas hoy en mi vida adulta y profesional, pues me ayudaron a controlarme, saber respirar y decidir qué batallas debo pelear; es más, lo sigo practicando eventualmente. El taekwondo es un ejercicio físico y mental importante, es algo que mis hijos, bueno, no, más bien todos practicamos —toda la familia somos cintas negras—, incluso mi esposa.

A mis críos sé que les será de gran provecho en su vida adulta y profesional.

Como comenté anteriormente, una regla no escrita entre los universitarios era «no le prestes dinero a un estudiante local», y la razón era muy simple, no te pagaban en tiempo y forma y muy probablemente no lo harían nunca, mientras que entre los foráneos era algo normal un «aliviáname, y llegando mi semana o mesada te lo regreso», y la raza ciertamente era bien cumplidora. No es que los locales fueran malos para pagar, simplemente lo que sucedía es que solo les daban para lo indispensable y si no trabajaban, lo que era muy común, no tenían manera de conseguir dinero; como foráneos, pues los papás nos daban, ya fuera por semana o por mes, y uno tenía que administrar el recurso.

Ese era un mandamiento no escrito, cada uno sabía a quién darle dinero, cuándo prestar o cobrar.

Y eso también fue una gran enseñanza, porque aprendí a valorar a los amigos y a ser responsable: si me prestaban (varias veces ocurrió) cumplía mi palabra, lo prometido se tenía que hacer cabalmente, ni me escondía ni mandaba mensajes de «luego te pago», nada de cosas raras, pagaba y agradecía puntualmente el gesto aunque a veces tenía que hacer malabares; era duro, porque llegaba el recurso y si habías pedido de más y no te administrabas bien, quedabas muy corto. Algo importante para mí era pagar mis deudas y compromisos, así dejaba abierto uno el crédito para cuando lo necesitara.

—Aquí está: pagado, amigo.

—Cuando se te ofrezca, con gusto te vuelvo a prestar, Alfredo.

Era el último año, aunque el último semestre se te va muy rápido en puras gestiones y eventos, justamente por ello tenía que empezar a aplicarme.

Realmente estaba muy contento de hallarme en la recta final, pero nervioso al mismo tiempo porque para poder salir en tiempo y forma, debía cumplir con unas materias de los primeros semestres que venía arrastrando, por eso necesitaba meterle al máximo a las de este último año. Créanme que era un verdadero reto, pero debía correr ese riesgo, no me quedaban muchas opciones; si fallaba tendría que postergar la graduación, quedarme un semestre más y pagarlo.

Decidido eso, traté de pasar todos los exámenes parciales, los más que pudiera, no debía distraerme; la verdad, fue muy pesado, y con el paso de los meses lo fui cumpliendo. Aún no podía cantar victoria, porque me faltaba un semestre más y en ese tenía que jugarme el todo por el todo. En el anterior, muchos compañeros empezaron a organizarse para las graduaciones, y así bajar costos; dicho sea de paso, no quise unirme a ningún grupo porque no tenía la seguridad de graduarme; en la universidad éramos demasiados alumnos de varias carreras y siempre había grupos organizándose, pero me aguanté.

En el último semestre surgió uno donde digamos que estábamos la mayoría de los alumnos con problemas, esos que aguardábamos con nerviosismo en la cuerda floja, esperando poder cumplir. Ese era mi último barco para unirme a una generación y tener fiesta de graduación; a decir verdad, no me importaba mucho tener fiesta, más que nada lo hacía por mis papás y la familia; éramos un grupo muy pequeño, pero no había más. Ese último semestre decidí salirme de la rondalla: honestamente, me costó mucho trabajo porque amaba la música y todo lo que con ella viví. Me despedí de mis compañeros tranquilo, con un nudo en la garganta; hablé con ellos y les expliqué mis razones para dejar el cargo. Les comenté:

—Si me es posible, puedo apoyarlos en algunos eventos, pero no puedo comprometerme al cien.

Ellos entendieron; de hecho, entregué la guitarra y el traje para que alguno de los nuevos pudiera usarlo, y si yo llegaba a necesitarlo pues ya me lo prestarían, aunque fuera solo para el evento. Creo que después de la última competencia ya no toqué más en eventos oficiales, solamente en serenatas de amigos. En el taekwondo hice exactamente lo mismo, me despedí del equipo de la universidad y solo me quedé entrenando en la escuela particular de Vonnacher, en la cual inicié. Cabe señalar que también tuve que bajarle un poco a la intensidad de la práctica, pero no quería, más bien, no podía dejar el ejercicio por completo porque era como un vicio, algo que mi cuerpo me pedía constantemente y me ayudaba a relajarme. Fue de esa manera que puse todo mi enfoque en la carrera, para pasar todas las materias en tiempo y forma, poder graduarme y alcanzar la fiesta con la generación a la que me había unido, y por cierto, de volada empecé a ayudar en algunas cosas a quien me invitó: era el presidente de la generación, pero dadas mis cualidades de liderazgo y capacidad de negociar, además de las relaciones que había hecho a lo largo de mi estadía en la universidad, en la rondalla y en el taekwondo, un día me dijo:

—Sabes, Alfredo, el puesto te queda mejor a ti que a mí, ¿cómo ves, aceptas?

—Me encantaría, pero el problema es que no tengo seguro cómo voy a terminar.

—Amigo, todos los de esta generación estamos en la cuerda floja; quizá no lo sabes pero tú tienes algo, una gran determinación, estoy seguro de que lo lograrás. Además, estoy igual que tú, pero reconozco que tienes más capacidad.

—Está bien, tampoco me voy hacer del rogar, acepto —comenté satisfecho.

Una de las primeras cosas que logré fue la unión de otro grupo, uno de Ingeniería que estaba casi en la misma situación que nosotros: fui a hablar con ellos y aceptaron que nos uniéramos de esa manera, así el festejo sería más grande y tendríamos un mayor presupuesto a la vez que nos costaría menos, ya que al haber más participantes los costos bajaban. Empezamos a trabajar a marchas forzadas, a buscar el salón, la música, las invitaciones y varios detalles que eran parte de la organización; la verdad, me gustaba hacer todo eso, era algo nuevo para mí, y sin embargo parecía que lo hacía muy seguido. Se me facilitó mucho por mi manera de ser, siempre de ir abriendo puertas, construyendo puentes, haciendo amistades de todo tipo, con lo que las cosas son más fáciles: uno te recomienda a otro y luego a otro.

Como en todo, cuando los gerentes o responsables de los negocios involucrados en la fiesta me preguntaban si yo era el presidente de la generación y les decía que sí, de inmediato cambiaban su postura:

—Excelente; mira, si nos das el contrato, a ti te daremos un descuento especial o algún beneficio extra.

Bueno, realmente no era algo que yo buscara con desesperación para mi beneficio personal, al contrario. Les decía:

—Mira, mejor dame un buen precio, ayúdame lo más que puedas, y yo me encargo de que te demos el contrato del evento.

—Excelente, entonces déjame revisar los precios y te hago la propuesta nueva.

De esa manera fui armando todo, y luego formé una mesa directiva para delegar algunas tareas; todo iba muy bien en cuestión de los preparativos hasta que nos llegó el momento de comenzar a pagar. No hubo mucho tiempo de hacer eventos y juntar lana, para de esa forma ayudar a los padres de familia; la idea de todos era que no pagaran tanto. El tiempo se nos vino encima, ya había que dar anticipos, y a sabiendas de que si alguien no se graduaba, pues el dinero no se regresaba, muchos empezaron a querer rajarse:

—Es que no es seguro que pase las materias.

—No sé, ¿quién me asegura que todo saldrá bien? —reclamó otro.

—A ver, señores, todos estamos en la misma situación; lo que les aseguro es que esta es la última generación que queda, y debemos apostar todos a que nos graduaremos. Espero que no, pero si por alguna razón no se gradúan porque reprobaron una materia, véanlo de esta forma, ya no habrá gente de su generación con la que más se llevan. Yo los invito a que se atrevan, a que se comprometan consigo mismos, y si por la de malas no pasan, igual hagan de esta una graduación especial; después terminarán, y en el próximo semestre pasarán la materia o materias que hayan dejado pendientes, pero al menos ya tuvieron la fiesta con sus compañeros de generación.

Algunos se rascaban la mollera tratando de visualizar la idea y los tiempos, y después aceptaron jalar parejo, funcionaron mis argumentos. De ese modo fue como pude conseguir los recursos económicos, se dieron los anticipos, y todos quedamos satisfechos con lo conseguido: finalmente teníamos todo arreglado para la fiesta, ahora solo quedaba lo principal, que era pasar los exámenes.

Quisiera decirles que fue fácil, pero nada que ver; tuve que estudiar mucho y hacer muchos trabajos finales. No logré pasar todos los parciales, pero sí la mayoría, aunque con la carga de materias que traía, aquello fue una locura. Todos me decían «no la vas a hacer», pero había apostado todo para ganar: me desvelé muchas veces, sacrifiqué diversión y salidas porque lo consideré necesario, urgente.

Recuerdo muy bien cuando me dieron la última calificación que me faltaba, ¡aprobado! Di un grito enorme de felicidad, había logrado el gran objetivo; estaba que no cabía de la felicidad y la satisfacción. Recuerdo que camino a casa iba manejando extasiado porque no me la creía: tenía tanta desconfianza que al llegar revisé el plan de estudios de nuevo y sí, efectivamente había llenado el kárdex. Más tarde me enteré de que mis compañeros de casa también lograron la meta.

Los tres éramos pasantes de Ingeniería: ahora sí podía hacer con tranquilidad la lista de invitados a mi graduación ya que por el mismo miedo no había querido invitar a nadie, solamente a mis padres les había dicho.

Emocionado, empecé a hacer algunas llamadas, la familia debía enterarse, bueno, sobre todo los más cercanos; tíos, primos y algunos amigos comenzaron a hacer planes para ir a Monterrey a la fiesta. Como unos amigos del taekwondo tenían una quinta y me la habían ofrecido, aproveché para hacer una *tornagraduación* con la finalidad de poder invitar a más gente, los que no podrían estar en la graduación porque los lugares que conseguí eran limitados.

—Acá los espero, primo, gracias —comentaba antes de colgar el teléfono.

En la escuela ya todo estaba al cien, solo me faltaba cumplir con los trámites generales para la organización de la fiesta y eso también pintaba bien, ya tenía el salón, la iglesia, la música, las invitaciones, los anillos de graduación, las fotos; lo único que omití fue lo de grabar en video y un mariachi que llegara al festejo, el presupuesto no dio para más. Al final sí tendríamos mariachi, el de la escuela, así que no hubo ninguna queja. Agarraba aire, pensaba: «Ya estamos del otro lado, todo lo que siga deberá ser bueno», y sonreía sin querer porque estaba todo pagado, solo restaba esperar el gran día. Las personas que te rodean muchas veces no se enteran de todo lo que hiciste, de todo lo que moviste y peleaste para cumplir cabalmente con un objetivo: ¿cuántas batallas superé?, ¿cuántas tuve que posponer por no estar preparado?, ¿cuántos gritos de desesperación oculté entre silencios para no caerme, para no ceder?

Entre la raza empezaban las pláticas y los sondeos acerca del futuro, ya saben: ¿qué vas a hacer? ¿Te quedas en Monterrey, o regresas a tu ciudad? ¿Trabajarás para tus papás? ¿Qué pasará con la comercializadora? ¿Te van a seguir apoyando mientras te colocas en alguna empresa? Algunas las contesté de primera mano, sin embargo, hubo otras a las que no supe qué decir, debía esperar a que las cosas caminaran, se concretaran.

Por fin llegó el gran día, y mis padres, anchos, anchos; mi hermana, tíos, primos, todos se hicieron presentes en Monterrey, muy de pipa y guante y echándome carrilla porque el festejo, el logro, no era cualquier cosa. Yo siempre había dicho «no soy el gran estudiante, pero eso no me detendrá», así que la familia estaba como loca, imagínense todo lo que me decían, entre burlas y bromas. ¿Y yo? Ancho, ancho también, por haber cumplido el gran objetivo.

Sentado en la misa, miraba a todos lados: observaba las expresiones, las sonrisas, los gestos conocidos. Evocando entre aquellas puertas llenas de febril juventud, de repente me asaltaron algunos recuerdos de los años lejos de casa: cuántas veces había añorado mi cama, la comida de mamá, los consejos de papá, con tanta pasión que al cerrar los ojos me sentía a su lado, y sin quererlo vino a mi memoria aquella mañana de febrero de 1992 cuando salí de Reynosa con muchas dudas y miedos, pero también sueños y un objetivo claro: ser ingeniero. Ese día llegó puntual a la cita cinco años más tarde. Al empezar a reflexionar sobre todo lo que había pasado para lograrlo, los triunfos, las caídas, los viajes, los golpes y accidentes, concluí que todo valió la pena.

—Pueden ir en paz, la misa ha terminado, felicidades a todos los egresados —comentó el sacerdote, permitiendo de esa manera que una lluvia de aplausos nos cayera encima.

Luego los abrazos, las promesas, las palabras de aliento… ¡y de ahí a la fiesta! Todo realmente estaba bien organizado, es de reconocer que hicimos una buena mancuerna con muchas personas, le imprimimos al asunto la seriedad y la sinergia adecuadas. ¿El resultado? Genial, ensordecedor, todos se veían contentos, baile y baile. Yo iba bien acompañado, uno de mis grandes secretos estaba cerca de mí: Marcela, mi novia.

Ese día fue muy especial porque presenté a todos formalmente a mi pareja, la compañera de mis días y de algunas madrugadas; compartíamos desde hacía tiempo insomnios y muchas preocupaciones. Marcela estaba con cara de pena, mientras que yo la miraba de refilón cuando podía; me sonreía discretamente, se ruborizaba un poco ante la familia y eso nos generaba más burlas, jeje, sin embargo, creo que todos la pasamos muy bien. Bailamos y reímos sin límite, fue una gran fiesta. Al llegar el amanecer ya andábamos entonados, y lo clásico, nos pusimos de acuerdo para ir a buscar menudo; como toda la familia estaba en el mismo hotel, pues seguiría la celebración hasta que saliera el sol.

El domingo alargamos el momento en la quinta que me prestaron, aunque llegamos después del mediodía porque la mayoría andábamos desvelados. Luego arribaron más amigos, más familia, se unieron mis padres, que llevaron mucha carne —fajitas– y pollo preparado; lo mejor era que había un horno, así que toda la tarde no paramos de comer y beber entre la plática, los chistes, las bromas de los amigos y conocidos. No podía faltar la alegría y el alma de todas las fiestas, Don Baldomero, mi papá, con su guitarra, y claro, haciéndole segunda mis primos, una amiga que también le rascaba a la guitarra y obviamente yo, que no podía dejarlos solos.

El repertorio era extenso, así que nos alcanzó de nuevo la madrugada bien enfiestados; como todo tiene un inicio y un final me despedí, aunque no sé a qué hora. Ignoro cómo nos las arreglamos para terminar la fiesta decentemente, sin heridos ni broncas ni accidentes de por medio. Nos fuimos todos a descansar porque muchos se regresaban al día siguiente, algunos más temprano y otros un poco más tarde, unos por tierra y otros en avión, mientras que yo me quedaría unos días más para ver pendientes muy importantes como la novia, jeje, y también para recoger mis cosas de la casa que rentábamos, aunque, la verdad, solo agarré pertenencias personales, muebles y adornos los dejé porque mis compañeros no se regresarían a sus casas, se quedarían a trabajar en Monterrey. Andaba para arriba y para abajo revisando cuando me topé con el espejo: el muchacho inmaduro había quedado atrás, ahora frente a mis ojos se delineaba una persona completamente distinta, segura de sí misma, con una mirada, una postura novedosa, retadora; créanme que era una sensación muy extraña saber que recogía mis posesiones para mudarme de nuevo a casa de mis papás. Sonreí antes de cerrar la puerta y cruzar el umbral hacia el auto.

Igual que la primera vez que me fui a Monterrey a clases, viajando solo por carretera, el día que regresé a Reynosa también iba solo, y fue una gran oportunidad para entablar un diálogo interno: hablaba conmigo mismo y reflexionaba sobre mil situaciones, todas mis dudas saltaban como chapulines en aguacero, con preguntas como: ¿me adaptaré de nuevo a estar en casa con mis papás y someterme a sus reglas? ¿Será lo mejor regresarme a probar suerte en mi ciudad como emprendedor? ¿Será que mi novia aguante ahora que ya no estoy en Monterrey?

Ninguna respuesta era clara, debía esperar a que el tiempo me ayudara a acomodar las piezas de ese enorme acertijo. Lo que sí es que me sentía muy contento de regresar a casa como todo un ingeniero, orgulloso del esfuerzo y la pasión con que sorteé los peligros y sobresaltos, orgulloso de mí mismo, sobre todo porque no les fallé a mis padres y les di la enorme satisfacción de tener un hijo graduado.

ONCE
CABEZA DE RATÓN O COLA DE LEÓN

Desde que salí de la universidad, cuando me gradué, intuí que podía ser mi propio jefe. Ya lo había experimentado en varias etapas de mi vida; aprendí a ser autocrítico, independiente, y a buscar soluciones a cualquier reto o compromiso financiero. ¿Suerte? ¿Destino? ¿Coincidencia? Mis principales maestros fueron mis padres, y el tesón, la terquedad que yacía en mis genes para salir adelante y no darme por vencido.

¿Por qué es mejor ser emprendedor que vender tu tiempo por «seguridad económica»?

Es inevitable volver a una pregunta muy sencilla, pero muy incómoda cuando sales de la universidad; tus amigos, conocidos y familiares te interrogan: ¿y qué vas a hacer ahora?

Normalmente nadie tiene claro qué va a hacer; sabes que hay que trabajar, pero nadie tiene idea de cómo venderse, cuánto cobrar, qué ofrecer, porque te sientes sin experiencia y es lo primero que te piden en todos lados donde solicitas empleo.

Y ¿qué sucede? Terminas aceptando un trabajo «provisional», según tú, mientras encuentras algo que te guste o sea acorde a tu profesión. La mayoría de las veces, muchos allí se quedan porque se adaptan a la empresa, a los compañeros de trabajo, y empiezan a sentirse cómodos. En mi caso, tenía claro que no iba a ser un empleado, estaba decidido a ser un emprendedor.

Recuerdo que cuando fui a la universidad por el resultado de la última materia, al ver que estaba aprobado, ¡guau!¡Salté y grité de la emoción! Haber concluido mis estudios universitarios fue genial, sobre todo por la enorme satisfacción que les daría a mis padres, tener un hijo profesionista; corrí emocionado al teléfono, llamé a mi madre a casa y le di la gran noticia, y ella a su vez corrió la voz a mi padre. Después me fui a celebrar a la casa de estudiante donde vivía, y al llegar estaba uno de mis dos compañeros, los que eran como mis hermanos y con los que compartía la casa, ya que los tres éramos foráneos.

—¿Cómo te fue? —me dijo—. ¿Pasaste?

—¡Sí...! —respondí feliz.

—¿Y qué vas a hacer ahora? —me hizo la gran pregunta.

Le contesté rápidamente, sin pensarlo mucho, lo primero que traía en la cabeza:

—Aún no sé, pero eso sí te digo, no voy a trabajar para nadie, agotaré todas las posibilidades para no buscar trabajo.

—¡Cómo! ¿No piensas trabajar?

—¡Claro que sí! ¡Pero no quiero vender mi tiempo a cambio de un salario!

—¿Entonces para qué estudiaste y sacrificaste tanto aquí como estudiante foráneo?

—Pues me queda claro que es importante estudiar y tener un título, pero lo que yo quiero es probar suerte emprendiendo algo.

—Entonces, quiero entender, ¿estoy mal? Porque ya estoy haciendo solicitudes de trabajo, y quizá me den un puesto donde hice las prácticas profesionales.

Se construyó un enorme silencio entre los dos, me encogí de hombros y suspiré profundamente.

—¡No! Eso está bien; de alguna forma, digamos, es lo normal o al menos lo que nos han enseñado siempre, solo que no me veo trabajando para alguien.

—¿Y crees que puedas hacer algo? Requieres primero trabajar y juntar recursos, y después de un tiempo quizá puedas poner un negocio. Es lo que yo quiero hacer, pero no ahora porque no tengo nada de capital ni experiencia, es más, ni idea tengo de cómo emprender un negocio.

—Bueno, deja lo intento yo y veremos cómo me va, mi estimado amigo.

—Okey. Me tengo que ir, nos vemos más tarde.

Cuando mi compañero salió me quedé reflexionando, y me asaltaron algunas preguntas: ¿y si tiene razón? ¿Y si no estoy pensando y haciendo lo correcto? ¿No iré a defraudar a mis padres? ¿Cómo reaccionarán cuando les diga que no quiero ejercer la profesión, sobre todo después del gran esfuerzo que hicieron para mandarme fuera de la ciudad para obtener un título universitario?

Llegó el fin de semana y me fui de volada a mi ciudad de origen. En el camino iba muy emocionado y preocupado a la vez, no caía en cuenta de que regresaba a mi ciudad de origen ya como un profesionista, y seguía pensando en lo que iba a hacer. Al llegar a casa, la felicidad de mis padres y hermana saltaba a la vista, recuerdo qué gran recibimiento me dieron. Más tarde, nuevamente salió a colación la pregunta: ¿y qué vas a hacer ahora?

—¿Qué planes tienes, hijo? —me dijo mi padre mientras mi madre y hermana me observaban con atención; todos esperaban una respuesta sensata, acorde a lo que había demostrado en los últimos años.

—Mmm... Pues, saben, quiero probar suerte emprendiendo algo —dije con voz suave y muchos nervios—. ¿Quizá pueda ayudarte en la comercializadora, papá?

Inmediatamente mis padres me apoyaron:

—Lo importante es que ya terminaste la universidad y lo que tú quieras está bien, solo piensa que ahora tendrás más responsabilidades.

—Sí, eso lo sé, estoy consciente de ello.

—Por cierto, ese negocio lo tengo prácticamente cerrado, no hay clientes, tendrás que trabajar mucho para levantarlo —apuntó mi padre arqueando las cejas.

Mis padres tenían un negocio principal de trámites aduaneros para transmigrantes, y ambos trabajaban en él.

—¡Mucho mejor! —comenté emocionado—, así empezaré de cero, al menos en cuanto a clientes, puesto que de poner una oficina y los trámites de dar de alta un negocio no tengo ni idea.

—Muy bien, hijo, pues mucha suerte en tu nueva etapa como profesionista independiente. Manos a la obra, aquí están las llaves; cualquier duda que tengas apóyate con nosotros, entre todos vemos la manera de sacar las cosas adelante. No somos muchos, pero hay confianza, amor y respeto.

—Gracias, lo sé.

El lunes muy temprano fui emocionado a la oficina, tenía muchas expectativas y muchas ganas de empezar a trabajar para demostrarme a mí mismo que sí se podía. Cuando empecé a desempolvar el local me di cuenta de que no sería nada fácil al ver los gastos y cosas básicas que se ocuparían en ella; por un momento empecé a dudar si hacía lo correcto, pero tenía una gran corazonada que me decía que yo tenía un alma emprendedora, y qué debía hacer.

El giro era importación y exportación de mercancías, Empecé a buscar clientes, pasaron unas semanas y llegó el primero; era algo chico, pero para mí era como si se tratara de una transnacional. Presenté una cotización, y cuál fue mi sorpresa cuando la aceptaron rápidamente. Me dijeron:

—¿A qué cuenta le depositamos, ingeniero?

—Licenciado, no tengo los datos a la mano, en cuanto llegue mi secretaria se los notifico.

—Claro, está bien, quedo en espera para hacerle el depósito.

—Gracias, que tenga buena tarde.

Colgué el teléfono y grité de emoción, tenía mi primer cliente y mi primer problema a resolver: carecía de cuenta bancaria, y también de secretaria. Llamé a mi padre y me ayudó a abrir una cuenta ese mismo día; la secretaria vendría después, no tenía presupuesto. Tendría que arreglármelas solo mientras, inmediatamente le pasé al cliente el número de cuenta.

Al día siguiente ya tenía mi primer depósito por el total de la cotización en mi primera compraventa.

Hice la compra de la mercancía y la importación, y de inmediato la envié a destino al cliente. Cuando la recibió se sorprendió por la rapidez, y me dijo que estaba dando un buen servicio:

—Estaremos comprando refacciones, así que requeriremos nuevamente sus servicios.

—Claro, con mucho gusto. Para servirle, es un placer; quedo a sus órdenes, licenciado.

—Muchas gracias, ingeniero, estamos en contacto.

Y así fueron mis inicios como emprendedor; aún no sabía cuál sería mi suerte como tal, pero al menos había dado un pequeño gran paso y obtenido mi primera utilidad, de la cual tomé una parte como mi primer sueldo.

Le hablé por teléfono a mi amigo y compañero a Monterrey.

—Juan, ¿cómo estás?, ¿cómo te ha ido en tu trabajo?

—Pues ya más tranquilo, me dieron puesto de ingeniero y también un sueldo para empezar, aunque más adelante lo subirán; me siento muy contento porque estoy aprendiendo mucho. ¿Y tú, cómo vas con tu emprendimiento?

—Muy bien, ya tengo un cliente y me hace pequeñas compras regulares. Sale para los gastos de la oficina y para mí; quizá no tenga un sueldo seguro por el momento como tú, pero estoy haciendo lo que quería, trabajar para mí mismo.

—Entonces, ¿en serio no vas a buscar trabajo ni a ejercer tu profesión?

—No, por ahora le apuesto a salir adelante yo solo, y mis padres me apoyan.

Era algo que me preocupaba: que no me entendieran, o que se molestaran por no ejercer.

—¡Muy bien, amigo! Pues ojalá te vaya bien en tu proyecto de vida, estamos en contacto; gracias por hablar.

—Gracias, también te deseo lo mejor. Ojalá te asciendan rápido de puesto, y de sueldo también —y sonreí.

La verdad, me dio mucho gusto que mi amigo estuviera contento en su trabajo, y yo cada vez más seguro de mí mismo por haber tomado una buena decisión al emprender y buscar utilidades en lugar de tener un salario seguro; una utilidad es mejor que un salario.

Hay algo que normalmente no nos dicen a lo largo de nuestra formación académica, y es que es mejor buscar generar utilidades que tener un salario. La mayoría se va por el camino de buscar ese sueldo seguro, que no está mal porque te puede dar un buen vivir, pero nunca te dará libertad de tiempo y mucho menos libertad financiera, siempre estarás vendiendo tus horas y minutos a cambio de ese ingreso; en cambio, si logras entender la gran ventaja de generar utilidades, te convertirás en un emprendedor o empresario y podrás tener muchos más beneficios, como ser dueño de tu tiempo y unas finanzas más holgadas.

De esa manera inicié la aventura de ser emprendedor, motivado y libre y sintiendo el apoyo de mis padres, que siempre fueron una bendición. Después de unos meses, mi tía Amparo me llamó por teléfono para saludarme:

—Sobrino, ¿cómo te va?

—Bien, tía, gracias, aquí aprendiendo y tratando de hacer crecer los clientes de la comercializadora.

—¡Oh, muy bien! Pues te llamo porque quería saber: ¿qué piensas hacer?, ¿vas a quedarte allí en la comercializadora?

—Por el momento sí, y en caso de que por alguna razón no me vaya bien, pues tendré que buscar en alguna maquiladora trabajo de mi área de ingeniería, aunque espero no llegar a eso, así que le pondré todas las ganas. ¿Por qué la pregunta, tía?

—Mira, sobrino, lo que pasa es que tengo un proyecto para una sociedad con un agente aduanal y queremos abrir oficinas en Matamoros, Tampico y Reynosa; si te interesa, quizá pueda ayudarte y tú me ayudas allá.

—Guau, eso sería genial, tía.

—Bueno, déjame hablar con mi socio y proponerte con él, a ver qué le parece; lo único malo que le veo es que estás muy joven.

—Okey, pues ojalá quiera; yo quedo en espera, tía, y muchas gracias de antemano por pensar en mí.

Eso fue todo lo que hablamos, aunque no me iba a derrumbar esa etiqueta de «muy joven». Seguí adelante con la comercializadora y los planes que tenía, no me iba tan mal, aprendía y me organizaba poco a poco. Pasaron un par de semanas cuando me volvió a buscar mi tía Amparo:

—Ya hablé con mi socio y acepta que seas parte del proyecto, solo me puso como condición que vengas a Tampico para capacitarte, y después te regresas a Reynosa como gerente socio para abrir la oficina.

—Por supuesto, ¡yo encantado, y emocionado! —contesté.

Lo bueno era que aún tenía pocos clientes en la comercializadora, entonces los podía seguir manejando desde Tampico; también contaba con la ayuda de mis padres en Reynosa para los trámites aduanales. Bueno, emprendí el viaje a Tampico, y la verdad no fue nada difícil, ya que estaba acostumbrado a estar fuera de casa, lo único que me resultaba complicado era tener que sujetarme a un horario de oficina; eso no me gustaba pero al principio llegaba con mi tía, ella también era de empezar a trabajar un poco tarde, así que nos acoplamos rápido. Después se me asignó un vehículo —supongo que para que no tuviera excusa—, y ahora sí tenía que llegar más temprano para cumplir cabalmente con el horario. Pocos días transcurrieron cuando mi tía me llamó:

—Oye, Alfredo, hay un diplomado en comercio exterior, deberías tomarlo.

—Sí, claro, me interesa.

—Mira, aquí están los datos, date una vuelta para que preguntes.

—Gracias —apunté antes de despedirme con un abrazo.

Desde siempre, todo lo que es educación, aprendizaje, me ha llamado la atención, por eso fui a pedir informes; me inscribí, la empresa de mi tía me lo pagó, y tomaba las clases en la tarde. Me sirvió mucho porque yo venía de la carrera de Ingeniería, nada que ver con el comercio exterior, y aunque tenía algunos conocimientos al respecto, ya que siempre trabajé en el ambiente aduanero en mis vacaciones, ciertamente había mucha diferencia entre lo que yo sabía y lo que es el conocimiento de las cuestiones técnicas y leyes involucradas y los cientos de procedimientos, era algo nuevo para mí. Sin embargo, aprendí rápido, y lo mejor era que tenía muy buenos compañeros, algunos recién egresados de Comercio y otros que ya se desempeñaban como directivos o gerentes en agencias aduanales o agentes navieros, así que las clases se ponían muy interesantes por sus aportes y las relaciones que establecí.

Creo firmemente en la construcción de relaciones de largo plazo.

La verdad, fue un gran aprendizaje; terminé el diplomado con excelentes notas y referencias, pero como al mismo tiempo trabajaba en las oficinas de mi tía, también aprendí cosas administrativas y de trámites marítimos, de lo que no sabía absolutamente nada. Me gustó mucho la estancia en Tampico; eso sí, algo que me fue difícil era que mi tía es una persona muy estricta y me dijo muy claro, recuerdo bien:

—En la casa soy tu tía; en la oficina soy la patrona.

Entonces era un poco complicado, porque ella misma de repente me decía «sobrino, ven, vamos a tal parte», y de repente le cambiaba a «Alfredo, ven para acá, ve y haz esto y lo otro» con voz de mando. Pero algo que me ayudó y me sigue ayudando es mi carácter, liviano y sin complicaciones, porque otros familiares ya habían trabajado con ella y nadie le aguantaba el trote, así que mi estancia fue de aprendizaje y además recibía un buen sueldo, el cual me era de mucha ayuda.

Aunque en realidad no gastaba mucho, tenía todo en la casa con ella, y el dinero se lo mandaba a mis padres, sobre todo para que no tuvieran problemas y pudieran pagar la universidad de mi hermana, porque sabía que batallaban con los gastos. Aunque no me obligaban a depositarles, me nacía ayudarlos, era justo por todo lo que habían hecho por mí y sobre todo para apoyar a mi hermana, pues quería que también tuviera una carrera universitaria.

Estuve seis meses en Tampico; se pasaron rápido, y cuando llegó el momento de la verdadera misión, me reporté listo para ir a Reynosa, mi ciudad natal, y empezar de cero una agencia aduanal, ciertamente con el apoyo tanto económico como moral de mi tía y su socio, el agente aduanal. Se me crispaba la piel por sentirme con el poder de hacer cosas, me entusiasmaba lo que ofrecía mi ciudad, y más con ese reto. Empecé de inmediato a ver locales, el mobiliario, entrevisté personal, abrí las cuentas bancarias y cumplí con los trámites para abrir el negocio; todo era nuevo para mí y fue una gran lección poner en práctica todo lo que había aprendido. Y se puso más interesante, porque el apoyo económico y moral que me prometieron no fue tanto como habían dicho, pero me sirvió en el sentido de que tuve que improvisar y sacar el proyecto adelante; me adapté a un presupuesto para el mobiliario y los gastos generales, y las amistades, que dicho sea de paso eran de mi padre, me ayudaron muchísimo.

Me fui relacionando más y logré algunas de las metas establecidas en poco tiempo, en aproximadamente veinte días ya estaba todo listo para arrancar, solo faltaban unos detalles de los sistemas aduaneros y un poco más de personal, pero lo básico ya estaba: oficina, mobiliario, computadoras, teléfonos, gente. Se suponía que el socio, que aún operaba en su trabajo anterior, iba a terminar relaciones para empezar la nueva sociedad aunque se estaba demorando, no tomaba las llamadas, y un día, de buenas a primeras me contacta:

—Hoy vamos a empezar.

—Ya estoy listo, solo faltan unos detalles —comenté con tranquilidad.

—Ahorita los vemos. En diez minutos llego.

Venía acompañado por algunas personas que trabajaban con él originalmente; la idea de los socios era que todo el personal sería nuevo, y yo ya tenía a algunos contratados e incluso otros en lista de espera hasta que iniciáramos operaciones, así que eso fue un cambio de planes. Me explicó de algunos problemas que tuvo con su socio anterior y que no quería dejar a esa gente sin empleo, y bueno, nos acomodamos como pudimos, resolvimos los temas que faltaban y ese mismo día comenzamos a laborar; no recuerdo exactamente la fecha, pero lo que sí tengo muy presente es que fue en el mes enero de 1998.

De esa manera inicié mi carrera en el ramo de comercio exterior y aduanas. Una de mis grandes enseñanzas al tener la oportunidad de empezar de cero la empresa fue darme cuenta de la importancia de rodearte de las personas correctas, y también de las amistades y la relación con la gente; esto lo había visto ya con mi padre, que tenía excelentes relaciones laborales con muchos en el ambiente aduanero y varios me conocían, ya que desde niño siempre iba con él a ayudarle. Todos ellos me ayudaron mucho, me decían en un tono paternal «a ver, Alfredito, ¿qué necesitas?», «pues esto, y también aquello», y ya me apoyaban o me daban la orientación necesaria sobre lo que debía hacer o con quién tenía que ir.

Lo digo con sinceridad, pensaba que sería fácil llevar adelante el negocio, pero no tenía idea de aquello con lo que iba a lidiar, y el montón de habilidades que tendría que utilizar y aprender. Ya en operación suceden muchas cosas inesperadas, no es «dos más dos son cuatro», no: se posponen fechas, hay situaciones de clima, políticas, todos los días debes lidiar con muchos problemas. Creo que hoy puedo reconocer que todo eso fue una lección enorme, porque me obligó a tener los pantalones bien puestos ¡para reconocer mis debilidades y aprender más habilidades!

Primero, por ejemplo, cómo tratar a los empleados; segundo, cómo administrar los dineros de la empresa, y tercero, aprender responsabilidades como socio en las obligaciones fiscales y contables, y luego en la operación del día a día. Para mí fue una maestría porque conocí el área técnica muy bien: lo que eran los trámites, porque saber manejar la ley aduanera para ir a defender nuestros papeles en la aduana es otra cosa, sobre todo cuando a la mercancía le tocaba reconocimiento aduanero; la verdad, uno aprende a conocer y usar la ley y los temas relacionados. Me tocó una temporada en que teníamos «operativo rojo», es decir, todos nuestros despachos aduaneros se sometían a revisión, y pues los verificadores siempre querían sacar ventaja de eso, así que era mi responsabilidad estar lidiando todos los días con problemas nuevos. Algunos los ganábamos, y en otros pues teníamos que negociar; al final era necesario resolver, así que por eso digo que fue mi maestría en comercio exterior.

En ese tiempo conocí a mucha más gente del medio y a los jefes de algunos departamentos: de verdad es muy importante ese tipo de relaciones en el mundo aduanero. Una llamada puede literalmente abrirte el mundo, y las puertas para tus embarques.

Algo que hice casi también desde el inicio fue abrir una comercializadora como la que originalmente tenía mi padre, aunque con miras a crecer y por ello era una sociedad anónima de capital variable —la de mi padre era persona física con actividad empresarial, y eso tenía tanto limitantes como beneficios fiscales—; en 1998 creé mi primera empresa, Comercializadora Kari, S. A. de C. V. Le puse ese nombre en honor a mi hermana Karina, que como mencioné al inicio de este libro, murió al nacer y siempre ha sido mi ángel de la guarda.

Llevaba a la par la agencia aduanal como gerente socio y la comercializadora, para la que debí rentar una pequeña oficina con una secretaria que me ayudaba; la verdad, estaba sola la mayor parte del tiempo, no había mucho movimiento, tenía unos cinco clientes apenas. Pero al año y medio, más o menos, ya no estaba a gusto en la agencia, había cosas que no podía controlar porque la gente se sentía protegida por el socio, el agente aduanal, quien no siempre estaba allí y yo tenía que lidiar con todo eso, no era muy sano el ambiente.

—Tía, ¿sabe qué? Le estoy muy agradecido por la oportunidad, pero la verdad no estoy bien, las cosas se salen de control y quiero mejor independizarme y estar solo, atender a mis pocos clientes y crecer, y no tener que estar con tanto estrés, ya que este socio que tenemos nomás no entiende y tiene ideas muy distintas a las mías.

—Mira, Alfredo aguanta un poco más; deja hablo con él, porque si no estás allí, pues quién va a cuidar mis intereses.

—Entiendo, gracias.

Por eso me quedé unos meses más; después tomé la decisión de casarme, empecé con los preparativos y de nuevo pensé en salirme de la sociedad, sobre todo por el sueldo que tenía y los dividendos, pero decidí aguantarme hasta pasada la boda.

Llegó la gran fecha y me fui de luna de miel completamente despreocupado, o más bien contento y enamorado. Enorme fue mi sorpresa cuando a mi regreso a la oficina encontré a alguien en mi lugar: fue un momento complicado, había llegado muy quitado de la pena a revisar pendientes. El personal contratado directamente por mí me tenía, digamos, confianza y lealtad, mientras que los otros, como eran de la otra sociedad, pues se sentían intocables y esa era una de las cosas que yo ya no aguantaba, estar lidiando con eso todos los días, era desgastante. La gente me explicó lo que había sucedido en mi ausencia, y tenían temor de perder su empleo. Lo que hice fue hablar con la nueva persona que estaba allí, él me dijo que venía a ayudar, que era amigo de mi socio y que no sabía si se quedaría o no; como el socio faltaba mucho, estaba desconectado de todo.

Pasaron unos días de incertidumbre para los empleados que había contratado y se lo comenté a mi tía; según esto, ella no sabía nada, y bueno, cuando por fin apareció el socio, me dijo:

—Alfredo, ¿recuerdas que querías independizarte?

—Sí, así es.

—Pues esta es tu oportunidad, lo he pensado en tu ausencia y te daré ese espacio libre para irte; además conservarás el poder como mandatario aduanal mío, y podrás seguir con tus propios clientes y crecer tu negocio, a mí solo me pagarás por operación una cantidad acordada.

Bueno, realmente era algo que yo quería, solo que con la boda había quedado en ceros y ya no estaba seguro de querer emprender, pero ahora no tenía opción.

—Genial, muchas gracias, solo hay algo que me gustaría saber: ¿qué va a pasar con el personal que contraté?

Entre ellos estaba mi papá, y le había asignado un buen sueldo.

—Por ellos no te preocupes, todo seguirá igual, a menos que no quieran estar aquí.

—Perfecto, deja saco mis cosas de la oficina y la dejo lista para que la ocupe la nueva persona a cargo.

Cuando me despedí de todos, la verdad sí sentí feo, porque de alguna forma me sentía «corrido»; por otra parte, se había fabricado una enorme oportunidad de emprender y ya tenía lo más complicado, que era ser mandatario aduanal, así que lo tomé por el lado positivo. Antes de irme, el nuevo encargado se acercó sigilosamente, tenía cara de que me quería comentar algo, le brillaban los ojos y apretaba las manos, como si estuviera apenado.

—Oiga, ingeniero, ¿puedo hablar con usted antes que se vaya?

—Sí, claro, dime.

—Solamente quería comentarle que no vine a desplazarlo, lamento mucho lo sucedido; eso no fue lo que a mí me dijeron.

—No te preocupes, no pasa nada, no tienes ninguna culpa en esto. En serio, gracias por tus palabras.

—Abusando, Alfredo, ¿podría preguntarle qué sugerencia podría darme para saber dónde empezar? —solicitó moviendo la boca en una mueca de indecisión.

—Mira, el gran problema es la disciplina de los empleados: con los que contraté no vas a batallar, pero los otros hacen lo que quieren. Yo los apretaba y sancionaba, pero llegaba el socio y les levantaba el castigo, y así no se puede. Deben jalar parejos, coordinadamente, porque se supone que todos buscan el mismo objetivo.

—Ah, okey. Muchas gracias, lo tomaré en cuenta, y mucha suerte en lo que emprenda.

—Igual quedo a la orden, estaré aquí cerca en una oficina que tengo, por si requieres algo. Sin dudar búscame, sé que me necesitarás —y es que había cosas que solo yo podía firmar como representante legal mientras nombraban a otro.

—Gracias, eso haré.

Así inicié mi independencia, digamos que un tanto forzada. Ahora bien, algo que me preocupaba mucho era cómo sostenerme adecuadamente pues ya estaba casado, con compromisos, y tenía algunos gastos que cubrir. Aparte, ¿cómo decirle a mi esposa la situación? Prácticamente acabábamos de casarnos y me la había traído de Monterrey, dejó su empleo por seguirme y le dije con mucha seguridad que ya no iba a trabajar; pensé —erróneamente— que a lo mejor tenía algunos ahorritos, pero nada, venía en ceros, así que todo recaía sobre mis hombros. No tenía manera de evitar el toro, la única opción viable era salir adelante a como diera lugar.

En fin, me fui a la oficina y hablé con la secretaria, ahora estaríamos juntos. Le comenté que conseguiría más clientes, de lo contrario no tendría para cubrir los gastos y su sueldo, porque ahora yo también tomaría uno, y me dijo:

—Ingeniero, no se preocupe, verá que saldremos adelante.

—Muchas gracias, así será; nos organizaremos, lo sé.

Sus palabras fueron un aliciente, un remanso de energía y empuje que me ayudaba a tener mayor claridad. Recuerdo que andaba muy preocupado porque se acercaba la fecha de pago de un préstamo, y si no lo cubría, el interés me iba a acabar. No se me olvida un día en que realizaba una diligencia en la aduana, y andaba muy distraído con tantas cosas en la cabeza: los pagos, los clientes, los intereses y el préstamo. Entonces, de la nada, se me acercó quien era en ese entonces el jefe de la plataforma y amigo, Moisés, un hombre recto y afable, de mirada transparente:

—¿Qué tienes, Alfredín? Te veo muy preocupado, se te nota a leguas en el rostro, porque tú no eres así.

—¡A poco! No, nada.

Él siguió como si nada:

—Se te nota que algo traes —repitió.

—Mira, lo que pasó es que ahora, después de la boda —a la que por cierto él había ido—, llegué a la oficina en la agencia y ya había otro en mi lugar, quedé fuera; eso sí, sigo siendo mandatario, pero ahora solo despacharé a mis clientes.

—Pues qué bien, felicidades.

—Sí, gracias; el detalle es que traigo unas deudas y pues voy apenas empezando, lo que me mortifica porque con la boda me gasté todo lo que tenía ahorrado.

—¿Cuánto necesitas? Dime más o menos una cantidad, y en cuánto tiempo crees que puedes reponérmela.

—No lo sé, puede ser de dos a cuatro semanas, porque tengo varios clientes y espero salir adelante y buscar más, obviamente —comenté con convicción.

—Mmm, okey, no te apures, yo te los voy a prestar.

—¿En serio? —señalé con cara de asombro y agradecimiento.

—Sí, cuenta con ello; cuando salga del turno, vienes y te lo doy.

—Muchísimas gracias.

Y así fue, Moisés me prestó y con eso pude pagar la deuda y me quedó algo para cubrir algunos de los gastos corrientes; a Dios gracias, tuve algo de trabajo en esas semanas y pude pagarle rápido. Fui y le agradecí de todo corazón. Realmente, aparte de ayudarme me dio una gran lección: que cuando haces las cosas bien y generas amistad y confianza, la gente de verdad cree en ti, de corazón hace las cosas. Estoy seguro de que a nadie más había ayudado el de esa manera, pero lo hizo porque le inspiré seguridad en que no le quedaría mal, y desde ese momento decreté: «Cada que alguien me preste o haga un compromiso conmigo, debo cumplir cabalmente porque lo que uno siembra, eso cosecha».

No pasó más de un mes, cuando llegó a la oficina el dueño de los locales:

—Alfredito, con la pena, pero le voy a prestar este local al esposo de mi hija, que es doctor, porque va a poner su consultorio.

—Está bien, le pido que me dé oportunidad de buscar otro.

—Sí, claro, tú me avisas cuándo desocupas.

—Okey, gracias —contesté, un poco contrariado por la situación.

Nuevamente otra preocupación, cuando apenas agarraba vuelo. Ese fin de semana se lo comenté a mi papá. Nos sentamos en la sala, y jalé un poco de aire antes de hablar; él me miraba casi sin pestañear, pensaba y pensaba.

—¿Qué quieres hacer? —apuntó, sacudiendo la monotonía de mis palabras.

—Pues no tengo dinero para otro local más grande; la verdad, me cobraba poco por la amistad contigo, papá.

—Sabes, aquí a dos cuadras hay una casa abandonada. Vamos a verla, a ver qué se puede hacer.

Fuimos en ese momento, y en mi corazón albergaba la gran ilusión de que todo se solucionara. Cuando llegamos, nos dimos cuenta de que sí estaba abandonada y hablamos con el dueño.

—Fíjense que estoy pensando más bien en tirarla, es una construcción muy vieja, y lo dejaré como patio para las casas.

La propiedad estaba entre su casa y la de su mamá.

—No la tumbe, denos chance, como está nos sirve —dijo papá; era grande, solo le faltaba pintura y no tenía clima, ni central ni de ventana.

—Bueno, miren, no me urge tumbarla; así que está bien, se las voy a rentar.

El señor conocía a mi papá; no era su gran amigo, pero eso influía un poco. Nos dimos las manos y cerramos el trato, ahora era empezar a meterle lo necesario para habilitarla como oficina. Nada de súper lujo, pero sí que estuviera cómoda y bien ventilada.

Inicié de nuevo: ahora había un espacio más grande, pero solo éramos la secretaria y yo. El colmo fue que me dio la noticia que se iba a trabajar a Estados Unidos, así que bueno, ya qué más me podía pasar. «Puras trabas», pensaba, pero todo eso me impulsaba a seguir adelante, le terqueaba más. Papá me decía: «Deja renuncio, y te vengo a ayudar». Siempre estaba atento a la situación, siempre buscando la manera de hacerme la carga más liviana.

—No, papá, tienes un sueldo seguro, y aquí apenas podré sacar para los gastos. Mejor síguele allá y cuando pueda pagarte, te vienes.

—Está bien.

Ahora estaba sin nadie que me apoyara en la oficina, miraba alrededor y sentía un trago amargo en el pecho. Me senté en la silla y reflexioné un poco sobre las cosas que pasaron, la gente, los aprendizajes, mi vida en general; el saldo final era positivo, eso me ayudó a sacudirme los miedos y las especulaciones. Posteriormente dediqué un par de días a buscar secretaria, por suerte encontré a una muchacha que era bastante lista y al parecer aprendía muy rápido, y pronto nos acoplamos. Luego, a Dios gracias, se vino una buena racha de trabajo con la nacionalizada de los coches; una amiga que era muy independiente y trabajadora me llamó un jueves por la tarde.

—¿Alfredo, puedes ayudarme?

—¡Claro!

Y empezamos. Era mucho trabajo para mí solo, así que me llevé a mi mamá y a mi esposa. A ambas les enseñé: no daban crédito a lo rápido que cambiaron las cosas. Las dos me ayudaban bastante; la verdad, fue increíble cómo nos organizamos. Mi hermana iba también en sus ratos libres, porque estaba estudiando. Yo administraba todo, las entradas y los gastos; cada semana hacía corte de caja y separaba los costos operativos, lo que tenía que pagar, y conforme podía compraba equipo para la oficina, computadoras, una buena impresora, radios de comunicación, el aire central y así me la fui llevando, cada semana que había recursos compraba cosas; aparte pagaba los sueldos, que aunque no eran fijos, a veces nos iba muy bien.

Rápido empecé a levantarme, cada mes era mejor, y pude ya contratar un empleado, al mes otro y así empecé a crecer; además, llegaron más clientes, incluso algunos a los que atendía en la sociedad anterior, ellos empezaron a buscarme... Por ética profesional les decía que no podía atenderlos, pensando que a mi exsocio no le parecería correcto, pero me decían:

—Mira, ingeniero la cosa está así: si no es contigo será con alguien más, pero allá no nos quedaremos.

—Entiendo.

Era el sentir general de los clientes, que porque no había quien les diera la atención adecuada. Supuse que habían quedado satisfechos con lo que yo les ofrecía, entonces decidí hablar con mi exsocio y, tal como pronostiqué, se enojó, que porque le quería quitar los clientes; me indicó que iba a quitarme el poder de mandatario aduanal, en fin, no fue nada agradable ni cordial porque se puso histérico. Después de un par de horas volvimos a hablar, y me dice:

—Mira, ¿sabes qué? Ya me hablaron varios de los clientes, me explicaron, y bueno, entiendo que no salió de tu parte buscarlos ni nada, así que adelante, si quieren irse contigo. que se vayan.

—Te lo dije, pero gracias de todas formas.

Así que empecé a atenderlos, tuve que contratar más empleados. Posteriormente me sale la oportunidad de hacer una nueva sociedad con otro agente aduanal, el licenciado Pedro García, quien tenía buenas referencias de nosotros, me conocía muy bien.

—¿No quieres manejar mi patente? Ayúdame.

—Habrá que ver varios puntos, licenciado.

La verdad, sabía por algunos antecedentes que Pedro era una persona especial, por lo que solamente opté por agradecer su propuesta, y cerré la conversación con un no. Me contestó:

—Tranquilo, piénsalo.

Pasaron unas semanas y las cosas no se enderezaban, padecía una constante inestabilidad con mi exsocio, porque de repente andaba de malas y me amenazaba con quitarme el poder de mandatario; en una de esas, desesperado por la situación, le tomé la palabra al licenciado García y formamos una nueva empresa y sociedad. De esa manera, un tanto abrupta y desesperada, nació mi segunda empresa en 2001, Grupo Aduanal Kari, S. C., agencia aduanal.

He de reconocer que al principio prácticamente trabajaba para él, porque me puso una iguala: hubiera trabajo o no, tenía que pagar. Hablamos varias veces del tema, y sus palabras siempre eran digamos que acertadas:

—Mira, échale ganas, al rato esto va a ser nada y todo será utilidad para ti.

Pero eso lo veía muy lejano. A pesar de ello seguí adelante, pensando que quizá tenía razón. La verdad, cuando empezamos a crecer y me di cuenta de que ya teníamos una plantilla interesante, de cinco empleados, asumí que podía traerme a mi papá, porque las cosas ya no estaban bien en la empresa en que él trabajaba, y dicho y hecho, al poco tiempo cerraron definitivamente. Al principio, como todo, fue muy difícil, había días que no alcanzábamos ni a comer de tanto trabajo que teníamos. Mi esposa no estaba acostumbrada al ritmo aduanero, trabajaba en un corporativo y siempre con horarios muy establecidos, o mínimo el de comida se respetaba; conmigo, comías si podías, y si no pues no, hasta que hubiera oportunidad, o lo hacías mientras trabajabas, algo rápido, un lonche, una torta, tacos y un refresco, ¡y vámonos duro! Eran jornadas muy pesadas y estresantes: un día se me desmayó de cansancio o hambre, no lo sé; pobrecita, me dio mucha pena porque me sentí culpable, todo por apoyarme y ayudar.

—Debes comer algo para que no te descompenses de esa manera, una fruta, unas galletas —indicaba nervioso, mirándola fijamente a los ojos; ella asentía levemente por inercia o instinto de conservación.

Lo que pasó es que estaba por terminar el decreto de nacionalización de los autos y eso nos generó una sobrecarga de trabajo, incluso llegamos a cerrar la entrada de la oficina y trabajamos a puerta cerrada, sin recibir más trámites. La gente insistía, incluso nos ofrecían un pago del doble de lo que les cobrábamos. Honestamente, nos fue muy bien esa temporada, y con ello pude hacerme de equipo y herramientas para la oficina. Cuando terminó esa buena racha, gracias a Dios nuestra cartera de clientes frecuentes creció, nos llegaron importaciones de cárnicos y de otra mercancía. Lo que me faltaba era quien nos ayudara a cubrir el puesto de clasificador: yo lo hacía, pero ya rebasaba mi capacidad y conocimiento, necesitaba a un especialista. Lo malo era que no tenía presupuesto para pagar a uno, y en eso, un amigo de la aduana que me dio la mano en su momento se quedó sin trabajo: era algo estricto y le había hecho mucho daño a algunos agentes aduanales, por ello no lo veían con buenos ojos. Yo le reconocí que era una persona muy capaz.

—¿Qué onda, Alfredín, no tienes chamba para mí?

—Chamba sí, pero lo que no tengo es dinero para pagar a alguien como tú, amigo.

—Mira, por el momento no me urge la lana, lo que sea es bueno, lo que no quiero es estar en la casa.

También estaba recién casado, así que ahora era el momento de regresarle el favor, y salí ganando al cubrir ese puesto clave. Fue el momento idóneo para los dos: empezó a trabajar conmigo y creo que fue una pieza clave para crecer más, porque me dio tiempo para enfocarme en los clientes y la administración del negocio. En poco rato empezamos a crecer y a crecer, más y más; al clasificador lo nombré gerente de tráfico, éramos un equipo de ocho en total, todo eso ocurrió en menos de doce meses. En ese primer año, llevé a la empresa de facturar cero pesos a un millón, y después hubo oportunidad de cambiarnos a un local mucho mejor, más grande y barato, gracias nuevamente a que el dueño era un gran amigo de mi padre. Primero nos ofreció el precio normal.

—¿Cómo ves? —preguntó papá, arqueando un poco las cejas.

—Vamos a hablar con tu amigo.

Fuimos con la actitud adecuada, tratando de encontrar el camino para solucionar las cosas; confiaba en mi capacidad de negociación, siempre lo he hecho.

—Sabes, no podemos pagar lo que nos pides.

—¿Cuánto pagan allá? —preguntó.

—Menos que lo que nos propones.

—Es muy poco, pero miren, la verdad, en los últimos tres años he batallado con los renteros; aparte de que no pagan me hacen destrozos, y bueno, ustedes son de confianza, así que les tomo esa renta igual. Solo les pido que me cuiden las instalaciones porque ahorita, después de una manita de gato que les dimos, están en buen estado.

—Claro, encantados.

Y rápido nos mudamos porque era una oficina en forma, estaba mejor, mucho más presentable, con varias oficinas privadas; así pude separar los departamentos, contabilidad, tráfico, cuentas de gastos y dirección general. Éramos por fin una empresa presentable, digna y en expansión, tuvimos que ir contratando personal adicional porque lo ameritaba el crecimiento. En los siguientes cuatro años facturábamos siete veces más que el primero. ¡Maravilloso, habíamos logrado bastante!

Obvio, al crecer también crecen las responsabilidades y los riesgos. En la profesión aduanera hay mucho riesgo de multas y cosas inesperadas, y me generaba mucho estrés, así que tuve que aprender a manejarlo; no me resultaba fácil, y desarrollé varias veces un cuadro clínico de presión alta. Un día me sentí mal y fui al doctor, iba angustiado porque no sabía qué era lo que pasaba: me hicieron varios estudios, de sangre, orina, esfuerzo, un poco de todo porque queríamos descartar riesgos.

Llegué temprano al consultorio, el doctor estaba muy serio, ataviado con su bata blanca impecable y con la sonrisa atorada, se me hizo que tenía cara de pocos amigos:

—Alfredo, eres hipertenso y por el resto de tu vida debes cuidarte y tomar medicamento.

—¿Lo soy?

—Sí, te estoy confirmando lo que los estudios nos arrojaron.

Justo en esos instantes es cuando valoras que el éxito también tiene su precio, en este caso mi salud, pero no estaba dispuesto a pagarlo, en principio porque estaba muy joven, tendría alrededor de veintiocho años; me metí en la cabeza que saldría adelante con ejercicio o terapias, con algo. Recuerdo que me senté en la sala y me puse a reflexionar sobre lo que había logrado, realmente estaba muy sorprendido: agradecía a Dios por lo obtenido, por los aprendizajes, pero para mí lo difícil no es llegar sino mantenerte ahí, porque también en ese ambiente aduanero hay mucho egocentrismo y empiezas a entrar en un círculo de poder y de gastar en cosas innecesarias. Gracias a Dios, siempre he tratado de ser prudente y tener claros mis objetivos y metas.

Unas de las cosas que hice al empezar a tener ingresos extras fue comprar un terreno, esa fue mi primera inversión; de hecho, mucha gente me preguntó por qué actuaba así, que estaba loco al hacer eso porque ni siquiera estaba construido el fraccionamiento. Yo solo lo vi en una maqueta bonita y le aposté como a un caballo de carreras en el hipódromo, me dejé llevar por el nombre y la finta, quiero pensar que vi una oportunidad y la tomé.

Con el paso de las semanas y los meses, la verdad, la apuesta me resultó favorable, muy buena, porque compré a precio de preventa y una vez que estuvo concluido el fraccionamiento, los precios se dispararon por los cielos.

A veces hay que silenciar el ruido exterior, a esa gente que no te permite avanzar, crecer, para poder escuchar solamente la claridad de tu corazón.

Todo iba viento en popa. Uno de mis sueños era tener una bodega propia cruzando la frontera con Estados Unidos para poder recibir las mercancías de los clientes y darles el servicio completo porque era necesario; de hecho, lo hacía, pero estaba rentando y pagando a alguien más para que me diera ese servicio. Deseaba tener ese negocio también, pero entraba en las metas a largo plazo: se necesita mucho capital porque pagas sueldos americanos, seguros, etcétera.

Aún añoro esa noche de copas y divagación mental que tuve con un gran amigo de la infancia, hoy mi compadre; hablábamos de qué sueños o metas teníamos cada uno, y fue un ejercicio enriquecedor.

—Ahorita voy muy bien, pero mi objetivo es brincar la frontera y comprar o construir una bodega, tener ese negocio propio.

—¿Qué te falta?

—Ahorita capital, es una inversión fuerte; de hecho, a un cliente mío le hicieron una muy buena oferta de un terreno en Hidalgo, Texas, muy cerca del puente internacional.

—Mira, yo tengo unos ahorros y por el momento no los necesito, si te late y quieres y te sirven de algo, cuenta con esa lana.

—Oye, muchas gracias, compadre, pero deja ver porque no es solo comprar el terreno sino después la construcción del edificio; vamos viendo cómo se acomoda todo y te aviso, mil gracias, de verdad.

—Para eso estamos.

Así quedó todo el asunto, como una plática informal. En esos días me habla un cliente, Mauricio, y me comenta emocionado:

—Oye, ¿qué crees? Le hice una contraoferta al dueño del terreno y aceptó, así que ¿cómo ves, te animas?

Contaba con la palabra de mi compadre y eso me daba una seguridad para hacer el trato.

—Sí, vamos a comprarlo.

El terreno era grandecito, de una hectárea aproximadamente, de la cual yo me quedaría con casi 8000 metros y mi amigo el resto, por eso la mayor cantidad del pago sería mía. Hicimos el trato formal, firmamos la carta de intención de compraventa del terreno, y pactamos una fecha límite para hacer el depósito correspondiente al total. De esa manera, sin planearlo adecuadamente ni quererlo a tan corto plazo, di un salto cuántico en los negocios y como empresario también; significaba un gran avance hacia el sueño de la construcción de la bodega. Entonces fui con el compadre y le platiqué todo lo que había sucedido, el compromiso que ya tenía en puerta, etcétera.

—Sucedió un imprevisto y no es que no pueda ayudarte, pero quizá no en el tiempo y la forma como te había dicho, te ofrezco una disculpa por ello.

En ese momento sentí como si una cubeta de agua fría cayera sobre mi cabeza porque ya tenía los papeles, el compromiso firmado, y ahora tenía que ver la forma de cumplir, cómo resolver eso.

—Bueno, está bien, no pasa nada. Deja ver qué puedo hacer y si puedes ayudarme antes, me avisas.

—Sí, claro, yo te aviso, compadrito.

Estresado y con un nudo en la garganta, así me sentía, porque tenía muy pocos días para reunir la cantidad necesaria para cumplir con el trato, pero pasó algo inesperado que hoy en día relaciono mucho con la ley de atracción, porque mis sueños y objetivos eran muy claros. Cuando mi amigo me dio esa muestra de apoyo aquella noche, lo que me entregó fue mucho más que eso: me dio mucha seguridad en mí mismo, de que podía hacer las cosas, y con tal confianza fue que hice ese trato; después, al tener ese gran obstáculo del dinero, sucedió la magia. Resulta que al siguiente día o dos, no recuerdo bien, recibo una llamada del banco y me dice la ejecutiva de cuenta:

—Ingeniero, buen día, le llamo para decirle que tenemos una promoción de créditos empresariales sin aval y usted ya fue aprobado, solo tiene que venir o voy para allá si gusta, nada más necesito que firme el contrato e inmediatamente puede disponer del monto autorizado.

—¿En verdad?

—Sí, ¿le interesa?

—¡Por supuesto que me interesa, muchas gracias!

—Entonces por acá lo esperamos para ver las condiciones y documentos necesarios.

—Entiendo.

No lo podía creer, la cantidad que mencionó la ejecutiva era la misma, la que necesitaba para cumplir mi compromiso y pagar el terreno; estaba solo a unos tres días de la fecha final, así que todo sucedió justo a tiempo. Me presenté a cumplir con lo pactado y logré cerrar la transacción; no lo podía creer, había comprado mi terreno, pagado al cien por ciento en Estados Unidos aunque tenía un crédito pendiente en México. Lo que ahora seguía era la fase dos, construir la bodega, pues ese era el proyecto final.

La inversión seguía siendo muy alta y debía pagar primero el crédito del banco, así que metí neutral, frené los caballos y pensé: «Más adelante lo hago, una vez que cumpla, podré realizar el proyecto completo a mi gusto. Por lo pronto ya tengo el terreno y eso es un gran logro, habrá que disfrutarlo».

DOCE
SUFRIENDO Y AVANZANDO

Creo que pasaron unos dos meses y mi amigo Mauricio, con quien compré el terreno, me comentó que ya estaba viendo opciones para empezar a construir; tuvimos que hacer la separación del terreno, lo que se llama *survey*, para tener cada quien su título de propiedad y con ello pagar impuestos adecuadamente, lo que también servía para obtener permisos y poder iniciar la construcción, cada uno en la medida de lo posible. Mauricio tenía mayor sentido de urgencia y capital para comenzar su proyecto.

—¿Y tú, cuándo empezarás?

—Si por mí fuera, también quisiera empezar ya, pero por el momento tengo que esperar a capitalizarme, más adelante Dios dirá —exclamé suspirando profundamente.

Pasaron unos meses sin que pudiera mover nada en el terreno, pero para mi buena fortuna inicié con un cliente nuevo, su empresa necesitaba unas importaciones de bombas para gasolina. En ese tiempo yo rentaba una bodega, y la verdad, ya batallaba con el espacio porque empezaba a manejar un buen volumen de trabajo; era un buen reto, una situación que podía convertirse en un problema.

Un día, el contador, de apellido Cadena, quien era el encargado de las operaciones de la empresa de bombas, me llamó por teléfono.

—Oye, ingeniero, en la bodega que rentas ya no cabes, ¿no has pensado en cambiarte a una más grande?

—Pues tengo un proyecto para construir otra, de hecho, quedaría sobre la misma calle donde rento, a media cuadra. Ya tengo un terreno, solo que es un proyecto a largo plazo —le contesté.

—¿Y qué te falta?

—Lo esencial: financiamiento —contesté sacudiendo un poco la cabeza.

—Entiendo.

Cada semana me pagaba mis honorarios por las importaciones. Pasaron aproximadamente dos semanas cuando me buscó para decirme:

—Acompáñame al banco, allí te pago; sirve que abres una cuenta para que entren de inmediato los cheques que te doy, y no tengas que esperar a que entren en firme o a que cambiarlos en efectivo.

—Ah, okey, gracias. Vamos, es buena idea.

Con ciertas reservas, fuimos al banco. Entré tratando de tener la actitud correcta, dimos unos veinte pasos y subimos al piso ejecutivo, en ese lugar atendían al contador ya que era cliente VIP. Una vez que estuvimos con la persona adecuada, de forma correcta me presentó, y sin contratiempos me abrieron una cuenta;

unos minutos más tarde llegó el vicepresidente del banco y nos invitó a su oficina. El señor Cadena también me hizo los honores, y en la plática obviamente surgiría el tema de la bodega:

—Fíjate que aquí el ingeniero Olvera tiene un proyecto interesante, pero le falta quien lo pueda financiar.

—¿De qué se trata?

—Bueno, compré hace poco un terreno y mi proyecto es construir una bodega para mis clientes, ya que tengo una agencia aduanal en Reynosa, y del lado americano actualmente estoy rentando una, pero quiero hacer una propia.

Y de repente, como si me conociera de años, el vicepresidente me dijo:

—Cuenta con el crédito, ingeniero, desde ahorita te digo que ya está aprobado. Les voy a marcar a las señoritas de crédito para que te den todos los requisitos, y en cuanto los tengas me los traes, pero cuenta con eso —recalcó.

—Muchas gracias, con gusto traeré lo que me pidan.

—Perfecto —tendió la mano en el aire para estrechar la mía; fue así de rápido, así de simple.

No lo podía creer, al salir quería brincar de alegría, sin embargo mantuve la mesura, empecé a caminar de prisa como queriendo ir ya por los papeles y entregarlos al banco.

—Muchas gracias por la ayuda, pero ¿usted cree que me den el crédito para la construcción?

—Él es un tipo de palabra, y soy testigo de cómo ayuda a la gente, sobre todo a los empresarios mexicanos, así que estoy seguro de que contigo no será la excepción; por cierto, la otra semana tengo una cita que le hice a uno de mis clientes con un abogado de migración, pero él no podrá venir: si quieres ve tú en su lugar porque esas citas tardan meses, el abogado anda muy ocupado. Sirve que ves de una vez todo lo que necesitas tramitar para la visa de inversionista, y tengas así más ayuda ahora que hagas el edificio.

—Contador, voy a tomarle la palabra. La verdad, es algo que no había pensado, no me llamaba la atención vivir en Estados Unidos, pero por el negocio sé que me conviene tener una mejor calidad migratoria para poder hacer más cosas, así que iré a la cita y al mismo tiempo reúno los papeles que me soliciten en el banco para el proyecto.

—Muy bien, así matas dos pájaros de un tiro.

—Sí, gracias por el consejo y la ayuda.

De modo que me di tiempo para reunir los documentos, y cuando los junté todos, de volada los llevé al banco, en esa misma semana, y luego me arranqué con el abogado para explicarle a detalle mi caso.

—Tú calificas sin problema para una visa de inversionista —me pidió unos documentos, los cuales eran casi los mismos que llevé al banco, así que también se los llevé al día siguiente.

—Genial, gracias —señalé sonriente.

—Ahora solo a esperar la respuesta.

Enorme fue la sorpresa que me llevé la semana siguiente cuando me llamaron del banco:

—Señor Olvera, su línea de crédito para la construcción ha sido aprobada, usted pone la fecha de inicio, además le daremos un año de gracia sin cobrarle nada para que en ese tiempo pueda terminar su edificio.

—Perfecto —comenté tranquilo aunque por dentro gritaba de emoción, pero al mismo tiempo sentía un poco de miedo porque era una cantidad grande, la cual aún no estaba acostumbrado a manejar.

De pronto me cuestioné muchas cosas, entre ellas si realmente podía con ese compromiso: ¿y si algo salía mal? ¿Y si el peso se devaluaba, o cambiaban las políticas arancelarias? Platiqué con algunos amigos y gente del medio, y como en todo, había opiniones encontradas, así que terminé más confundido que al principio. Unos me decían: «Es una excelente oportunidad, tómala», otros en cambio señalaban: «No te comprometas, es una deuda de muchos años, no podrás sostenerla por mucho tiempo y terminarás perdiendo todo». Unos más recomendaban: «Mira, es mejor ir poco a poco, a lo seguro; sigue rentando, para qué te complicas»; y así, argumentos de todo tipo. En cambio, mis padres estaban súper emocionados y orgullosos, porque de alguna forma veían el resultado que ellos mismos no pudieron tener en el medio aduanero, y que gracias en mucho a su apoyo y ejemplo yo estaba superando sus logros, lo que los tenía muy contentos.

Decidí sentarme a platicar más a detalle con el contratista; para esto, yo había trazado mi proyecto, el dibujo un poco estructurado con lo que creía conveniente, obvio que lo mejoró y tenía ya todos los planos de forma profesional.

—Alfredo, ya nada más falta que me digas cuándo empezamos: firmamos el contrato, y en seis meses más o menos te entrego la bodega terminada.

—Okey, deja pensarlo y te aviso a la brevedad —señalé satisfecho.

Estaba muy contento, pero aún con mucho miedo; pocos días después, recibo una llamada del abogado de migración:

—Ingeniero Olvera, ya fue aceptada su solicitud, tiene cita dentro de quince días.

No podía creer que todos los astros se alinearan para bien, obligándome a dar ese salto cuántico en mi negocio y vida personal. Me senté en el comedor con mi señora, le platiqué lo que sucedía en la oficina y con los bancos y quedó atónita, enmudeció al enterarse de las cifras y la deuda que tendríamos, porque estamos casados por bienes mancomunados. Imagínense, si yo, que manejaba ya cantidades grandes en pesos, estaba asustado, ella se fue de espaldas porque venía de una vida laboral muy tranquila como empleada, sin grandes deudas o compromisos financieros; se súper asustó.

—¿Y podrás pagar todo eso?

—Es lo que estoy buscando —comenté sosteniendo su mano por encima de la mesa.

—Amor, tú sabes lo que haces; yo te apoyo, y que sea lo que Dios quiera.

Ese fin de semana no podía dejar de pensar en el proyecto y todo lo que me implicaría: repasaba fechas, cantidades, entradas y salidas, números por todos lados, y al final pensé: «Tengo que hacerlo, me voy a arriesgar, haré el proyecto». Tenía mucho en juego porque debía el crédito con el banco en México y luego se empalmaría con el de Estados Unidos, de modo que las cosas no serían fáciles, pero tenía fe y creía en mi capacidad para sacar adelante la situación. Me dije: «No creo que haya proyecto que no salga si se trabaja a diario doce o catorce horas». Así que el lunes llamé al contratista:

—Estoy listo para firmar el contrato y empezar la construcción.

Disfruté y aprendí mucho en el proceso de construcción, era algo totalmente nuevo para mí y muy retador, ya que edificaba por primera vez, y además en un país del que no conocía bien las leyes ni los reglamentos ni a las personas, porque no conocía a nadie para que me ayudara o me diera algunos tips. Fue muy impresionante, cuando ya estaba a un ochenta por ciento, el edificio se veía enorme: era algo que de verdad aún no me creía. Una vez que terminó el contratista, solo faltaban inspecciones finales y ya me urgía entrar a operar, porque tenía que aprovechar los meses de gracia en que no pagaría mensualidades al banco, las que todavía debía. Hubo varios retrasos en la terminación de la obra, y ya no quería pagar un mes más de la renta donde estaba.

Faltaban unos días, cuando me llama el contratista:

—Ve instalando todo, pero no puedes operar hasta que la ciudad nos dé el visto bueno.

Así lo hice, bueno, más o menos, y los empleados estaban contentos al igual que yo. Nos instalamos y empezamos a meter algunas mercancías, la ciudad nos iba a dar el visto bueno, así que dije: «¿Qué puede pasar?», y empezamos a operar. Hicimos una inauguración muy rápida, llevamos a un sacerdote a que diera la bendición; fue algo muy íntimo, solo los empleados y la familia. Comenzamos a operar discretamente, pero a los días llegó un representante de la ciudad y me querían multar, que porque empezamos sin permiso, etcétera, etcétera.

Me urgía operar, les expliqué mis razones y entendieron; todo estaba en orden, pero eso sí, me dieron una buena regañada junto con el permiso para operar oficialmente. Así inicié en junio de 2007 la tercera empresa, A&M Forwarding, LLC (fiscalmente la inicié en 2006, pero arranqué operaciones formalmente en 2007, cuando me entregaron la bodega terminada).

A pesar de que en 2007 hubo recesión en Estados Unidos, teníamos trabajo y pude cumplir con todos los pagos. En esa época estaba cargado con mucha energía y ganas de salir adelante, trabajaba como loco pero no lo sentía, ya que me apasiona muchísimo todo lo que hago en los negocios, las relaciones y el simple hecho de emprender algo; siempre me ha apasionado, y como dicen, cuando haces lo que te apasiona, nunca trabajarás. ¡Y es totalmente cierto!

Ese tiempo era de bonanza para mí, la empresa en México seguía creciendo con buenos números y la de Estados Unidos, a pesar de que iniciaba con mis propios clientes, era sostenible. Solo tenía un dilema: había comprado un terreno para construir nuestra casa a mi gusto, incluso ya teníamos el proyecto, pero lamentablemente empezaba a manifestarse la inseguridad en nuestra ciudad fronteriza de Reynosa; como ya tenía la visa de inversionista, eso me daba la opción de vivir en México o Estados Unidos, y también traer o circular con vehículo mexicano o americano. Lo platiqué con mi esposa, y pensando en el futuro de nuestros hijos, con la idea de darles más herramientas y mejor calidad de vida, decidimos comprar casa en Estados Unidos. Lo gracioso de todo eso es que yo solía decir que vivir allá no me llamaba la atención, se me hacía muy insípida la vida, pero por la inseguridad y por el bienestar de mis hijos optamos por tomar esa decisión.

También serviría para que aprendieran desde chicos el inglés; además, ellos son ciudadanos americanos y mexicanos por derecho, así que de nuevo me arriesgué y me eché un compromiso más: ¡una casa a nuestro gusto! La única condición que me puso mi esposa para irnos a vivir allá fue que ella escogería todo, y el resto de la historia supongo ya la saben porque uno siempre quiere complacer a su mujer, por lo que se hizo a su entera satisfacción.

Solamente Dios sabe cómo le hice, porque quizá muchos puedan pensar que yo tenía el dinero pero no, no era así, lo que realmente tenía era la habilidad de saber administrarme y un gran angelote, ese que me ha seguido desde que tengo uso de razón. Aquí les comparto algo que es difícil de creer: cuando inicié mi primer negocio no tenía el capital, lo único que tenía muy claro era mi objetivo, mi sueño y lo pude realizar. Lo mismo me sucedió con la construcción de la bodega, de hecho, fueron solamente cien dólares con lo que abrí la cuenta del negocio, ese fue mi saldo inicial, y cuando pasó lo de la casa realmente ya estaba muy gastado; pero nuevamente, llámenle milagro, suerte, ley de atracción o como quieran, yo tenía ese deseo ardiente de comprar la casa que mi esposa deseaba, y en eso aparecieron dos ángeles: mi compadre Paco, uno de los que siempre me han dado su gran apoyo, así como mi amigo Isaac, ambos fueron unos salvadores en la tierra para mí. Sobre todo, lo que les agradezco fue su confianza, porque no cualquiera te ayuda económicamente y menos solo de palabra.

Hoy por hoy, creo que una de mis fortalezas para el éxito es ser persona de confianza y eso es algo que no puedes comprar, se gana a pulso con tus acciones todos los días, con tu actitud; a ambos les estaré eternamente agradecido.

Yo soy lo que siempre he querido ser, no dependo de nadie más que de mí mismo.

Así que cuando menos me di cuenta, ya tenía un negocio propio y casa en Estados Unidos; realmente pensé que adaptarnos a la nueva vida y actividades sería difícil, pero desde el primer día que dormimos en la nueva casa, créanme que fue una gran tranquilidad en comparación con el ruido que había en nuestra propiedad en Reynosa; siempre, aún en la madrugada, se escuchaban carros o ruidos de carros a toda velocidad o incluso detonaciones de arma de fuego así como sirenas, todo eso a lo que uno se va acostumbrando, y no debería ser.

Llegábamos a la casa nueva y había un silencio total —solo el ruido del aire central cuando arranca o se para, es todo lo que se escucha—, por eso nos adaptamos de inmediato a nuestra nueva vida. Nos pasó algo curioso: el contratista nos entregó la casa con agua y luz, pero no nos dijo que había que dar de alta los servicios a nuestro nombre porque si no serían cortados; entonces, obvio, a los dos días nos quedamos sin agua y sin luz. Rápido hicimos los trámites, pero estuvimos un par de horas a ciegas, sin luz; la reconexión del agua fue casi de inmediato, mientras que la luz tardó un poco más. Aparte, como eran los primeros días, aún no llevábamos el menaje de casa de Reynosa a Mission, Texas —nuestro nuevo hogar—, y no teníamos sartenes ni tantas otras cosas necesarias, por lo tanto no había cocina y comíamos siempre en la calle. En esos años no teníamos tantas opciones cerca, de manera rápida agotamos las que había.

Después del gran logro de construir la bodega y mi casa, me sentía muy contento, pero pasados algunos meses me llegó una pequeña crisis emocional, ya que después de que con tanto esfuerzo y dedicación alcanzara lo que era mi más grande sueño, no tenía metas o proyectos en mente, solo operaba los negocios, tanto la empresa en México como la bodega; nuestra adaptación a la nueva vida en Estados Unidos también era buena, y aunque tenía muy claro mi objetivo y mi deseo, una vez que lo cumplí, como que ya no sabía qué hacer y entonces caí en una etapa difícil.

De hecho, recuerdo que un día llegué a la bodega —ya todos se habían ido—, me paré en el centro y observé detenidamente todo alrededor; de repente, sin darme cuenta, entré en un diálogo conmigo mismo, sentía que a muy corta edad estaba viviendo mi gran sueño, tener mi bodega, y sin embargo había algo que no podía contemplar correctamente, ¿qué seguía? En esa parte ya no tenía claridad, y empecé a asustarme mucho. Sabía que necesitaba ayuda, pero no encontraba a quién acercarme. Ese día me quedé orando un rato en medio de la bodega, pedía a Dios que me ayudara.

Al día siguiente, al llegar a la oficina y revisar mi correo, tenía una invitación a un curso transformacional, me la había enviado el hijo de un cliente: les juro que vi lo que leí en ese correo como una respuesta a mi plegaria de la tarde anterior, así que le llamé y le pregunté más acerca del curso.

—¿Oye, esto es de la ley de atracción, o algo así?

—Mmm, puede ser, pero va más allá de eso. Mira, Alfredo, confía en mí, ve al curso, no te vas a arrepentir; además, te ayudará mucho en el negocio.

—Está bien, iré.

—Excelente decisión, yo paso por el cheque y te inscribo.

Y así fue, llegó ese mismo día por el pago. Yo no sabía realmente a qué iba, lo que sí sabía es que el curso era de tres días. Cuando llegué a registrarme hubo algo que no me gustó, nos entregaron un cuestionario y me asustó un poco; había una parte donde decía que mi participación, libre y voluntaria, era bajo mi responsabilidad, y que era riesgoso si tenía alguna enfermedad del corazón y cosas así. En eso, vi que por ahí andaba el que me recomendó el curso:

—Oye, ¿qué onda con esto, de qué se trata?

—No tengas miedo, es puro protocolo, tú confía.

Bueno, firmé y entré a la sala un tanto dudoso. Me senté lentamente, y un par de minutos después salió el *coach*, que nos dio la bienvenida y algunas instrucciones:

—Si alguien no está de acuerdo, este es el momento para que abandone la sala y le regresen íntegro su dinero. Una vez cerrada la puerta, nada de celulares y no podrán salir, a menos que tengamos algún descanso.

Todos nos quedamos así, con cara de espanto, pero nadie salió ni dijo nada, así que empezó el curso. Recuerdo muy bien lo primero que mencionó el *coach*: «Si hacen lo que les digo, les prometo que su vida cambiará al terminar este fin de semana», y pensé en algo que sucedía con mi papá cuando deseaba cambiar algo, de inmediato se agarraba el cinto. «Así que ahí la lleva este cuate; en tres días no creo, pero bueno, vamos a darle el beneficio de la duda». Total, empezó explicando y dando ejemplos, y la verdad eran cosas muy interesantes, aunque ninguna novedad: simplemente te hacían reflexionar y comprender más aquello en lo que uno se mete. Luego fue haciendo dinámicas, en las cuales la gente compartía su sentir, y yo estaba muy cerrado e incrédulo, no sentía nada y hasta pensaba que la gente solo decía cosas porque sí.

De esa manera fueron pasando las horas; casi al final, las mujeres eran un mar de lágrimas, los hombres como que estábamos más en nuestro rol, difíciles de romper, y el *coach* señaló muy confiado:

—No se preocupen, varones, mañana tráiganse sus pañuelos porque los van a necesitar.

Y bueno, terminó el día. La verdad, se fue bastante rápido porque perdimos la noción del tiempo; en adelante, cada vez que terminaba un día, salía reflexionando en cómo había llevado mi vida. A la mañana siguiente, dicho y hecho, antes del mediodía estábamos todos como magdalenas, llore y llore. Jamás había tenido una experiencia así: por dentro me sentía diferente, era como una terapia liberadora, y al participar en las dinámicas, como estaba abierto y consciente, empecé a notar una gran diferencia. El segundo día terminamos bastante cansados, pero muy contentos y relajados emocionalmente, y el último, aquello era una cosa como de hermandad; nos sentíamos llenos de grandes aprendizajes, entramos a un proceso de cambio y al final, tal cual, el *coach* dijo:

—Al principio comenté que este fin de semana la vida les cambiaría: espero que todo lo que han aprendido y valorado lo pongan en práctica, úsenlo, de nada sirve si lo guardan, si lo esconden; deben compartir su experiencia.

Yo les puedo asegurar que, en la última dinámica, literalmente tenía el corazón en la mano, era increíble percibir a flor de piel tantas emociones, me sentía en paz y con mucha energía e ideas nuevas. Realmente para mí desde entonces fue un detonante de crecimiento constante, y siempre le estaré agradecido al facilitador Omar Feris, el *coach* que nos dio aquel curso: Liderazgo Ontológico.

De esa manera empecé de nuevo a crecer mis negocios, con nuevas metas, y a buscar nuevos retos.

Pasaron unos años, y como a mediados de 2014 todo pintaba bien, estábamos súper adaptados al estilo de vida en Estados Unidos, mucho más relajado que en Reynosa, con horarios y más actividades marcadas para todos. Lamentablemente, empecé a caer en el consumismo americano, ya que, a diferencia de México, en Estados Unidos te dan muchas facilidades para comprar lo que quieras a crédito con tasas bajas: aquí puedes tener todo lo que desees, autos, lujos, electrónicos, joyas, pero debes todo lo que tienes. Esa es la vida del americano, con pagos chicos y pagos más chiquitos; uno adquiere cosas que ni siquiera son necesarias, pero como la mensualidad es baja, las compra. Tenía que poner un poco de orden en mis finanzas si no quería caer en una crisis financiera, porque se me estaban saliendo de control los gastos.

Y por no poner orden a tiempo, me pasó justo lo que quería evitar. Uno va dejando que las cosas sucedan, y es importante detectarlo y actuar de inmediato para evitar problemas mayores.

Un día, estando en la oficina, me reportan que había varios pagos programados y no se podrían cubrir conforme a las finanzas y los reportes proyectados: de volada hice una junta para ver qué pasaba. Todos en mi equipo de trabajo estaban nerviosos, y a pesar de eso me dieron todos los detalles para que tuviera plena conciencia de la crisis que se pronosticaba, así que empecé a revisar los balances y me asusté, la situación no se veía nada bien; ese mismo día programé algunas acciones de emergencia, revisé gastos y determiné reducirlos al máximo.

Vi también cómo podía incrementar los ingresos, porque no todo es eliminar gastos. En mi análisis, el resultado fue que mis clientes seguían siendo los mismos, pero el nivel de operaciones de todos había bajado en forma general, cosa que no es muy común, pero así fue y pues eso nos sacó del punto de equilibrio.

Analizando los gastos, me di cuenta de un gran error de mi parte, hay un principio que todo el tiempo me ha funcionado y que dejé de aplicar: cuando iba a comprar algo, cualquier cosa, ya fuera para el negocio o de forma personal, siempre me cuestionaba: ¿quién o qué me lo pagará? Nunca me había fallado esa filosofía, pero cuando dejé de usarla y empecé a comprar sin cuestionarme nada, contribuyó a ponerme en una situación muy complicada junto con la baja que tuvieron mis clientes.

Mi teoría era que parte del problema lo había ocasionado mi negocio de multinivel. Quizá se pregunten: «Pero, Alfredo, ¿qué tenía que ver tu negocio de multinivel con tu crisis? Debería ser al contrario, en todo caso». Cuando inicié en el multinivel no daba mucho crédito a ese tipo de negocio, pero empezó a crecer, lo tomé como un salvavidas financiero y no me equivoqué al hacerlo, lo que pasó es que como lo vi como un ingreso extra, gastaba en cosas que no eran necesarias e incluso simples lujos. Gracias a ese ingreso extra, dejé de lado la filosofía de quién me pagaría tal o cual cosa, ya que di por hecho que el negocio me daba para eso y más, y perdí el control; cuando me llegó la crisis, me di cuenta de que ahora necesitaba ese ingreso para mi día a día.

Con el problema encima, ahora tenía que buscar la solución y salir adelante. Como era de esperar, llegó la crisis y empecé a batallar para cumplir en tiempo y forma mis compromisos financieros; se vieron afectadas todas mis fuentes de ingresos y negocios, ya que de alguna forma los tengo relacionados o integrados, y entré en pánico. Lo que hice fue tomarme un día entero exclusivamente para pensar qué debía hacer, y sabiendo que no tenía presupuesto y no debía gastar en cosas innecesarias o lujos, decidí agendar una sesión de dos horas de masaje con mi terapeuta. De pronto me cuestioné: «¿Cómo voy a gastar en esto si tengo muchas cuentas por pagar?»

Entonces pensé para mis adentros: «Debo estar bien para poder pensar y salir adelante, así que a tomar la sesión», y bueno, realmente fue una excelente decisión ya que traía todos los músculos contraídos por el estrés. En esas dos horas pensé y pensé, le daba vueltas al asunto, miré varias opciones en mi cabeza, y al terminar me fui manejando sin rumbo fijo, solo iba cavilando sobre las cuentas, las soluciones; manejé sin dirección alguna por un par de horas, solo pensando y pensando, hablando conmigo mismo. Surgieron algunas buenas ideas, y cuando eso sucedió resolví: «Pongamos manos a la obra». De inmediato empecé a afrontar los problemas uno a uno, lo primero fue hacer una lista de las deudas, y después las clasifiqué: uno, las del negocio, y dos, las personales. Luego observé a detalle qué estaba pasando y qué alternativas tenía, seleccioné cuáles podía negociar y cuáles postergar o incluso dejar de pagar de modo que me afectara lo menos posible; era algo muy complicado porque ya tenía problemas en el negocio y obviamente se extendían a mi familia. Para el negocio, los proveedores y pagos de impuestos y nómina de los empleados eran prioridad, y tenía que cumplir cada semana; con la familia, tomando en cuenta que mi madre y hermana me ayudaban en uno de los negocios y tenían una nómina alta, tuve que hablar con ellas y reducirles a la mitad. Mi mamá sabía cuál era la situación real, ya que me ayudaba con las finanzas, y a pesar de eso se molestó, no le pareció el cambio, pero aceptó, no le quedaba de otra. Mi hermana habló conmigo: «Mira, para no ser una carga para la empresa y para ti, mejor renuncio y me independizo». (La verdad, esperaba que siguiera apoyándome en la empresa, pero ella creyó que lo mejor era irse y se bajó del barco que se estaba hundiendo). Mi esposa también tenía un sueldo en la nómina de la empresa en México, lo suprimí y se vio afectada con la reducción; no le pareció del todo, pero al final lo entendió y me apoyó. Así sucedió con la familia, al verse afectados en el bolsillo rezongaron, y con justa razón, porque todos tenían sus gastos fijos y compromisos, y pues ahora estaban en problemas al igual que yo, y se siente muy feo esa presión. En la casa, cuando llamaban a mi esposa para cobrarle, se enojaba:

—¿Cuándo les vas a pagar?, ya no aguanto que me estén llamando.

La razón era que había pedido algunos créditos a su nombre.

—Pues no sé cuándo, pero por lo pronto no puedo y debo administrar muy bien lo que tengo. Tú sabes que son medidas y lo que intento es primero cuidar a mi personal, no dejar de pagarles su sueldo y no despedir gente salvo que sea muy necesario, ya que ellos son el motor de mis empresas.

Debo reconocer que tanto mi esposa como mi madre y mi hermana me ayudaron con lo que en su momento creyeron lo mejor para mí, y se los agradezco de corazón; pero gracias a lo que he estudiado de desarrollo personal y demás temas, apliqué ese conocimiento apostando a mi cordura. Sé que todos vemos las cosas de diferente forma y cada persona tiene un perfil de conducta distinto, y entiendo que a ellas también les causé problemas y actuaron de la mejor forma desde su perspectiva de la situación, pero sentí como un golpe bajo la respuesta de mi familia, porque cuando les pegué en la reducción de sus sueldos, pues reaccionaron de una manera que no esperaba. Sin embargo, creo que tuve paciencia y prudencia para manejar bien mis emociones internamente. Siempre les había dado todo a manos llenas, pero cuando les alcé la canasta no sabían cómo resolver sus problemas. La gente siempre se va por lo más fácil, y eso era atacarme o hacerme ver que todo era mi culpa —reconozco que sí lo era—, sin embargo, me mantuve con la cabeza fría y las ganas bien puestas, tenía algunas ideas y bastante disposición para arreglar todo paso a paso. La actitud positiva me ayudaría a salir de la situación, aunque claro que no sería nada fácil y tampoco ocurriría en días sino que serían necesarios varios meses o quizá uno o dos años como mínimo para recuperarme, pero todo iría bien. Recuerdo la horrible sensación cuando fui a surtir la despensa y vi que ninguna tarjeta pasaba... ¡¡No!! Jamás me había pasado eso salvo de estudiante. Agaché la cabeza, y salí a buscar la solución.

Por la tarde me sucedió algo peor:

—Papá, quiero ir a un torneo de taekwondo y hay que pagar el viaje y la inscripción. ¿Puedo? —preguntó mi hijo con cara de ansiedad, deseoso por escuchar algo a su favor.

—Sí —contesté sin pensarlo demasiado, aunque sabía que no tenía el dinero; sí, podría pagarlo, pero sería quizá a costa de dejar de cubrir el sueldo de un empleado, o algo así.

En ese momento entré en una depresión muy fuerte, mis ánimos se fueron por los suelos; me sentía derrotado, sin ganas de hacer nada. Recuerdo que me fui a la oficina a esa hora: ya habían salido los empleados, estaba solo, pensando en qué iba a hacer, y de repente empecé a llorar y llorar, no podía controlarme, me llené de muchos sentimientos; sentí que era un mal padre, un mal hijo, mal esposo, mal jefe, todo un ser fracasado... «¿En qué momento se me salió de las manos?», me preguntaba. Me juzgaba con dureza, y palpaba en la piel el miedo de perder todo, hasta a mi familia, porque la falta de ingresos crea muchos conflictos y estrés, no te deja pensar ni ver las cosas como son, y de la nada surgían discusiones con mi esposa.

Esa noche la pasé muy mal, no encontraba el lado correcto para poder descansar. Al día siguiente fui a la oficina temprano, iba sin motivación, tenía una lucha interna importante entre hacer o no hacer las tareas. En algún momento fueron entrando algunos empleados a mi oficina, uno a uno, no de golpe, y cuando tuvieron oportunidad, en conjunto me dijeron:

—Ingeniero, perdone que le digamos esto, pero se ve muy mal de ánimo y queremos saber la situación real de la empresa.

Jalé un poco de aire y resoplé varias veces antes de hablar:

—Creo que es momento de que lo sepan, no tiene caso que les mienta o les diga que esto es pasajero; estamos mal y cada día se me complican más las cosas, no sé si pueda rescatar la empresa, y por ende, sus empleos están en peligro; ni siquiera tengo para pagar sus sueldos, mucho menos para liquidarlos como se merecen.

Se quedaron callados, impávidos por la impresión. Al principio me dijeron pocas cosas; sus palabras eran muy válidas, sobre todo porque eran una muestra de lealtad y aprecio. Por último, me comentó una empleada:

—Sabemos que si usted no está bien, nadie nos podrá sacar de esto, es el único con la capacidad, conocimiento y relaciones para hacerlo, y sí tenemos miedo de perder nuestro empleo porque es nuestro sustento, conseguir empleo no es nada fácil y tampoco hay jefes como usted; por mi parte, si requiere bajarme el sueldo, sacarme del seguro, que hagamos tiempo extra o lo que yo pueda, cuente conmigo.

Los demás se empezaron a sumar, y así todos me apoyaron:

—Pero ánimo —me dijeron—, nunca lo habíamos visto así.

—Gracias, muchachos, aprecio mucho esto. Está bien, vamos a trabajar, ¡manos a la obra! A ver, Rosy, por favor, saca el reporte de cuentas por pagar y por cobrar de los clientes de bodega; Patty, el reporte de las cotizaciones pendientes; Héctor, dame los números del inventario de mercancía en bodegas de clientes; Gaby, pídele a Paco los reportes contables de la agencia aduanal —la empresa en México—, vamos a ver qué se nos ocurre entre todos.

—Claro que sí, ingeniero, para adelante es mejor.

Con nuevos bríos, entre todos me sacaron de la depresión. Recordé cuando algunos años atrás había tenido otra pequeña crisis, y tuve la mala idea o presentimiento de que estaba estancado y no podía avanzar; te da peor cuando no tienes nuevas metas ni objetivos claros. No era nada comparada con esta, pero ayuda aprender siempre de las experiencias pasadas.

Convoqué a los gerentes y los jefes de departamento de las dos empresas a junta inmediata, y les di confianza para que opinaran y además me criticaran abiertamente por errores cometidos si así lo consideraban. Esto lo hice realmente para darles poder e involucrarlos y no ser solamente parte del problema, debíamos entre todos ser la solución también; fue de esa manera como empezaron a surgir ideas junto con críticas constructivas a mi persona.

—Ingeniero, es que a este cliente le cobra muy poco y a este le fía mucho.

—Tienen razón, habrá que resolver eso de inmediato —comenté dándoles la razón.

Surgieron cosas por el estilo, y qué bueno, porque al hablarlo pude ver otra parte de la situación, todo era importante.

Ese día, después de ver y analizar las posibles soluciones, tenía un poco más de claridad y entendí cosas gracias a mi gran equipo de trabajo, ya que ellos estaban en el campo de batalla; fue de mucha ayuda. Pensé: «Es tiempo de usar ese conocimiento y las herramientas adquiridas en diferentes cursos, seminarios, conferencias, libros y certificaciones».

Retomé el mando y el seguimiento de la información que ya tenía clasificada, definí prioridades y en base a ello tracé mi estrategia a seguir; no tenía la certeza que funcionaría, pero sí el ingrediente principal, una FE enorme. Al establecer prioridades —tuve que contemplar algunas pérdidas, pero era mejor perder poco a perder todo—, entre ellas estaba salvar la bodega, que era uno de mis mayores activos, y además la herramienta principal para realizar mis operaciones de comercio exterior; otras eran mi casa y el recurso humano, mis empleados, en definitiva. Una vez estabilizado eso, lo demás se acomodaría poco a poco: mi familia, finanzas, etcétera.

Algo en lo que me apoyé mucho como herramienta administrativa fue hacer mapas mentales, eso me daba mucha claridad y podía estar jugando con ideas y estrategias (para ello uso una aplicación llamada Simplemind+). Tuve que apalancarme con todos los recursos a mi alcance, y así pasaron los días, las semanas, y bueno, no fueron, digamos, los mejores de mi vida, pero seguía de pie, dando solución a cada uno de mis problemas, avanzando poco a poco y jugándome todas las cartas posibles.

Requería atraer clientes, pero mi estrategia no era tener muchos; la clave era pocos, pero con un volumen de operaciones importante o que generaran buenos honorarios. Entendía que no era para nada una tarea sencilla, ese tipo de clientes son muy peleados y escasean. Algo que me vino a enredar mucho más la situación fue una llamada que recibí del banco, donde tenía la hipoteca del edificio:

—Ingeniero, ya tienes dos meses de atraso; lamentablemente, si uno se retrasa más puede poner la propiedad en riesgo, y añadido a esto le toca una revisión a tu crédito, debemos actualizar tu situación financiera, para lo cual tendrás que mandar los reportes financieros.

—Entiendo.

Yo de antemano sabía que no estaban nada bien, y como le tenía confianza al ejecutivo de cuenta, le expliqué la situación y me recomendó:

—Ve buscando otro banco que te acepte el crédito hipotecario, porque este acaba de cambiar políticas, y cuando vean el riesgo en tus informes no van a querer renovarte.

—Eso haré —comenté.

—Solo tienes dos opciones, o liquidar lo que debes o refinanciar con otro banco —y claro que liquidar no era siquiera una opción.

Así que le hice caso y empecé a moverme en ese asunto, contacté a un amigo financiero y también me ayudó, claro, cobrándome a pagos sus honorarios, pero me hizo los reportes de tal manera que se apegaran a la realidad y al mismo tiempo fueran aprobados por otro banco. Fueron días complicados, andaba de un lado a otro con el alma en un hilo. Después el financiero me llevó con un amigo de otro banco para que fuera a ver el edificio y tomara una decisión: se paró justo a la entrada, recorrió los pasillos, vio las condiciones generales.

—No le veo problema, creo que podemos darte el crédito y además una línea adicional, ya que tu edificio vale más de lo que debes.

—Perfecto —contesté emocionado.

Eso me dio mucha esperanza, creo que solo había que darle un sentido de urgencia a las cosas; le expliqué que traía pagos atrasados y eran cantidades grandes, así que si me pedían un tercer pago no podría, porque juntar tanto dinero resultaba impensable. Sin embargo, el hombre del banco señaló muy confiado:

—No te preocupes, vamos a darte prioridad, júntame los documentos.

Ismael sabía de todo eso, y fue él quien me ayudó a poner todo en orden; hicimos el trámite, revisaron todo y lo aprobaron. Esa fue una gran noticia, pero como siempre hay un pero, el banco señaló que necesitaban más tiempo, unos días, dijeron, mas no me era posible seguir aguantando.

—Ya tengo que pagar al banco el total de la deuda, estoy en tiempo, y si no lo hago se irá a remate mi edificio —comenté sacado de onda.

—Mmm, entiendo, deja ver qué podemos hacer.

Fueron días de mucha incertidumbre, no hallaba mi lugar, mi mente trataba de buscar alternativas para tener un plan B, pero era muy difícil porque se trataba de una cantidad grande de dinero como para que alguien pudiera ayudarme. Todo se complicaba aún más porque tenía carros de lujo, los cuales ya no quería pagar porque no eran prioridad y eran un gasto completamente innecesario, pero no podía devolverlos porque eso es una falta grave en términos de finanzas, afectaría mi historial crediticio y no podría refinanciar la hipoteca del edificio. El panorama era negro, con riesgos por todos lados, y el banco estaba en esa eterna demora, mientras que yo seguía sin encontrar la salida.

Si a los problemas cotidianos que uno tiene en casa se suman los financieros de una empresa, la situación es una locura. Total, pasaron unos días y sucedió algo que no quería: llegó un ultimátum por parte del banco donde tenía la hipoteca. Me daban una fecha límite de pago o refinanciamiento —es decir, pagar más—, o perdería la propiedad, realmente necesitaba un milagro. Entonces llamé a Ismael, que me estaba ayudando con el otro banco:

—Amigo, presiónalos, haz algo, ¡pero urge!

—Ya fuiste aprobado, que es lo más difícil, ahora solo son cosas internas del banco.

—Sí, entiendo eso, pero puedo perder mi propiedad.

—Está bien, deja ver qué puedo hacer.

Pasaban los días y se me hacían eternos; el jueves por la tarde me llamó Ismael:

—Ya quedó lo del préstamo, solo hay que firmar, pero necesitan como requisito una cantidad en la cuenta bancaria, equivalente a tres mensualidades.

—¿Quéeee? No puedo, no tengo esa cantidad; si así fuera, ya hubiera pagado las mensualidades atrasadas.

—Mira, te veo en el banco, vamos a hablar con Jimmy —el vicepresidente—; habla poco español, pero yo te ayudo con eso. —Siempre me traducía.

Ese día hablé inglés hasta por los codos: como pude, lo convencí de que me autorizara el crédito, ajustando el depósito que debía realizar de inmediato como condición. Se llevó la mano derecha a la cara como tratando de pensar, de pronto picó sobre el teclado de su computadora y lo redujo a dos meses.

—Acepto. —No tenía dinero, pero acepté con tal de que tomaran mi crédito y le pagaran al otro banco.

Ahora tenía un problema más, como si los otros no fueran suficientes; seguía con la FE en alto, creo que era lo único que no perdía. En esos meses, cada día que pasaba perdía o tenía que sacrificar alguna cosa.

Unas semanas atrás llegó un amigo a trabajar a Reynosa, a un buen puesto con buena paga. Pasó poco tiempo y me contactó, solicitándome que le ayudara con ciertos asuntos, y bueno, cómo negarme pues era mi amigo. Desconocía por completo mi situación, y una tarde que estaba ayudándolo me comentó:

—Oye, Alfredo, te veo un poco ido, preocupado. ¿Estás bien?

—La verdad es que estoy pasando por una situación financiera muy difícil; se me complicó el asunto por varias razones.

—¿Puedo ayudarte en algo?

—No lo creo, muchas gracias.

Claro que no le iba a pedir el dinero que me hacía falta, acababa de llegar y además me daba pena porque yo ignoraba su situación económica; total, que insistió en saber más de mi problema, y se lo expliqué a grandes rasgos:

—Mira, estoy a punto de perder mi mayor capital, que es la bodega que construí con mucho esfuerzo; ya tengo casi resuelto el problema, pero necesito un dinero para cubrir un par de pagos al nuevo banco.

—¿Y es mucho? —me dijo.

—Pues ahorita cualquier cantidad es mucho para mí —aseguré, riéndome un poco de mi desgracia—, y sí, es un monto importante. Mira, oscila los...

—Sí es algo considerable, pero Dios dirá, amigo.

Así quedó la información, seguimos platicando un rato más hasta que me percaté de la hora, y me despedí atentamente poniéndome a sus órdenes para cualquier asunto adicional.

Me quedaban solo unos días para la fecha límite: no dormía, comía mal, estaba al borde de la desesperación, hice mil intentos para conseguir el dinero por todos lados, pedí a amigos y a familiares lo que fuera, lo que pudieran, y algunos me prestaron, otros estaban quizá igual que yo; tres días solamente restaban para culminar el plazo, y debía ser fuerte y no mostrar mi preocupación a mi familia y empleados, creo que hasta aptitudes de actor desarrollé porque disimulaba muy bien mi sentir.

En eso suena el teléfono, eran los del banco para recordarme la fecha límite, y del otro banco también me dicen que ya están listos, que solo faltaba el requisito del depósito de los dos meses. Yo pensaba: «Qué irónico, me van a prestar mucho dinero y quieren que les deposite dos meses del pago sin que lo mueva por un año, es algo ilógico». Total, un requisito.

—Aún no lo tengo, la verdad.

—Alfredo, pues eso ya es cosa tuya, nosotros estamos listos.

—Deja ver qué hago.

Nuevamente sonó el teléfono: era mi amigo de nuevo, para pedirme que lo fuera a ver. Fui bastante forzado, la verdad yo no quería; traía cara de sufrimiento, mi desánimo estaba al máximo nivel, pero debía mantener la actitud ante todo, y me dije: «¡Vamos, Alfredo, ánimo!», yo solito me echaba porras. Llegué con él con la cara en alto.

—Alfredo, voy a ser muy breve —comentó a media voz, sin mucha prisa de por medio—: como sabes, voy llegando a mi nuevo empleo en esta ciudad y necesitaré tu ayuda con algunas cosas.

—Claro que sí, cuenta con ello.

—Quiero también decirte que estoy en posibilidad de prestarte lo que requieres para tu problema con el banco.

—¿De verdad? ¿Hablas en serio?

—Sí, acabo de recibir un dinero por la venta de unas cosas y puedo ayudarte.

—Excelente. Oye, pues muchas gracias, de verdad; no sabes qué gran ayuda.

Me dio el dinero, ¡no lo podía creer! Me fui corriendo, no podía esperar a que amaneciera; acudí al banco, hice el depósito y firmé los papeles. Ese día concluyó el trámite, pagaron mi deuda al otro banco y salvé la propiedad; me quedé a un día de perderla, el milagro se hizo.

Me quedaban más problemas por resolver, pero dentro de todos, ese era el que más me quitaba el sueño. Poco después me llegó un cliente nuevo, justo como lo quería y necesitaba, con mucho trabajo y buena paga; empezamos a trabajar, y al paso de un año y unos meses, ya estaba regresando todo a la normalidad: los negocios en números negros, los pagos al corriente, dinero en las cuentas de respaldo, mis finanzas personales recuperadas, fue algo increíble, ¡titánico!

Pero tenía que aprender de mis errores y me cuestioné: «¿Qué debo hacer para evitar que algo así me suceda de nuevo?». Claro que no puede uno saberlo todo, pero debes prevenir lo más que puedas, observar diferentes escenarios antes de que sucedan; eso hacen las grandes compañías. Esta actitud la proclamé como «La teoría del caos». Lo que hice fue rediseñar mi negocio y generar diferentes fuentes de ingreso; sin importar que sean pequeños o medianos, los ingresos son lo más importante, y con ello ir generando múltiples fuentes, y al menos una que sea de ingreso residual. También regresé a aplicar mi filosofía de no comprar algo sin saber quién me lo iba a pagar, y pude cubrir todas mis deudas malas —las que pagaba de mi bolsa— y dejé solamente las buenas —las que pagaban mis negocios de activos, o gastos propios de cada empresa—; con esta pequeña estrategia pude recuperar mi paz emocional, financiera, y el amor y el respeto en el hogar. Porque todo está ligado, nunca lo debemos olvidar.

Cuando uno logra estabilizar su barco se siente genial, renovado por dentro y por fuera.

Alfredo Olvera

TRECE
MI INICIO EN EL *NETWORK MARKETING* Y EN QUÉ ME CONVIRTIÓ

Me presentaron este modelo de negocio conocido como multinivel, venta directa, redes de mercadeo o *network marketing*; la verdad, no le daba crédito porque no conocía nada de eso, y obvio, me entró un poco la desconfianza y el morbo, pero hubo algo que me hizo probar y darles el beneficio de la duda. Cuando estaba en el último semestre en la universidad, fue a darnos una conferencia Alex Day, uno de los más reconocidos maestros en técnicas de ventas y negocios; tenía muchos libros y cedés, y casi al final de su conferencia dijo que todos teníamos mucha oportunidad de crecer en alguna de las compañías que estaban llegando a México por el tema de la desregulación de las telecomunicaciones; recalcó que cada que se termina con un monopolio, no importa dónde o de qué industria sea, siempre hay una gran transferencia de riqueza, y a quien toma ventaja de esas oportunidades pues le va siempre muy bien.

Fue exactamente eso lo que resonó en mi cabeza cuando me presentaron una oportunidad de negocio basada en la desregulación de la energía en Estados Unidos, y me dije: «No entiendo muy bien el plan, pero veamos qué pasa con este tipo de negocio, a fin de cuentas la inversión no es tan gravosa, ¡y lo que podrías llegar a ganar!». Para entrar pedían 460 dólares, un insulto a mi inteligencia en el sentido de que era una inversión mínima comparada con lo que había invertido en mi negocio de la bodega.

Ese fue mi inicio en la industria del *network marketing*. La verdad, tenía muchas cosas en contra porque para desarrollar ese negocio te decían que debías invitar a todos tus amigos y conocidos, ofrecerles ahorrar en sus recibos de energía, y quien quisiera un ingreso extra, pues debía entrarle de la misma manera que yo y listo, eso era todo, pero no conocía casi a nadie ya que mis amistades y familia estaban en Reynosa; además, había que dedicarle tiempo y yo estaba muy ocupado en mis negocios de importaciones e incluso incursionaba en otros rubros, por lo que tiempo era lo que menos tenía y aparte no dominaba el inglés. Sin embargo, desde niño me enseñé que si iniciaba algo, debía tratar de concluirlo, y por eso empecé a hacerlo en la medida de mis posibilidades: le dedicaba diez o veinte minutos, hacía algunas llamadas o mandaba correos electrónicos, y con mucho esfuerzo logré ingresar a tres personas, una sobrina, un amigo y una amiga; fueron mis tres socios iniciales, y en total conseguí cuatro clientes de energía. Ellos a su vez empezaron hacer lo propio, invitar a más gente, y así se fue duplicando la red.

Poco tiempo más tarde comenzaron a llegarme cheques, y me gustó que con poco esfuerzo las sumas se fueran incrementando, pues llegó el punto que pensé: «Me están llegando cheques no muy grandes, pero sí de cien o trescientos dólares por semana, nada despreciables; pondré más atención a este negocio, y para eso hay que estudiar el material». Entre más lo estudiaba, más me emocionaba, era un sentimiento curioso porque al mismo tiempo no daba crédito: ¿cómo es posible que puedas generar buenos ingresos con tan poca inversión?

Un lunes por la mañana, después de desayunar, tomé la decisión de entrarle al negocio en serio y hacerme un profesional de la industria del *network marketing* porque presentí que valía la pena, a fin de cuentas era un negocio más de mi portafolio y por eso mi acercamiento debía ser lo más profesional posible, como todo lo demás que lleva mi nombre y firma.

Lo tomé como un salvavidas financiero y no me equivoqué al hacerlo. De hecho, pasó de ser un extra a uno de mis ingresos fuertes dentro de mi portafolio, por eso siempre recomiendo desarrollar negocios de forma paralela, y preferentemente que generen ingresos pasivos; pueden ser de multinivel, sistemas de afiliados, etcétera. Hay muchos y muy buenos, aunque, como en todo, lamentablemente muchos se aprovechan conociendo la necesidad de otros, copian ciertos modelos para estafar, por eso es importante asegurarse de elegir una buena empresa. Hay varios puntos que quisiera mencionar y me gustaría que los consideren antes de tomar la decisión de unirse a una compañía:

1. LA SOLIDEZ DE LA COMPAÑÍA: Tienes que poner atención en quiénes están detrás de esa compañía, qué experiencia tienen en cuanto a redes de mercadeo, y qué tan involucrados están en promocionarte y ayudarte, eso es muy importante para asegurarte de que esa compañía durará y está para quedarse por muchos años, la solvencia económica es muy importante.

2. EL PRODUCTO: Este es un punto muy importante: recuerda que deberás ofrecer algo que la gente necesita y que tú tienes; claro que todos los productos hacen falta, pero tienes que escoger algo que la gente codicie, algo que les gustaría tener, no solamente porque lo DEBEN tener sino que disfrutan, algo que les dolería si no lo recibieran cada mes, algo que signifique un valor, que los haga sentir INTELIGENTES y fuera de lo común, no solamente algo que tenga sentido sino que marque una diferencia con el resto de los productos, que no tengas que demostrar demasiado si funciona o no, o si es mejor que el de la otra compañía.

3. LA COMPETENCIA: Si tuvieras que competir con Walmart, AT&T o con otra compañía gigante como esas, no te será fácil; si la gente tiene la opción de subir a su carro y parar en cualquier esquina para conseguirlo más barato, el porcentaje de retención será bajo, la gente cancelará su autoenvío y te quedarás sin comisiones residuales. Escoge una compañía que no tenga competencia fuerte.

4. EL PLAN DE COMPENSACIÓN: Si esa compañía tiene un plan de compensación en el que es súper difícil calificar para tus bonos, te desanimarás al tercer mes, tu gente también y en consecuencia van a renunciar; recuerda que en el multinivel no hay perdedores, hay personas que se dan por vencidas. Vamos a ser realistas: si no ganas dinero, no seguirás motivado, la gente está en este negocio para hacer dinero, y si no lo haces pensarás que cometiste un error o te justificarás pensando que no es para ti.

5. LIDERAZGO: Tienes que considerar cuánto apoyo vas a recibir, la persona a la que decidas unirte tiene que ser alguien serio que te dé opciones, entrenamiento y apoyo incondicional, más que socios serán como familia que velarán por sus intereses; mucha gente comete el error de pensar que al unirse con la persona que gana más dinero en su organización los convertirá en exitosos y van a ganar mucho dinero automáticamente: este es un GRAN ERROR, he conocido personas que se unen a ellos y no logran sus sueños porque los líderes no tienen tiempo de darles ese apoyo. Recuerda que se gana dinero en base al esfuerzo de cada quien, nadie te va a regalar nada, únete a un líder que esté ahí siempre apoyándote, y que sepas que nunca renunciará ni se olvidará de ti.

Tal vez hayas intentado con una y otra y en ninguna has logrado alcanzar tus sueños, eso es válido, pero estos puntos que mencioné con anterioridad son claves para tu éxito, no son una garantía porque tu éxito va a depender de TI y de nadie más, de qué tan grandes sean tus sueños, pero si encuentras una compañía con esas características, tu éxito será muchísimo más fácil de alcanzar. Mi consejo es que analices todos esos puntos al considerar una compañía, y la pasión y dedicación que tengas se encargará del resto. Una vez que estés convencido, hazte un profesional de la industria del *network marketing*.

Yo inicié con grandes expectativas, y en unas semanas me di cuenta de que el líder del área, de nombre Rigo Yepez, era quien nos ayudaba mucho, siempre estaba disponible, obvio, porque ganaba de todos los ingresos de la red, era un ganar–ganar. Lo observaba atentamente, tenía gran habilidad para hablar en público, y a medida que fui avanzando de rango, más notaba esa capacidad. Llegado el momento me tocaría desarrollarla además de algunas otras, como cambiar hábitos, cambiar mi forma de pensar, apostarle más a mi desarrollo e imagen personal.

Mi red seguía creciendo, y luego vi la necesidad de empezar a capacitar a mi equipo porque el único que procuraba hacerlo era el líder, pero a veces él salía fuera y nadie más lo apoyaba. Por eso poco a poco me fui atreviendo, me fui educando más sobre el negocio, y aprendí técnicas autodidactas para hablar en público; era necesario que profundizara y me capacitara adecuadamente, no es un juego pararse en una tarima y usar un micrófono ante cincuenta o cien personas. Si quería ser como el líder Rigo, debía estar a la altura. Hice mis primeras prácticas con grupos pequeños y de esa manera fui perdiendo el miedo; claro que lo hacía súper mal al principio, trastabillaba, perdía el hilo de lo que estaba diciendo, pero como dice el dicho, hasta el más experto algún día fue principiante.

Una de las primeras decepciones que viví fue que convocaba a mi gente para darles capacitación, y al entrenamiento llegaban más de otros equipos que del mío; eso me dolía, me deprimía un poco porque pensaba: «Me estoy preparando y tomando el tiempo para dar entrenamiento a mi equipo, para que puedan crecer más rápido, y no asisten». Salían con excusas cosas como: «Ay, ¡no pude ir!, pero ¿cuándo es el otro?», «¡Se me hizo tarde y no quise interrumpirte!», «¡Me salió algo más!».

Después reflexionaba que todo el tiempo que invertí lo estaba aprovechando, porque es bien sabido que quien capacita aprende más, así que fueron buenos retos, tiempos de mucho aprendizaje para mí. Todo lo que experimenté fue lo que finalmente me ayudó a tomar la decisión de convertirme en un profesional en la industria del *network marketing,* porque realmente me sorprendió cómo creció el negocio, sobre todo en los ingresos residuales —lo que te pagan como comisión cada que tus clientes pagan su recibo de luz mes a mes—, que era algo que mi negocio tradicional no tenía, por eso debía aprender a sacarle provecho a mis fortalezas y aprender nuevas habilidades. Una de ellas, como ya mencioné, era hablar en público, porque a pesar de que ya lo había hecho a nivel de negocios con clientes, o en algunos de los grupos a los que daba entrenamiento, intuía que no era suficiente, en mi piel vibraba aún ese nervio de hacerlo erróneamente, y cuando eso sucede pierdes presencia e incluso credibilidad.

Sin lugar a dudas, supe reconocer a tiempo que esa habilidad era una de las que más trabajo me costaría dominar, por eso hasta la fecha sigo preparándome para hacerlo profesionalmente. A pesar de que hablar en público no es un requisito para desarrollar el negocio de multinivel, es algo que recomiendo mucho porque hacerlo correctamente te sirve para todo y te puede abrir otras puertas: en mi caso, noté el cambio cuando empecé a hablar con técnicas que antes desconocía y mis compañeros lo notaban, y es que con la práctica y un estilo adecuado empiezas a desarrollar una destreza que funciona. Créanme que los escenarios realmente imponen: como he contado, tuve oportunidad de estar en varios como parte de una rondalla, pero es muy diferente subir a uno en grupo que hacerlo tú solo; claro que te sirve como referencia o experiencia, pero son mundos completamente diferentes.

Recuerdo que una vez, en un evento anual (Ambition) de la compañía de multinivel, asistí bastante satisfecho porque había obtenido la tercera posición de cinco posibles, que es consultor *senior*, y como protocolo tenía que hacer una pequeña pasarela, prácticamente solo íbamos a dar nuestro nombre o decir algo muy corto, dos o tres palabras máximo; calculo que en el auditorio habría unas trece mil personas. Nos mandaron a formar detrás de las cortinas que cubrían la parte frontal y el micrófono, y por supuesto que no teníamos una vista directa del público. Una compañera estaba en la fila delante de mí, muy emocionada, y decía: «Ahorita que pase voy a decir esto y lo otro y demás», estaba preparando su *speech* y la fila seguía avanzando, cuando de repente, al subir unos tres escalones hacia el escenario, vimos la cantidad de gente que había y mi amiga, en cuanto lo hizo, entró en pánico escénico y me decía:

—No, yo mejor no paso.

—Ándale, no pasa nada, di tu nombre y ya, nada más.

En realidad era nada lo que íbamos a decir, a ella no le quedó otra que pasar, y tartamudeaba por los nervios.

Entonces pensé «el público impone», incluso a mí, que ya tenía algo de práctica; para ser honesto, también me puse un poco nervioso, pero es normal. De hecho, aunque he adquirido más experiencia, cada que me toca participar en foros grandes los nervios se hacen presentes. Es normal hasta cierto punto, porque justamente esos nervios o miedo es lo que te hace o hará crecer. Por eso aposté a mi capacidad: sé que si estoy mejor preparado, será cada vez más fácil salir a un escenario y dar lo mejor. Gracias a algunos maestros e incluso tutoriales en YouTube, he desarrollado técnicas para dominar ese miedo. Una de las que utilizo es tratar de calentar la garganta, los músculos de la cara, y cuando salgo, inicio con voz fuerte y luego la voy modulando poco a poco, pero hablar claro y con fuerza te hace controlar la situación. Otra que he usado es no ver a la audiencia, uso una vista general, no individual, y cuando estoy ya integrado o relajado, entonces puedo ver a las personas directamente; claro, según el salón o auditorio donde estés, tienes que descubrir qué es lo mejor y qué te funciona.

Así que hay muchas habilidades dentro de la industria del *network marketing* que debes desarrollar; no son obligatorias, pero sí necesarias, porque si realmente quieres tener buenos resultados y hacerte profesional las vas a requerir.

Voy a mencionarte algunas de las creo que más me han ayudado después de la de hablar en público; primero, el hábito de leer. Yo antes no leía, solo lo que creía obligatorio de mi profesión, sin embargo, ahora lo hago mucho sobre cuestiones de liderazgo, crecimiento personal y negocios, eso da mucha seguridad cuando hablas de algún tema ¡porque el conocimiento nunca estorba! La segunda habilidad es saber organizar eventos, ya sean comidas o cenas de negocios, eventos de entrenamiento o simples presentaciones del negocio: parece fácil, pero cuando te involucras y lo haces profesionalmente, te das cuenta de que hay mucho trabajo detrás. Al principio me tocó hacer muchas cosas solo, y después se fueron sumando otros líderes para ayudarme, pero no todos están dispuestos, así que debes aprender a tomar decisiones y hacerlo tú para que las cosas sucedan y salgan bien. Otra habilidad más es la comunicación, saber manejar diferentes medios, y sobre todo hoy en día que hay tantos canales (redes sociales).

Es importante saber dominarlos, ya que cada usuario tiene sus preferencias por algunas aplicaciones o medios.

Otra es la habilidad de manejar el *marketing* de atracción: creo que esto es clave, porque es mejor que seas tú directamente la fuente de información, que la gente te pregunte a ti lo que les interesa saber de tu negocio, a que tú andes detrás de la gente; claro que tienes que desarrollar ciertas destrezas, no es sencillo, mas no por eso debes hacerla a un lado. Es algo que todos deberían estar dispuestos a aprender y hacer.

Hay muchas más habilidades, pero esas para mí son las más importantes, aunque al final no se trata de qué tanto sabes del asunto, es saber aplicarlo en tiempo y forma, porque no se trata de la persona que eres sino de aquella en que te quieres convertir; es así como creces, como te formas y te vas desarrollando como líder dentro de las empresas de *network marketing*.

En un evento de la empresa, una presentación de negocios en un salón de eventos, tuve la oportunidad de reconocer y dar sentido de urgencia a dominar el arte de hablar en público; una compañera líder de nombre Adriana —actualmente es miembro del club de millonarios de la compañía—, quien ya tenía tiempo en la compañía y experiencia tanto en el negocio como en hablar en público, ya que fue maestra de escuela por varios años, se me acercó para preguntarme:

—Oye, Alfredo, ¿cuándo nos vas a ayudar con la presentación?

—Cuando quiera, maestra —contesté con mucha seguridad.

—¿Hablas en serio?

—Sí, ya estoy listo.

—En qué parte te sientes más seguro?

—Mmm —pensé por varios segundos—, pues es igual, en la que sea —asentí con tono de «yo las puedo todas», jeje.

—Ah, okey, perfecto. Pues hoy es tu día, hoy empiezas a hacer las presentaciones y a reforzar lo que haga falta.

En ese preciso momento me sentí súper nervioso, volteé a ver la magnitud del salón y ese día, parecía adrede, estaba casi lleno y seguía llegando más gente; el corazón me palpitaba rápidamente, la taquicardia y las dudas se hicieron presentes.

—Alfredo, ven, mira, tú vas a empezar, necesito que des la bienvenida.

Realmente era nada lo que tenía que decir, a todas luces parecía sencillo, ni siquiera iba a hablar del negocio; respiré varias veces y apretaba los puños, después procuraba soltar los músculos para no sentirme tan tenso, pero cuando me dicen «vas… ya, dale, ahora empiezas», me quedé completamente paralizado, no me salían las palabras y empecé a sudar frío… Como pude, di la bienvenida. Creo que no fue ni un minuto lo que hablé, pero aquello realmente se me hizo eterno, solté el micrófono y busqué dónde sentarme; aún seguía con el corazón agitado, las pulsaciones iban y venían como si estuviera montado en un carro en una montaña rusa. En ese momento pensé: «Esto no puede ser así, qué vergüenza, me urge dominar el arte de hablar, o al menos tener más habilidad para hablar en público». De esa manera, un tanto urgido, empecé a buscar herramientas o cursos que me ayudaran en ese tema y di con un curso y certificación con el maestro Francisco Yáñez, quien preside la Asociación de Conferencistas Hispanos; sin pensarlo dos veces, me inscribí y empecé a estudiar.

Reconozco que tuve a mi favor que estudiaba las lecciones en la mañana y las ponía en práctica por la tarde con las presentaciones del negocio o en los entrenamientos, de hecho, los mismos compañeros empezaron a notar el cambio y yo también.

Seguí con mi proceso, el cual duró seis meses, después fui a la certificación a la Ciudad de México, y todo resultó una gran experiencia porque empecé a comparar estilos, posturas y técnicas depuradas; si tropezaba, sabía cómo salir adelante. Sucedieron cosas muy buenas, conocer a tanta gente en línea y luego físicamente en la certificación fue fabuloso, porque había algunos compañeros que tenían como profesión el ser capacitadores o conferencistas. Recuerdo que uno de ellos comentó que tenía más de quince años dando cursos y todavía, a la hora de hablar ante audiencias grandes o frente a una cámara, entraba en shock. Los tiempos cambian, y una de las sugerencias es ser versátil, más en esta era digital: en mi caso, me ha sido de mucha ayuda practicar y seguir perfeccionando cada vez más el arte de hablar en público, y sin duda marcó para mí un antes y un después en el negocio del *network marketing*.

Esa certificación despertó en mí el deseo de dar conferencias, porque también nos enseñaron que la gente necesita experiencias favorables, gente triunfadora que pueda compartir el proceso que tuvo en su vida para llegar a ser quien es, los altibajos que superó en el transcurso de su niñez y juventud; este era un nuevo modelo de negocio para mí y eso me interesaba, diversificar mis ingresos. Me inspiraba escuchar a otros compañeros porque además de contar anécdotas increíbles e historias curiosas al viajar y conocer el mundo, de agregar valor a su imagen, a su persona como figuras públicas, se les pagaba por ello.

Un día, recuerdo, vi una publicación de un amigo que estaba concluyendo una certificación con el equipo de John C.

Maxwell en Orlando, Florida, y le escribí para felicitarlo, lo que aproveché para preguntarle: «¿Qué tal está?, ¿me la recomiendas?». Me contestó: «Sí, claro, es de mucho valor; es un poco alta la inversión, pero vale la pena», así que tomé acción y en cuanto pude me inscribí a la certificación del equipo de John C. Maxwell en Español; era importante porque hay demasiado contenido de valor, y está ligado a muchos apoyos y programas adicionales. Una vez certificado, tienes derecho a usar material exclusivo, puedes llevar ese ADN de Maxwell a tu comunidad o entorno y agregar valor, ya que todos los programas están diseñados para tener un gran impacto en todos los participantes.

A ello yo le he sumado mi experiencia en el negocio del comercio exterior, mi liderazgo en multinivel y lo del *marketing* de atracción, pues cada concepto y conocimiento me ayudan a seguir creciendo; de hecho, soy cofundador de «Cursos para tu Éxito», donde soy socio de una amiga y compañera conferencista y estratega digital, Cecilia Jiménez. La verdad, hemos hecho muy buena mancuerna porque iniciamos un proyecto para dar cursos de *marketing* digital, llevando formación de alta calidad presencial y *online* de cara a la fuerte competencia en los mercados digitales con ideas innovadoras de alto nivel, con lo cual logramos impulsar a la acción y damos resultados verdaderos a las personas que desean destacarse en internet.

Cada semana hago lluvia de ideas con mis colaboradores y equipo de trabajo e incluso abro el foro a mis redes sociales, con lo que salen más ideas y proyectos e intentamos definir qué es lo que la gente necesita. Debido a esa práctica, obtuvimos como resultados:

- Diferentes fuentes de ingresos, lo que hoy en día es importante tener como emprendedor o empresario, y mínimo que una de ellas sea ingreso pasivo.
- Conocer y probar nuevas herramientas.
- Renovar los materiales, conocer nuevas formas de hacer negocios.
- Generar mayor libertad financiera.
- Aprender de otros expertos.
- Mantener los conocimientos al día.
- Aceptar nuevos compromisos y dejar que nos lleven a nuevas fronteras, nuevos retos.

Gracias a que cambié mi forma de pensar, y al convertirme en un producto internacional e intencional, mi crecimiento económico me ha generado el estilo de vida que soñé. Maxwell dice que si te enfocas en tus metas y objetivos, y trabajas duro por ellos, muy probablemente los logres, pero si te enfocas en tu crecimiento personal, cualquier meta que te pongas la lograrás. Y cuánta razón hay en ello, porque me toca ver a compañeros empresarios que batallan mucho, y creo que es porque dejaron de ser intencionales en su crecimiento personal; es algo muy común que nos pase eso y más en la actualidad, en esta era de cambio donde la forma de hacer negocios se está modificando radicalmente, donde cada día surgen cientos de profesiones u oficios que antes no había, donde la automatización y la robótica están más presentes, es más, ¡avanzan y no lo vemos! Si te fijas, en tu comunidad, en las tiendas de conveniencia, hay cada vez menos personal de caja y más puntos de venta automáticos. El escritor Andrés Oppenheimer, en su libro *¡Sálvese quien pueda!*, habla mucho acerca de esto, por ello mi recomendación personal es ser intencionales con nuestro crecimiento y rediseñarnos para estar compitiendo en el mercado y nunca dejar de innovar y de evolucionar, de lo contrario, si insistes en hacer las cosas como cuando iniciaste o como te enseñaron hace diez o veinte años, es como decirle a un cliente «Mándeme la información por fax», nos convertimos en algo casi totalmente obsoleto.

En el entorno donde me muevo, entre negocios de comercio exterior, *network marketing* y conferencias, he ido sumando muchas amistades, y cada una de ellas me va dando lecciones y consejos diferentes, situaciones, rumbos a explorar, pero siempre es para ir en crecimiento. Parece mentira, pero cuando estás en una plática, escuchas hablar de este o aquel evento, «en tal libro vi o aprendí esto», eso te lleva a investigar o tomar ese curso recomendado y de allí quizá alguien más te recomiende otro, y así vas sumando conocimiento y experiencias, estar con los amigos es un ambiente muy padre.

Sumar y multiplicar, nunca restar o dividir, es parte de la clave del crecimiento humano.

Mi enfoque ha estado fuertemente comprometido desde hace tiempo con mi entorno, con mi familia y la sociedad, mi misión es compartir y ser un verdadero *impulsor de éxitos*, el que te acerca y muestra las oportunidades más extraordinarias, esas que te podrán ayudar a lograr todas tus metas y una mejor vida financiera.

Algo que no puedo dejar de mencionar es que hay un costo monetario, como de tiempo y esfuerzo, y es allí donde muchos flaquean, no están dispuestos a pagarlo, pero lo que te puedo asegurar es que es muy importante que inviertas en tu persona porque eres tú el más importante. A mayor conocimiento, mayores destrezas; a mayor destreza, mejor rendimiento y efectividad, es simple la fórmula. Hazlo en la medida de tus posibilidades, tampoco te digo que te endeudes de por vida; elabora una lista de las cualidades más urgentes, en las que te sientas más «flaco» o imposibilitado, y enfócate en ella, en sacarla adelante porque después todo ese conocimiento podrás capitalizarlo. Sí, así como lo lees, lo digo por experiencia personal; en mi caso, una vez que obtuve las habilidades básicas o primordiales, lo que hice fue capitalizarlas, es decir, empecé a ofrecer cursos, talleres y conferencias, ya no solamente a mi equipo o gente del multinivel sino abierto al público en general, apuntando a la industria del *network marketing* y a gente emprendedora, así fue el arranque de mi comunidad social. En Facebook, generé la página **@ImpulsorDeExitos**, en la cual he compartido contenido de valor, e incluso creé un grupo privado,

Emprendedores Intencionales en Acción (**www.facebook.com/groups/emprendedores.intencionales**), donde hago *lives*, *webinars* e invito a amigos conferencistas y *coaches* a compartir temas de interés para nuestro crecimiento. Es totalmente gratuito, y todo gracias a las habilidades que he venido desarrollando en la industria del *network marketing*, las que hoy me sirven tanto en mi negocio de multinivel como para mis negocios tradicionales y mi vida personal. Mi mentor, John C. Maxwell, dice que todo sube o cae por el liderazgo.

EL HOY, MI VIDA...

Suena el despertador a las 7:15 de la mañana, el sol empieza a coquetear con las sombras que dejó la madrugada, un aire helado se cuela por los rincones de la casa; es hora de trabajar. Debo reconocer con sinceridad que nunca me ha agradado levantarme muy temprano, poco a poco lo empecé a implementar como un hábito sano: lo primero que hago al despertar y abrir los ojos es dar gracias al Creador por todo lo que tengo, un día más es una oportunidad más de ser mejor; entonces, hago esa pequeña ceremonia matutina y pido al cielo que sea un día bueno para todos los que me rodean y todos los que necesitan sentirse bien en general.

Hago algunos estiramientos básicos, me levanto y me voy directamente al baño para lavarme la cara —me gusta estar presentable en todo momento—, cepillarme los dientes y tratar de peinarme; no es que tenga mucho pelo, sin embargo, es importante verte bien. La mañana es fresca y retadora, en mi mente empiezo a dibujar cómo será el resto del día. Me pongo rápido algo de ropa sport y espero pacientemente a que una de mis hijas esté lista para llevarla a la escuela, posteriormente regreso a casa escuchando un audiolibro o alguna canción que me guste, soy un enamorado de la buena música —los ochenta es una de las épocas en que encuentro mejores sonidos—; cuando llego, mi esposa ya dejó listo el desayuno, porque ella se va a hacer ejercicio. Desayuno tranquilamente, y luego la mente me exige actividades productivas: empiezo a ver correos y las que serán las tareas para ese día, hago algunos apuntes importantes, las metas que se deben cumplir, y para que eso ocurra, mando algunos correos con instrucciones y porras a mi equipo de trabajo, los aliento de manera muy objetiva, y si hay necesidad de hacer algunas llamadas a clientes o proveedores, lo hago de inmediato, no me gusta dejar nada para mañana. Hace mucho aprendí a tomar decisiones, y bueno, soy empresario porque así lo decidí hace tiempo, soy muy respetuoso en ese sentido.

Una vez palomeadas las tareas matutinas, me meto a bañar y al salir de la regadera me arreglo de forma correcta, adiós comodidad. En el escritorio reviso nuevamente lo que me falta por hacer; a veces la casa me ayuda a concentrarme, puedo trabajar un rato si es que no tengo alguna cita o un almuerzo de trabajo o con amigos.

Y si no hay nada pendiente, a las once de la mañana me voy a la oficina: procuro llegar de buen humor, sonriente, con las ganas por delante. Saludo a todo el personal, me gusta dar una ronda por cada departamento para preguntarles qué pendientes o urgencias tienen y si hay algo que requieran de mí, o si hay alguna instrucción que necesite saber para poder darle seguimiento; antes de volver al escritorio, confirmo todo con lujo de detalle, las instrucciones deben ser claras, en tiempo y forma, para que no queden dudas; esa es mi forma de tener comunicación con ellos y delegar el trabajo. Aquí vale la pena confesar que no siempre fue así, antes me costaba muchísimo más esfuerzo delegar. Ha sido todo un proceso, lleno de aprendizajes; hoy, al ver los resultados, sé que ha valido la pena, he logrado hacer los cambios que necesitaba para estar mejor, y gracias a una nueva forma de pensar he superado barreras y me ha ayudado a crecer no solamente en mis negocios sino también a nivel personal. Antes tenía para mí ese paradigma o dicho de «el que quiera tienda, que la atienda», y era el primero en llegar y el último en irme a casa; con el cambio de paradigmas en mi trabajo, logré rediseñarlos para bien de la empresa y mío.

Me agrada quedarme hasta las cinco o seis de la tarde, a no ser que llegue algún cliente o tenga alguna comida. La verdad, en ese punto sigo siendo muy desordenado, extiendo o acorto mi horario para comer sin seguir una regla, malamente; sé que debo ajustarme a una norma, por eso estoy desde hace unos meses en proceso de cambio. Más tarde me voy a casa a comer; mis tres hijos salen en diferente orden, la primera entre la una y las tres y media, otra a las cuatro y el mayor llega casi a las cinco, así que a veces alcanzo a comer con ellos. Mi esposa sí es muy disciplinada, me pone el ejemplo con su régimen alimenticio y de ejercicio. La charla en la mesa suele ser agradable, propositiva, tener canales muy abiertos para la comunicación es un ejercicio saludable para todos. No tenemos temas prohibidos, siempre es mejor enterarse a tiempo y orientar, que sorprenderse y tratar de apagar el fuego.

Una vez que concluimos la sobremesa, reposo un rato o incluso hago una pequeña siesta de media hora, y luego, de nuevo a trabajar: me comunico otra vez a la oficina local y luego a la foránea para ver qué novedades hubo; me quedo al pendiente de los trámites, sé que hay un departamento de tráfico y ellos son los responsables de la operación, pero me gusta que se sientan apoyados para salir, pues según la cantidad de trabajo, hay ocasiones en que terminan hasta las nueve o diez de la noche, y al final nos reportan en un grupo de WhatsApp para estar todos al tanto. Al llegar el último mensaje del día, de que han concluido sin novedad los despachos aduaneros, se acaban las preocupaciones laborales.

Todos en casa se mantienen activos, los hijos haciendo las tareas, y ahora con tanta tecnología a veces es difícil que me pongan atención. Uno trata de no interrumpir, pero si me piden algo ahí estoy, así que solo platico con mi esposa un rato.

«¡Ya me voy! Regreso más tarde, ¡ahí les encargo tareas y pendientes!», grito siempre antes de cerrar la puerta.

Los lunes por la noche me toca ir a apoyar al equipo de mi negocio multinivel, es el único día que voy en persona, ya que últimamente me apoyo en la tecnología y lo hago más en línea;

estando ahí, aprovecho para participar en la presentación del negocio y validar el éxito que he alcanzado, mi testimonio es valioso porque la gente debe saber que no siempre fue así: cuando empecé, los primeros cuatro años fueron muy intensos, andaba todos los días entre citas y corriendo de un lado a otro para hacer la presentación, buscando oportunidades de crecer y poder ingresar más clientes y más socios. Reconozco que fueron muchas noches de desvelo, y sé que valió la pena todo el esfuerzo, las charlas y las negociaciones.

Me dio una enorme satisfacción ponerlo en un punto de equilibrio, tenía que hacerlo estable para mí, y ahora hago menos trabajo y gano más; es bueno que haya más ingresos, es decir, empiezo a cosechar todo lo que sembré.

Cabe mencionar que hoy en día me apoyo mucho en un líder de mi equipo, su nombre es Pedro Pérez y está comprometido al ciento por ciento con el proyecto de *network marketing* que desarrollo; organiza eventos y siempre está activo ayudando tanto a su equipo como al *crossline*, los que vienen siendo de mi organización, y lo hace con mucho gusto. Así como él, mi esposa me ayuda en mis eventos particulares, como seminarios, conferencias y demás, y de hecho ya los he nombrado oficialmente mi *staff*, con quienes estoy muy agradecido.

Al igual que cualquier emprendedor que pretende triunfar, debes aceptar que cuando inicias algo tienes que trabajar el doble que cualquiera, creer mucho en ti y prepararte lo más que puedas;

aceptar que habrá un momento para empezar a delegar y dejar que las cosas funcionen sin ti, para que puedas seguir creciendo o simplemente disfrutes de tu tiempo y dinero.

Todos los lunes tengo reunión con un grupo de amigos, nos gusta juntarnos en la casa de cada uno, alternando cada semana para no cargarle la mano a nadie. Llevo algunas botanas y novedades, la idea es hacer la carnita asada, convivir sanamente mientras solucionamos el mundo. Estando ahí uno se olvida de todo, nos sirve para salir de la rutina; entre los juegos y las bromas nos reímos un buen rato. Me llena de orgullo saber que los negocios van viento en popa: uno se entera ahí de lo que sucede en otros giros, con los hijos y las familias. Siempre mantengo una posición positiva, me agrada proponer ideas nuevas y apoyar a aquellos cuates que anden en alguna situación desfavorable, es bueno estar ahí para escuchar y dar lo mejor de uno. No todo en la vida es negocio ni dinero: la amistad y la solidaridad, así como la empatía, son algo que mi padre todo el tiempo me inculcó.

CATORCE
EL EVENTO MÁS TRISTE DE MI VIDA

La pérdida de Don Baldomero, mi padre, ha sido uno de los acontecimientos más dolorosos que he sufrido; se fue al cielo un ángel más, y no solo eso, un gran amigo, un gran padre y el gran mentor de mi vida. Doy gracias a Dios por haberme permitido estar con él en sus últimas horas para decirle cuánto lo amé y, sobre todo, lo orgulloso que estaba de él, de su figura paterna, porque admiraba su valentía y coraje de pelear contra una enfermedad traicionera: el cáncer.

El Rayo jamás se vio doblegado ante ese mal, siempre mantuvo una actitud positiva, con la fe por delante; es allí donde veo que una vez más, antes de irse, me dejó otra gran lección, quizá la más amarga, una que me dejará marcado para toda la vida, pero la considero la más importante que un padre puede dar a sus hijos: fortaleza ante las adversidades.

Luego que supo que tenía ese terrible padecimiento, se mantuvo firme; aun cuando le explicamos la gravedad del asunto y el doctor ofreció algunas opciones, conservó la entereza. Una de las alternativas era muy agresiva, pues requería ser operado para quitarle parte del estómago y luego seguir con otras cirugías y las respectivas quimioterapias; él, con aquella gran actitud que lo caracterizaba, dijo:

—¿Y qué otra opción hay?

—Bueno, está la medicina alternativa; tendrá mejor calidad de vida, pero no son tan efectivos o rápidos los tratamientos.

—Entiendo.

Cuando llegamos a su casa, nos dijo pausadamente:

—Familia, he tomado la decisión de no operarme y no quiero quimios, voy a poner todo de mi parte, y con la fe y la ayuda de ustedes saldré adelante; y si es la decisión de mi Dios llevarme, estoy listo también. Así que ánimo, que yo daré pelea a esta enfermedad.

¡Y vaya que la dio! Empezamos a documentarnos sobre el tema, buscamos opciones de tratamiento y probamos varios; él siempre estaba bromeando y tratando de hacer algo porque a fin de cuentas era Don Baldomero, el Rayo, no sabía estarse quieto. Todo lo que le decíamos que comiera o hiciera, lo aplicaba sin chistar. Recuerdo perfectamente la última tarde que estuvo en casa, salí de la oficina y pasé a verlo; quería estar a su lado y cada que podía lo hacía, estuvimos platicando un rato.

—Pilingas —me llamaba igual que mi tío Arturo—, a ver si ya estando bien me llevas a tramitar mi SENTRI (documento migratorio que se usa en la frontera para pasar a Estados Unidos por un carril exclusivo, de forma más rápida).

—Claro, papá; oye, por cierto, me dice mi hermana que casi no estás comiendo: es importante, porque ya estás débil y no está bien eso.

—Sí trato, pero es que batallo mucho para pasar la comida; yo, que bromeaba con mi compadre porque él ya andaba en silla de ruedas y se le va la memoria, y ahora estoy aquí, igual o más jodidito; ¡son chingaderas! —se burlaba entre risas, haciendo alusión a uno de sus compadres.

Años atrás, cuando veía gente mayor batallando con su salud, mi padre señalaba: «Mmmm, si Dios me deja vivir hasta esa edad, ojalá no esté así de mal, porque no me hallaría: ser dependiente de alguien, y dándole problemas a tu mamá o a ustedes; mejor que me recoja».

Seguimos platicando, me preguntaba por mis hijos: argumentaba que mi hijo tenía un don como sanador, porque la vez pasada que había ido a verlo le pasó encima las manos; le estaba dando terapias, según, y papá dijo que sintió algo de alivio. Claro que era el amor hacia su nieto, además de que le agradaba verlos y sin duda le inyectaban alegría y fuerzas para seguir luchando. Así pasamos los minutos, platicando y riendo.

—Bueno, papá, ya me voy, te veo mañana.

—Está bien, gracias.

—¿Sabes qué, hijo? Antes de que te vayas, ayúdame a moverlo del sillón a la cama —dijo mi madre.

—Claro, mamá —contesté presuroso.

—Así déjame, ahorita yo despacito me paro.

No quería sentirse inútil y depender de alguien, como había comentado alguna vez; era algo que aborrecía.

—Ahora me toca a mí cargarte, como tú lo hacías cuando yo era niño.

—Bueno, a ver si es cierto que en algo te ayudó el taekwondo, jajaja —replicó sonriente—. Estás más fuerte.

Haciéndome burlas con su gran sentido del humor y su sonrisa, lo cargué y lo llevé a la cama. Me despedí de él con un beso, como siempre lo hacía, igual con mamá y me fui tranquilo; saliendo de la casa me topé con mi hermana.

—¿Cómo viste a papá?

—Pues se ve débil.

—Es que no está comiendo bien, me dice que batalla para ingerir los alimentos, hasta los líquidos; si sigue así, hay que llevarlo al hospital para que le pongan una sonda o un catéter y lo alimenten.

—Okey, totalmente de acuerdo.

Cuando estuve solo en el automóvil empecé a llorar, no podía controlarme; sollozaba porque sentía que lo estábamos perdiendo. En realidad, lo pude ver en su mirada perdida; cuando lo cargué, lo palpé muy frágil, me daba miedo lastimarlo, por lo indefenso que lo veía. Ese día reconocí que no me percataba de su mal estado, o no quería ver la realidad: había perdido demasiado peso, estaba casi en los puros huesos.

Más tarde, cuando apenas iba llegando a casa, me llamó mi hermana:

—Oye, veo muy débil a papá; creo que mejor no hay que esperar, debemos llevarlo al hospital.

—Márcale a su doctor, ahorita me cambio, regreso y me quedo a cuidarlo en el hospital; yo paso la noche con él para que mamá y tú descansen.

—Lo haré, gracias.

Ellas eran las que en realidad pasaban más tiempo con él, y sabía que estaban cansadas. Llegué al hospital a buena hora, como a las ocho de la noche. El doctor comentó que lo meterían al quirófano muy temprano al día siguiente, y le pondrían un dispositivo para alimentarlo y que de esa manera pudiera recuperar algo de peso. El pasillo del hospital parecía taquería del centro, todos deseaban verlo; él siempre tenía gente en la casa, era un hombre muy querido por todos.

Como a las diez pasaditas, la familia empezó a despedirse de él; papá tenía la boca muy seca y casi no podía hablar, levantaba la mano como diciendo «okey». Poco a poco se fueron todos y me quedé solo. Intentaba que con un popote tomara gotas de agua para hidratar su garganta, porque la tenía tan seca que estaba mudo. Quería decir algo pero no podía, había que adivinarle las palabras o decírselas más o menos. Don Baldomero tenía poca fuerza para mover la mano y hacer señas; aun así, en ese estado, intentaba bromear. Yo, sabiendo cómo era, trataba de decirle algunas cosas y de esa manera jugar para hacerle pasar el tiempo más rápido. De pronto se quedó dormido. Yo estaba allí cuidándolo, observando cómo entraban y salían las enfermeras de la habitación muy seguido para checarlo; todo parecía ir bien, pero pasada la medianoche empezó a ponerse muy inquieto, las enfermeras que estaban allí atendiéndolo ya no le podían adivinar qué era lo que sentía o quería decir. Me acerqué con sigilo, tratando de no estorbar, y lo que vi en sus ojos fue algo que se me quedó muy grabado, una mirada tierna, como de un niño temeroso. No pude contener el llanto.

—Papá, perdóname, quisiera hacer más por ti pero no puedo, solo le pido a Dios que nos ayude.

Noté cómo me miraba, y en ese momento observé una lágrima queriendo salir de sus ojos. Ya no podía hablarme, pero esa mirada parecía decirme todo: «No te preocupes, hijo, tú tranquilo». En eso, las enfermeras me advierten que me habla por teléfono el doctor, tomé la llamada desesperado:

—Alfredo, tu papá está muy débil, háblale a tu familia rápido; sé que es un momento muy duro, pero tengo que preguntarte algo: en caso de emergencia, solo en caso de que se llegue a necesitar, ¿quieres que le demos vida artificial?

Empecé a sentir mucho miedo por lo que sabía que podía pasar, y sin pensarlo mucho, a la pregunta del doctor contesté:

—¡No! A mi padre no le gustaría eso.

Hablé con mamá y mi hermana, y llegaron bastante pronto, así como Chris, una amiga de mi papá y de la familia de toda la vida; también apareció de inmediato Lidia, ella es como una hermana para mí y todos sabemos que veía a papá como si fuera el suyo propio. Además, trabaja en ese hospital y por eso le daban siempre un buen trato. Todos estábamos con el alma en un hilo, preocupados, pero con la esperanza de que pudiera salir adelante.

Después de media hora nos dejaron entrar a todos en el cuarto: le hablábamos por turnos, dándole besos y palabras de aliento. Estaba muy, muy débil, ya ni la mano podía levantar como horas atrás. De repente se quedó tranquilo: el equipo médico nos pidió salir para poder hacerle un chequeo. Vimos claramente cómo se empezaron a mover las enfermeras, también llegaron los doctores de emergencias de guardia; se gestó un gran silencio, de esos que duelen, de esos que sabes que no son buenos. Nos quedamos mirándonos unos a otros unos minutos, con las caras largas y los sentimientos a flor de piel. Más tarde salió el doctor con cara de angustia y nos dice:

—Lo siento, el señor acaba de morir.

Abracé a mamá, sentí su respiración entrecortada; se mantenía de pie de milagro, el golpe de la noticia la confundió. Aunque de alguna forma sabíamos que papá estaba muy débil y era muy alta la probabilidad de que falleciera, no lo queríamos aceptar. Entonces surgió el llanto de todos, mi madre estaba destrozada al igual que los demás allí; era normal, un sentimiento de desahogo y frustración, pero yo sentía más peso sobre mis hombros por aquella pregunta que me había hecho el doctor y que contesté sin pensar demasiado. Tuve que confesarles lo que hice, pensando que eran los deseos de papá:

—Perdón, pero me preguntaron que si había una emergencia quería que lo mantuvieran con vida artificial, y dije que no.

Además del gran dolor de la pérdida, sentía el peso del remordimiento: ¿había hecho lo correcto, o no? Mi madre y mi hermana resolvieron mis dudas:

—Alfredo, hiciste lo correcto; a él no le hubiera gustado estar con aparatos.

Eso me liberó de un gran peso, pero no del dolor; sin embargo, creo que se cumplió cabalmente su voluntad porque no sufrió tanto, a pesar de esa terrible enfermedad vivió a su manera. Una de las cosas que siempre decía era: «Cuando me muera, me gustaría solo quedarme dormido, así, tranquilo», y Dios se lo concedió.

Fue así como el cuerpo de mi padre dejó este plano terrenal, pero no su espíritu, no su esencia, sus lecciones de vida, las cuales día a día he seguido.

Me dejó el tener un gran respeto por los demás, la humildad para trabajar por lo que deseo, aunque jamás fue un hombre materialista; me enseñó a buscar la felicidad, no necesariamente en tener dinero, sino en ser ese que pone pasión en todo lo que hace, lo que lo convierte en un privilegiado: volverte lo que quieres ser, y después, hacer lo que sea necesario para cumplir tus metas, de esa manera llegas a tener cosas materiales sin pedirlas. Ahora entiendo muchas de esas ideas que antes no valoraba, con estas líneas te doy gracias, padre, por haber hecho de mí, junto con mi madre, un hombre de bien.

Por la gran lección de fortaleza ante las adversidades que me dio Don Baldomero, decidí velar y cuidar de mi madre, así como de mi familia, y ponerme cada vez nuevos retos, estar en constante capacitación, crecer como persona y poner mis talentos y conocimiento al servicio de los demás. Me he apoyado mucho en la habilidad adquirida de hablar en público —bajo la tutela del *coach* de los conferencistas Francisco Yáñez, presidente de la Asociación de Conferencistas Hispanos—, y en la certificación y licencia para compartir los programas de liderazgo y crecimiento personal del Dr. John C. Maxwell, siendo miembro activo de The John Maxwell Team Español.

Voy a seguir agregando valor y siendo el Impulsor de Éxitos, para que más gente conozca, como yo, otros nichos de mercado y oportunidades. Fue así como empecé a ser *Business coach, Speaker & Networker*, un creador de experiencias favorables.

Sigo dando pláticas a muchísimas personas, tanto de mi negocio de multinivel como acerca de ser emprendedor y de liderazgo. Me he ido preparando poco a poco, en el andar cotidiano vas conociendo gente del medio y te invitan a muchos lados; por lo general, al principio no hay paga, uno apuesta por sí mismo y por el conocimiento para ir expandiéndose como un enorme paracaídas. He sumado experiencias, amigos y disciplinas para tener más impacto en la gente.

Gracias a mi atrevimiento, me han invitado a varios foros nacionales e internacionales tanto en América Latina —Ecuador, México, Monterrey— como en Nueva York, Dallas y Houston, entre otras ciudades.

Proyecto en otros lo que pueden llegar a ser para que no se queden a medias, en obra negra, en números rojos…
Todos
tienen el potencial de ser lo que han soñado.

Sé que la vida es como una montaña rusa, y que tendré más logros en mis propósitos y proyectos: desde YA los decreto, todo un éxito son y estarán dedicados a mi esposa, hijos, padres, familia y a mí mismo. Don Baldomero, estés donde estés, espero que siempre te sientas orgulloso de mí. Aún me duele tu partida, sin embargo, sé que estás en un lugar mejor y sin sufrimientos o preocupaciones, cantando y bromeando como siempre lo hacías; aquí te recordaremos con amor y respeto. No dudes que pondré en práctica todas tus enseñanzas de vida, y como le decías a mi hermana: «La vida es como un helado, tú sabes si lo disfrutas o dejas que se derrita». Sin duda, nunca dejaste que se derritiera.

FIN

SOBRE EL AUTOR

Alfredo Olvera es ingeniero en Electrónica y Comunicaciones de profesión, pero empresario por pasión. Desde muy joven inicia en la actividad empresarial, es fundador de varias compañías y actualmente es un hombre consolidado y con éxito en ascenso.

Hoy en día, no se conforma solo con dirigir sus empresas con grandes logros ni con su experiencia de más de veinte años en el ramo aduanero de comercio exterior en México y Estados Unidos. Diariamente se despierta con la ilusión de impulsar al éxito a las personas, por ello encuentra a finales de 2010 la oportunidad de hacerlo por medio del *network marketing* y es así como lo suma a su formación inicial profesional. Siempre inspirado y aliado a grandes mentores, se exige a sí mismo el máximo esfuerzo y compromiso para adquirir grandes conocimientos y ofrecerlos a su entorno.

Es cofundador de Cursos para tu Éxito, que lleva formación de alta calidad a quienes desean destacarse y crecer sus negocios en internet con resultados verdaderos.

El dinamismo que lo caracteriza lo ha llevado a trabajar en equipos de alto rendimiento y a convertirse en un agente de cambio para hacer frente a los difíciles retos del mundo de hoy.

Su éxito lo ha llevado a compartir su historia, convirtiéndose en conferencista internacional, perteneciente a la Asociación de Conferencistas Hispanos.

Este intenso gusto por compartir experiencias lo llevó a sumarse a John Maxwell Team Español; Alfredo está certificado como *Speaker*, *coach* y entrenador de liderazgo, comparte la filosofía y los programas del Dr. John C. Maxwell, y gracias a ello va por el camino sumando valor a su entorno y a sus equipos de trabajo.

Su misión de vida es transparente, está enfocada en seguir compartiendo experiencias y ser el Impulsor de Éxitos que acerque las oportunidades más extraordinarias a las personas para que logren sus metas personales y financieras, y vivan una vida plena.

Ing. Alfredo Olvera Guzmán
Business coach | *Speaker* | *Networker* | Autor

PÁGINA WEB, REDES SOCIALES Y CONTACTO:

Facebook: **@ImpulsorDeExitos**
LinkedIn: **@alfredoolvera**
www.AlfredoOlvera.com
Email: **info@cursosparatuexito.com**

Made in the USA
Monee, IL
04 April 2024